KB175604

NFT
수익화 바이블

NFT
수익화 바이블

1판 1쇄 인쇄 | 2022년 12월 2일
1판 1쇄 발행 | 2022년 12월 9일

지은이 신봉구
펴낸이 김기옥

경제경영팀장 모민원
기획 편집 변호이, 박지선
마케팅 박진모
경영지원 고광현, 임민진
제작 김형식

인쇄·제본 민언프린텍

펴낸곳 한스미디어(한즈미디어(주))
주소 04037 서울특별시 마포구 양화로11길 13 (서교동, 강원빌딩 5층)
전화 02-707-0337 | 팩스 02-707-0198 | 홈페이지 www.hansmedia.com
출판신고번호 제 313-2003-227호 | 신고일자 2003년 6월 25일

ISBN 979-11-6007-866-4 (13320)

모든 크리에이터, 투자자, 비즈니스맨을 위한

NFT

수익화 바이블

신봉구 지음

NFT 발행부터 투자, 크리에이터, 비즈니스까지
한 권으로 끝내는 NFT에 대한 모든 것

한스미디어

NFT가 지닌
진정한 부의 기회를 찾아서

"단순하게 설명할 수 없다면 완벽하게 이해하지 못한 것이다(리처드 파인만Richard Feynman, 1965년 노벨물리학상을 수상한 미국의 이론 물리학자)"라는 말이 있습니다. 지금까지 출판된 많은 NFTNon-Fungible Token 서적들을 보면 일반인이 쉽게 개념 모두를 이해하기에는 다소 난해하고 어려운 책들이 많았습니다. 그것은 마치 논문을 써 놓은 듯 복잡한 설명들로 가득 차 있고 실질적으로 NFT를 통해서 어떻게 수익화를 해야 하는지 그 효용성에 대한 아쉬움이 있었습니다. 그 아쉬움을 해결하고자 그동안의 경험과 노하우를 이 한 권의 책에 모두 담아 본격적으로 NFT를 통해 어떻게 수익화를 할 수 있는지를 쉽게 알려드리려고 합니다.

지금의 NFT 시장 분위기는 NFT를 알아가는 단계를 넘어 실질적인 수익화 방법에 대한 갈망으로 가득 차 있습니다. 그리고 그 방법에 대한 노하우는 현업에 있는 소수만이 알고 있을 뿐 공유되거나 공식화되지도 않았습니다. 이 책에서는 NFT에 대한 최소한의 개념을 쉽고 빠르게 알려드리고 NFT를 통해서 수익화할 수 있는 방법 5가지를 자세하게 다룹니다. 그리고 그 과정 모두를 누구나 쉽게 따라할 수 있도록 매뉴얼처럼 담아 냈습니다.

하나씩 따라만 하면 누구나 해낼 수 있는 수준으로 친절하게 설명합니다. 기존의 NFT 서적에서는 찾아보기 힘들었던 PFP에 대한 생성 원리와 성공 조건까지도 다루고 있으며, 앞으로 메타버스의 시대를 대비하기 위한 '더 샌드박스The Sandbox' NFT 크리에이터의 세계에 대해서도 상당한 노하우를 제공합니다. NFT의 개념, 메타버스와의 관계, 'NFT는 왜 돈이 되는가?', '어떻게 수익화를 하는가?', NFT를 사고파는 노하우, NFT 종목과 코인, NFT의 기술적 원리, 각종 이론과 향후 사업 아이템까지… 이 모두를 한 권의 책에 담았습니다. 쉽고 빠르게 NFT 지식을 고스란히 내 것으로 만들 수 있으며 당장 수익화를 해볼 수 있는 올인원All-In-One NFT 서적입니다.

⊘ **이런 분들에게 유용합니다.**

- NFT 개념이 궁금하신 분

- NFT로 돈을 벌고 싶으신 분

- NFT 작품을 만들어 팔고 싶으신 분

- NFT 작품에 투자하고 이익을 실현하고 싶으신 분

- 신규 투자처를 물색하시는 분

- 월급 이외에 부수적인 수입이 필요하신 분

- 첨단 미래 경제 가치 공부가 필요하신 분

- NFT 미래 사업 아이템을 찾으시는 분

- 자신의 재능으로 큰돈을 벌고 싶으신 분

- 조기 은퇴를 하고 경제적 자유를 누리고 싶으신 분

- 노후 대비가 불안하신 분

- 자녀와 함께 NFT를 만들고 싶으신 분

✅ 본 책에서 얻게 되는 점

- NFT의 개념 이해

- NFT의 경제 가치 이해

- 메타버스와 NFT와의 관계

- NFT 작품을 만들고 파는 방법

- 좋은 NFT 작품을 고르는 방법

- 신종 직군 NFT 크리에이터가 되는 방법

- NFT 대장주와 베스트 코인 소개

- PFP의 생성 원리와 가치 이해

- NFT 관련 용어와 기술 파악

- NFT의 미래 사업 아이템 파악

✅ 본 책을 선택해야 하는 이유

- 누구보다도 빠르고 쉽게 NFT의 가치를 알게 됩니다.

- 빨리 알게 된 정보로 초기 시장에서 이익 실현이 쉬워집니다.

- 모르고 살았다면 땅을 치고 후회할 정보를 담고 있습니다.

• 당신의 미래를 밝게 만들어줄 기회의 가능성을 담고 있습니다.

• 블록체인, 코인, NFT에 대해 눈과 귀가 열립니다.

우리는 NFT라는 신기술의 등장으로 또 한번의 부의 기회를 맞이하게 되었습니다. 누군가는 눈앞에 다가온 기회를 남 일처럼 흘려보냈을 것이고, 누군가는 관심은 있지만 애써 알아보려 하지 않았고, 또 누군가는 공부를 해보긴 했지만 실행에까지 옮기지는 않았을지도 모릅니다. 지금까지 부동산과 주식, 코인 등 우리에게는 자산을 크게 늘릴 여러 번의 기회들이 있어 왔습니다. 그 황금 같은 기회를 모두 놓치고 후회하는 사람들이 대부분일 것입니다. 뒤늦게 '왜 그때 들어가지 못했을까?'라는 후회를 해보지만, 막상 다른 기회가 오면 마찬가지로 또 놓치게 됩니다. 여러 번 후회를 하며 초기 시장의 중요성을 학습으로 배웠지만 과감하게 실행으로 옮기지 못합니다. 반면 초기 시장에 진입해서 그 흐름을 타본 사람들은 다른 기회가 나타났을 때 절대 놓치지 않고 과감하게 실행으로 옮깁니다. 성공의 맛을 여러 번 보며 그 과정이 학습되었기 때문입니다.

부동산과 주식, 코인(암호화폐)은 투자 자산으로서 변동성이 크고 각기 다른 위험 요인이 있지만 NFT는 그 결이 다르다고 할 수 있습니다. 단순한 투자를 넘어 신기술의 기회라는 점에서 수익화의 방법이 다양하고, 직접 참여해볼 수 있는 신종 직군까지 파생되고 있어 이전과 다른 새로운 기회들이 펼쳐지고 있습니다. 보통의 NFT 수익화를 생각해본다면 대부분이

NFT 작품을 구입하고 차익을 남기는 것으로 알고 있을 것입니다. NFT 작품 투자는 가장 단순한 형태의 수익 모델이지만 지금 현업에서는 메타버스나 P2E 게임 등과 연계해서 NFT 재화를 창작하고 전용 마켓에서 거래하는 실용의 단계까지 이르고 있습니다. NFT는 투자를 넘어 새로운 직군의 탄생에까지 이르게 된 것입니다. 부동산, 주식, 코인은 개인이 직접 컨트롤할 수가 없습니다. 시장 분위기 속에서 움직여야 하고, 운까지 따라야 합니다. 반면 NFT 수익화는 본인만의 재능으로 작품을 직접 만들어 팔 수도 있고, 메타버스 플랫폼에서 아이템이나 캐릭터 등을 NFT로 만들어 팔 수도 있습니다. 이렇게 판매된 대금은 코인으로 받게 되며 그 코인은 거래소에서 현금화할 수도 있습니다. 시세가 괜찮다면 대금으로 받은 코인의 가치 상승까지도 기대할 수 있습니다. 전 국민을 떠들썩하게 했던 유튜브 크리에이터의 뒤를 이을 신종 직군이 바로 NFT 크리에이터입니다. NFT 크리에이터의 활동 무대는 아직 많은 사람들에게 알려지지 않은 황금과도 같은 초기 시장입니다. 이것은 투자나 투기가 아니며, 본인 실력대로 벌어갈 수 있는 정직한 시장입니다. 이렇듯 NFT 수익화에는 여러 가지의 방법들이 있습니다. NFT 크리에이터를 포함한 NFT로 돈을 벌 수 있는 방법 5가지 모두를 이해하기 쉽게 자세히 이 책에 담았습니다. 직접 따라해볼 수 있는 구성으로 누구든 지금 당장 시도해볼 수 있습니다.

　NFT라는 신기술의 확장과 그 미래 가치를 생각해본다면 NFT라는 기회는 반복되는 삶을 살아왔던 직장인들의 해방구이며 어렵게 살아왔던 서민들에게 찾아온 신분 상승 기회처럼 느껴집니다. 농경에서 산업화로 바뀌고 산업화에서 더 진화된 미래 산업화로 바뀌는 전환점에서는 늘 항상 새로운 부의 기회를 거머쥔 신흥 부자들이 탄생되곤 했습니다. 누구든 이런 신기술의 기회에서 소외되지 않아야 합니다. 제가 책을 쓰고 강의하는 이유에는 바로 그런 모토가 있습니다. 신기술은 특정인만이 점유하는 것이 아닌 모두가 신기술에서 소외되지 않도록 해야 하는 것입니다. 이제 평생직장은 없으며 월급만으로 고액의 집을 산다는 것은 현실에서는 일어나지 않는 허상이 되어버렸습니다. 처음부터 소위 '금수저'로 태어나지 않는 이상 현생에서 금수저가 되는 일은 어렵다고도 말합니다. 하지만 누군가는 분명히 부를 이루는 사람이 존재하기 마련입니다. 그 누군가의 대부분이 새롭게 등장했던 기회를 잘 잡았다는 점을 생각해본다면 지금 NFT라는 기회는 분명히 당신의 미래를 바꿀 유력한 부의 기회인 것입니다.

독자 여러분의 미래는 이 책을 읽기 전과 후로 나뉘게 될 것입니다. 독자분들 모두가 이 책을 정독하시고 NFT라는 기회를 본인의 것으로 만드시기를 바랍니다.

2022년 신봉구

차례

PART 3   수익을 배로 만드는 실전 Tip

PART 1

NFT 수익화 첫걸음

CHAPTER 1

NFT 개념 미리 알기

01 블록체인, 왜 알아야 할까?

아무도 몰랐었지만 모두가 알고 싶은 NFT의 특징과 정의를 알아보자. 그전에 NFT 기술의 근간인 블록체인에 대해 알아야 한다. 블록체인Block chain이란, 가상화폐 거래 시 해킹을 막기 위한 기술로 거래 데이터를 기존의 중앙이 아닌 분산형으로 저장하는 기술이다. 예를 들어 은행을 해킹한다고 가정한다면 기존에는 은행의 중앙 컴퓨터 한 대만 해킹하면 가능했지만 블록체인 기술에서는 컴퓨터 한 대가 아닌 고객 전부를 해킹해야 가능하다는 것이다. 이는 모든 고객에게 데이터를 분산 저장했기 때문이다. 블록체인 기술, 이는 다른 말로 '탈중앙화'라고도 한다. 데이터의 보관과 처리가 중앙화되지 않았기 때문이다.

다음 페이지 그림과 같이 블록들을 체인으로 연결했다고 해서 블록체인이라고 불린다. 모든 고객의 정보를 일일이 다 해킹해야 되기 때문에 근본적으로 해킹하기가 매우 어려운 구조다. 이런 방식으로 만든 화폐를 '암호

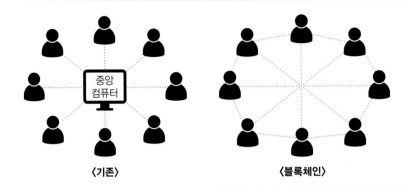

기존의 중앙화와 탈중앙화 블록체인의 비교

〈기존〉   〈블록체인〉

더 알아보기

클라우드 컴퓨팅
(Cloud Computing)

인터넷상의 가상화된 공간에 존재하는 서버, 스토리지, 데이터베이스 등의 컴퓨팅 자원에 접근해서 네트워킹, 소프트웨어, 데이터 분석 등의 컴퓨팅 서비스를 사용하는 것을 가리킴.

폰지 사기
(Ponzi scheme)

투자자를 모집하고 그들의 투자금을 신규 투자자에게 배당하는 다단계 사기 수법.

화폐'라 하고, 실물이 아닌 가상의 화폐이기 때문에 '가상화폐'라고도 한다.

블록체인 기술은 진보한 미래 기술이며 클라우드 컴퓨팅 등과 함께 주목해야 할 차세대 기술이다. 최근 가상화폐 열풍으로 투기가 만연하고 이른바 폰지 사기로 인해 부정적인 이미지로 보이기도 하지만 블록체인 기술 자체는 앞으로 많이 응용될 선한 기술이다.

이렇게 블록체인에 대해 먼저 알아본 이유는 NFT가 블록체인을 기반으로 만들어졌기 때문이다. NFT를 이해하려면 블록체인의 이해가 먼저이기 때문에 다소 어려운 내용이지만 최대한 쉽게 풀어서 설명하였다. 그럼 과연 NFT란 무엇인지 알아보도록 하자.

02 한눈에 보는 NFT 특징

NFT란, 블록체인 기술로 암호화한 대체 불가능 토큰Non-Fungible Token을 말하며 기존의 가상화폐와 달리 디지털 자산(그림, 사진, 동영상 등)에 별도의 고유한 인식 코드를 부여해 절대적 진품임을 증명하고 상호교환이나 해킹이 불가능하게 만든 수단을 말한다.

즉, 나의 디지털 작품을 NFT로 발행하면 전 세계에 고유의 하나밖에 없는 절대 진품이라는 것을 증명하는 것이 된다. 예를 들어 명화인 〈모나리자〉 작품 이미지는 구글 검색만 해봐도 수만 개가 나오고 그것을 출력해서 거실에 액자로 걸 수도 있다. 그렇지만 진품은 박물관에 있다. 그런데 누군가가 그 〈모나리자〉 진품(약 44조 원)을 거액으로 사들이고 디지털 스캔한 후 의도적으로 불태워 없앴다고 가정해보자. 그 후 스캔한 이미지를 NFT로 발행했다고 생각해보자. 그렇게 된다면 이제 지구상에 유일한 단 하나의 진품 〈모나리자〉는 디지털 스캔한 NFT 모나리자밖에 없게 된다. 사들

모나리자 진품을 NFT로 발행하는 극단적인 예

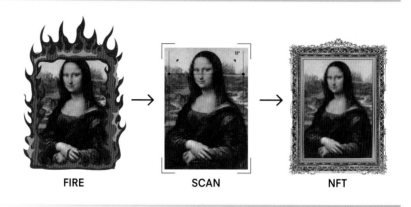

FIRE   SCAN   NFT

인 가격의 몇 배를 올려 불러도 되팔 수가 있는 것이다.

NFT의 이해를 돕기 위해 극단적인 예를 들었지만 실제로 위와 같은 사건이 얼마 전인 2021년에 벌어졌다. 유명한 그래피티 아티스트이자 영화감독인 뱅크시Banksy의 작품 〈멍청이들Morons〉을 한화 약 1억 7,000만 원에 구입한 뒤 디지털 스캔해서 NFT로 전환했고 원본 그림을 불태워 없애 버린 사건이다. 그 후 디지털 스캔된 뱅크시 작품은 NFT로 발행되어 NFT 경매 시장 오픈씨OpenSea(NFT 마켓플레이스)에서 한화로 약 4억 3,000만 원에 거래되었다. 원본의 약 4배에 달하는 수익을 얻은 것이다. 그 수익은 코로나19 구호 활동에 기부한 것으로 알려졌다. 피지컬Physical 아트와 디지털 아트의 가치에 대한 이벤트성 사건이었지만 예술계에 큰 충격을 안겨주고 국내 뉴스에도 소개되며 화제가 되었다.

이렇듯 우리를 어리둥절하게 만드는 기술 NFT는 '넌펀저블닷컴

Nonfungible.com'발행 보고서에 따르면 2018년에는 시장 규모가 4,000만 달러에 불과했지만 2020년 기준으로 약 3억 4,000만 달러를 돌파했고 2021년 1분기에는 이미 전년 같은 분기 대비 131배인 20억 달러를 달성하며 급성장했다. 이는 메타버스Metaverse와도 맞물려 큰 화두가 되며 시장 규모가 기하급수적으로 넘어설 것으로 전망되고 있다. 2022년인 지금도 NFT 경매 시장에선 약 2,000만 개의 NFT가 거래되고 있다.

이러한 NFT의 특징에 대해 하나씩 알아보기로 하자.

더 알아보기

메타버스
(Metaverse)

현실에서처럼 사회·경제·문화 활동이 이뤄지는 3차원 가상 세계를 말함.

NFT는 단 하나의 진품으로 인정하는 암호화 수단이다: 위에서 설명한 블록체인 기술을 기반으로 디지털 자산에 단 하나의 진품임을 증명하는 대체불가 토큰을 부여해준다. 이는 코인이 아닌 '토큰'으로 마치 하나의 기념주화로 생각하면 이해가 쉽다.

NFT는 상호 교환이 불가능하다: NFT는 내재된 가치가 서로 다르기 때문에 상호 교환이 불가능하다. 가령 나와 친구가 1만 원씩을 맞교환한다면 같은 가치이기에 가능한 일이다. 같은 예로 비트코인 1비트를 상호 맞교환해도 균등한 조건을 갖고 있기에 가능하다. 반면, NFT는 별도의 고유한 인식 값을 개별로 갖고 있어서 상호교환이 불가능하다.

이는 친구와 같은 1만 원짜리 지폐를 서로 바꾸려고 한다면 바꿀 수 있지만, 평소에 쓰고 있던 같은 기종의 아이폰iPhone을 친구와 서로 바꾸려고 한다면 각각의 핸드폰에는 각자가 가진 고유한 추억 사진과 전화번호부 등이 저장돼 있기 때문에 서로 바꾸지 못하는 이치와 같은 것이다. 내재된 가

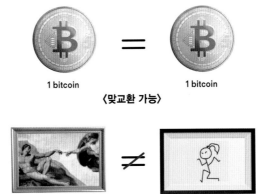

맞교환 가능 vs. 맞교환 불가능

1 bitcoin = 1 bitcoin

〈맞교환 가능〉

≠

〈맞교환 불가능〉

치가 서로 다르기 때문이다.

위 도표의 예는 1비트코인과 같은 가격인 1비트코인은 서로 교환이 가능하지만 미켈란젤로의 천지창조 작품과 수준이 낮은 작품의 교환은 어렵다는 것을 나타내고 있다.

NFT는 해킹이 불가하다: 블록체인 기술을 사용한 암호화폐와 동일한 수준의 보안을 보장한다.

NFT는 발행과 거래 이력이 보존된다: 누가 NFT를 최초로 발행했고 얼마에 내놓았으며 누구에게 얼마에 팔렸으며 다시 누구에게 얼마로 되팔았는지 등의 거래 이력이 마치 부동산 등기부등본과 같이 그대로 기록되고 보존된

NFT 거래 내역의 예

⇄ Transfer		1	INTEG	IntegVault	9 days ago ↗
⇄ Transfer		1	TapirOne	TapirOneVault	12 days ago ↗
🛒 Sale	♦ 0.239	1	Banex991	margaritavillain	17 days ago ↗
⇄ Transfer		1	Banex991	margaritavillain	17 days ago ↗
⇄ Transfer		1	TheLigmaCollectors	Samsara	20 days ago ↗

자료: 오픈씨

다. 이는 블록체인 기술을 사용하기 때문에 가능한 것이다. 거래 히스토리가 그대로 남아 있어서 현재 소유자를 바로 알 수 있다.

NFT는 주로 가상화폐로 거래된다: NFT 매매는 주로 실물 화폐가 아닌 가상화폐로 거래된다. 가장 많이 사용되는 가상화폐는 이더리움ETH이며 최근 카카오가 NFT 사업을 시작하면서 카카오의 자회사 그라운드XGround X가 만든 가상화폐 클레이튼KLAY으로도 거래가 활발하게 이뤄지고 있다. 이렇게 NFT 발행과 매매를 하기 위해서는 가상화폐 거래소 가입과 연결 계좌 개설, 가상화폐 지갑 등이 필요하게 된다.

NFT 시장은 유니크하고 흥미로운 시장이다: NFT 시장의 콘텐츠들은 매우 유니크Unique하고 흥미롭다. 유명한 작가의 작품도 있지만 유명인이 아님에도 자리를 잡고 판매 상위권에 랭킹된 판매자도 많다. 이는 반드시 특정 유명인이 아니더라도 판매가 가능하다는 이야기이다(당신도). NFT 시장은 아

> **더 알아보기**
>
> **이더리움**
> **(Ethereum, ETH)**
>
> 비트코인과 더불어 대표적인 암호화폐 중 하나. 2015년 비탈릭 부테린이 만든 퍼블릭 블록체인 플랫폼이자, 해당 플랫폼에서 쓰이는 암호화폐를 말한다.

직 초기 시장이라서 어떤 것이 잘 팔리고 안 팔리는지 통계화되지는 않았다. 값어치가 없어 보이는 그림이 고가에 팔리기도 하고, '과연 팔릴까?' 싶은 것이 NFT화되어 올라오기도 한다. 초기 시장에 머무르고 있는 NFT는 산업이 성숙되어가면서 점점 시장의 룰이 형성될 것으로 보인다.

이제 NFT의 특징에 대해 어느 정도 감을 잡았을 것으로 생각된다. NFT의 정의에 대해 이야기해보자.

NFT의 정의: 누구도 NFT에 대해 한마디로 정의하기가 어려울 것이다. 이해하기 힘든 NFT에 대해서 딱 한마디로 정의를 내리기 위해 여러분에게 사전 개념들을 설명했다. 이제 이해할 수 있는 준비가 되었다고 가정하고 NFT의 정의를 내려보자. NFT란,

> **"NFT는 디지털 재화의 소유권을 증명해주는 수단이다."**
> NFT의 정의를 풀어서 설명하면, 특정 디지털 자산에 블록체인 기술을 적용해 유동성 가치를 매기고 소유권을 부여하며 소유권의 이동까지 암호화로 기록되는 수단이다(디지털 자산의 등기부등본이나, 지문이 되는 것이다.)

여기까지 잘 이해했다면 이제 여러분은 그 누구보다도 NFT에 대해 확실한 개념을 이해하게 된 것이다. 이는 전 세계 인구의 상위 소수에 해당될 것이며 그만큼 여러분은 NFT로 돈을 벌 준비가 누구보다도 빠르고 확실하게 돼 있다는 것이다. 다음에는 NFT의 역사적 흐름과 NFT가 왜 돈이 되는가에 대해 알아보기로 한다.

NFT의 역사를 보면
미래 가치가 보인다

　　NFT 역사의 시작은 생각보다 오래되었지만 우리에게 다가온 것은 생각보다 얼마되지 않았다. '지나간 기회를 그때 알았더라면…'과 같은 후회와 미련을 또 만들지 않기 위해 지나온 NFT의 역사적 흐름을 파악하고 앞으로 닥칠 NFT의 진화를 미리 예측해서 지금의 나를 각성시키는 계기가 되기를 바란다.

　　지금에서야 알려지고 있는 NFT는 거슬러 올라가 2014년에 케빈 맥코이 Kevin McCoy의 〈퀀텀Quantum〉이라는 작품으로 시작된다. 당시에는 NFT라는 용어가 탄생하지 않았고 '수익 창출 그래픽Monetized graphic'이라는 명칭으로 불렸다. 뉴욕대학교의 교수로 디지털 아티스트를 겸하고 있던 케빈 맥코이 교수는 2014년 당시 그의 아내와 함께 'Seven on Seven'이라는 행사에서 네임코인Namecoin 블록체인으로 민팅Minting한 〈퀀텀〉을 선보였고, 이후 그의 작품은 햄버거 하나 가격인 4달러에 팔리게 된다.

케빈 맥코이의 작품 <퀀텀>

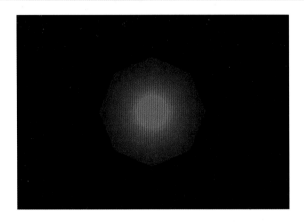

자료: mccoyspace.com

더 알아보기

소더비 경매 회사

270년이 넘는 역사를 자랑하는 세계적인 미술품 및 골동품 경매 회사. '크리스티'와 함께 세계 2대 경매 회사로 꼽힘.

라바 랩스
(Larva labs)

맷 홀Matt Hall, 존 왓킨슨John Watkinson 두 청년이 창업하여 만든 비주얼아트 스튜디오. 최초로 실험적인 NFT 프로젝트를 선보이며 단숨에 NFT 열풍을 이끈 대표 기업임.

당시 그는 개발자 애닐 대시와 함께 민팅했으며 2012년 비트코인을 처음 접하고 예술 작품을 토큰화하는 것에 몰두하게 된다. 최초의 NFT 탄생에서 그 창시자가 개발자가 아닌 아티스트였다는 점에서 큰 의미가 있다. 이후 <퀀텀> 작품은 버전 업데이트되었으며 2021년 소더비 경매에 오르게 된다.

케빈 맥코이의 <퀀텀> 이후 2017년에 이르러 라바 랩스Larva Labs에서 이더리움을 기반으로 한 크립토펑크CryptoPunks가 NFT로 출시된다. 당시에는 NFT 규약인 ERC-721(이더리움 체인에서 콘텐츠 파일 등의 자산을 토큰화하는 규약으로 대부분의 NFT가 여기에 속하며 단일 NFT만 가능하다)이 존재하지 않았기 때문에 ERC-20(이더리움 체인에서 화폐의 개념으로 상호 교환이 가능한 동등한 가치를 지닌 규약)을 변형해서 실험적으로 크립토펑크를 만들었다. 이후 크립토펑크는 ERC-721의 탄생에 영감을 주게 된다.

최초의 PFP 프로젝트 〈크립토펑크〉

자료: 오픈씨

더 알아보기

PFP(Picture For Profile) NFT

프로필 형태의 디지털 아트로, SNS 프로필 이미지 기능을 하며 일종의 회원권의 의미를 갖는다.

P2P(Peer to Peer)

개인과 개인 간 파일 거래를 말함.

크립토펑크는 발행 당시 모두 1만 개를 발행했으며 1,000개는 개발자에게 지급되고 9,000개는 무료로 배포되었다. 지금의 가치로 생각해보면 아찔한 결정이었다. 크립토펑크는 PFP 프로젝트로 가장 오래되었으며 PFP 장르의 시초라는 타이틀로 높은 가격으로 거래되고 있다. 혹자는 〈모나리자〉 정도의 가치를 지니게 될 것이라고 장담하기도 한다. 이후 소더비나 크리스티 경매 등에 올라가며 명성을 이어가고 있다. 그리고 라바 랩스는 2022년 3월에 최고의 주목을 받고 있는 BAYCBored Ape Yacht Club의 개발사 유가 랩스Yuga Labs에 인수되었다.

2017년에는 NFT 역사에 관련해서 많은 일이 있었는데 당해 12월에 미국의 샌프란시스코에서 데빈 핀저와 알렉스 아탈라가 P2P 방식의 디지털 자산 거래 마켓을 설립했다. 그것이 바로 오늘날의 오픈씨다. 오픈씨는 NFT 활성에 큰 영향을 주게 되었고 지금 우리들이 쉽게 NFT 발행을 해볼 수 있는 기반을 제공하게 된다.

그리고 2017년 당해 11월에는 수집용 고양이 캐릭터 육성 게임 크립토키티CryptoKitties가 출시된다. 게임을 통해서 고양이를 육성시키고 교배시키

'크립토키티' 변종 고양이들

Zizi Boopgirl	Lord Liondrop	Lucky	Puff	439429	366322	864076
Price	Price	Price	Price	Price	Price	Price
♦ 0.0045	♦ 0.0045	♦ 0.005	♦ 0.005	♦ 0.005	♦ 0.005	♦ 0.005
2 days left		Last ♦ 0.002	Last ♦ 0.005	Last ♦ 0.005	Last ♦ 0.002	Last ♦ 0.002

자료: 오픈씨

는데 그 결과로 희귀한 변종 고양이가 탄생하게 되면 매우 고가로 거래된다. 즉 크립토키티는 이더리움 기반의 블록체인 게임으로 변종 고양이 캐릭터가 나오면 NFT로 민팅되어 거래된다.

이어서 2021년 초에는 NFT가 크게 알려지는 지대한 사건이 발생한다. 바로 작가 비플Beeple의 〈매일-첫 번째 500일Everyday's-The First 5000 Days〉이라는 작품이 크리스티 경매에서 한화 약 785억 원에 낙찰된 것이다. 아마도 이 사건은 우리가 NFT에 대해 처음으로 관심을 갖게 된 계기가 아니었을까 한다.

당시에는 들어본 적도 없고 본 적도 없는 생소한 알파벳 세 글자 NFT가 무엇이길래 작품 하나가 수백억 원에 팔리나 싶었을 것이다. 영어로 된 NFT라는 글자를 보면 공학적인 것인가 싶기도 하고 그림을 보고 있으면 미술과 관련된 것인가 싶기도 하다. 매우 낯설은 세 글자 NFT는 그렇게 우리에게 알려졌다.

이후에 숨 돌릴 틈도 없이 원숭이 캐릭터가 등장해서 NFT 아트 시장을 제너레이티브 아트Generative art PFP로 바꿔 놓는다. 그것이 바로 BAYCBored

더 알아보기

제너레이티브 아트
(Generative art)

컴퓨터 알고리즘에 의해 무작위로 생성되는 디지털 작품을 말함. 최근 NFT PFP들이 제너레이티브 아트로 만들어지며 많은 인기를 얻고 있음.

NFT를 세상에 알린 비플의 작품

자료: 크리스티

Ape Yacht Club, '지루한 원숭이 요트 클럽'이다. BAYC는 유가 랩스에서 컴퓨터 알고리즘으로 구현해서 만든 1만 개의 NFT이다. 인기 급상승의 BAYC 덕에 NFT 시장의 중심은 순수 아트에서 PFP에게 자리를 내어주게 된다. 실제로 오픈씨 대부분의 거래액은 PFP 거래에서 발생하고 있다.

BAYC의 대성공 이후에 유사 PFP가 난무하는 춘추전국 시대를 맞이하게 된다. 덩달아서 진품 PFP를 가장한 스캠까지 등장해서 가상자산이 갈취되는 사례가 빈번하게 발생하게 된다.

한편으로 NFT의 활성은 긍정적인 부분으로도 확산되었다. 게임계, 연예계, 미술품 유통계 등 산업 전반에 거쳐 NFT 기술을 이용하는 신사업이 속속 등장하게 된다. 오죽하면 NFT가 스치기만 해도 주가가 오른다는 설이 나돌 정도이다. 급기야 2021년 말에는 콜린스 사전에 올해의 단어로

가장 화제인 PFP 컬렉션 BAYC

자료: 오픈씨

NFT가 선정되기도 한다. 이렇게 다소 어수선한 분위기에서 NFT의 열기는 급팽창하면서 NFT 대표 마켓플레이스인 오픈씨의 연간 거래액이 30조 원을 돌파하기도 한다. 더불어 메타버스가 유망 산업으로 떠오르고 메타버스와 NFT가 결합하는 형태로 자리를 잡아가며 큰 시너지가 기대되는 분위기다.

2022년에 들어서 가장 최근의 NFT 활용 사례로는 우크라이나 사태 자금 마련을 위한 NFT의 활용이다. 사회적 캠페인으로 NFT가 활용된 것이다. 개인적인 바람으로는 NFT의 투기성 거품은 빠지고 기술 그 자체의 가치를 인식하며 신기술의 기회에서 소외되는 계층이 없도록 모두가 혜택을 얻었으면 하는 바람이다.

NFT가 시작되고 진화와 성숙을 거듭하면서 NFT는 우리의 삶에 마치 보이지 않는 공기처럼 이로운 존재로 남아 있게 될 것이다. 거품을 빼고 오로지 기술에만 집중해서 본다면 우리는 그 안에서 신사업의 기회와 개인의 삶을 개선할 수 있는 전환점을 만들 수 있을 것이다.

NFT와 메타버스의 관계

    NFT와 관련해서 자주 등장하게 될 메타버스에 대해서도 알아두어야 한다. NFT는 미술 작품에서도 가치를 지니지만 가상세계 메타버스에서 파생될 경제적 미래 가치에 대해서도 대단할 것으로 예상되기 때문이다.

    메타버스란: 가공, 추상을 의미하는 메타meta와 현실 세계를 의미하는 유니버스Universe의 합성어로 3차원 가상세계를 의미하며 이 가상의 세계에서 현실과 같은 사회적 상호작용이 가능하다.

    메타버스에서 NFT 적용 예: NFT는 가상의 세계 메타버스 내에서 경제적 가치가 있는 재화의 소유권을 증명해주는 수단이 된다. 이해하기 쉬운 비유로 메타버스는 보물섬, NFT는 그 안에 있는 보물이라고 이해하면 쉽다.

메타버스에서 '랜드'의 예

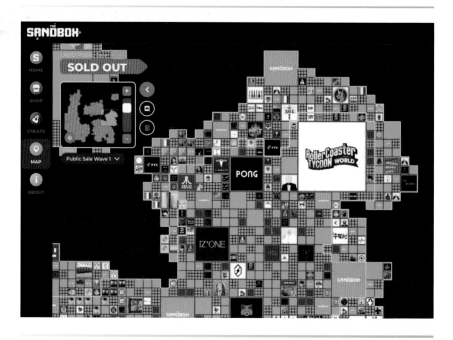

자료: 더 샌드박스

더 알아보기

더 샌드박스(The Sandbox, SAND)

세계적인 블록체인 게임 개발사이자 메타버스 플랫폼. NFT를 활용해 이용자들이 직접 아이템과 캐릭터를 제작하거나 거래하는 등 서비스를 제공하고 있음.

메타버스의 경제적 가치: 메타버스 내에서 개인과 기업의 경제 활동이 가능해지고 그 기반을 이루는 아이템이나 랜드Land를 사용하기 위해서는 소유자에게 비용 지불이 필요하다. 그 소유자를 증명해주는 수단이 바로 NFT가 되는 것이다.

위의 이미지는 비교적 최근의 NFT 연계 메타버스 게임 '더 샌드박스'의 랜드 분양 화면으로 분양이 이미 '품절Sold Out'된 상황을 보여주고 있다. 랜드 소유자를 살펴보면 유명 기업 테슬라Tesla도 보이고 아타리Atari 등 게임 회사들도 많이 보인다. 앞으로 랜드 안에서 무언가를 하려면 랜드 소유자

오픈씨에서 '랜드'가 거래되는 모습

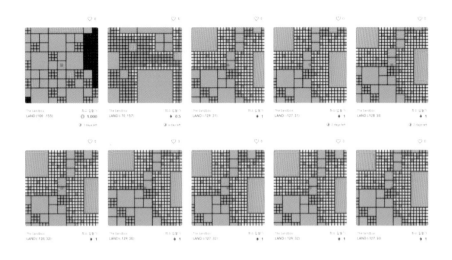

자료: 오픈씨

에게 입장료를 지불하든지 임대료를 내야 한다. 만약에 그 랜드가 명소가 되다면 대기업 광고판만 달아 놓아도 먹고살 만한 광고비가 꼬박꼬박 들어오게 되는 것이다. 이런 랜드의 소유권을 증명해주는 수단이 바로 NFT 기술이다.

메타버스 내에서 광고판의 예를 들어보면 메타버스 초기 사용자로 예상되는 MZ세대를 위한 나이키, 코카콜라, 애플 등 대기업 광고판을 설치하고 제품으로 이동이 가능한 링크를 삽입할 수 있기 때문에 기존 현실 세계의 옥외 대형 광고판을 대치할 것으로 생각된다. 이렇듯 가치가 있는 랜드를 서로 선점하기 위해 랜드 분양이 시작되면 불과 몇 초 만에 종료되며 웃돈을 얹어서 오픈씨와 같은 2차 시장에 차익 실현 매물로 나오기도 한다.

과거 논밭 천지였던 강남의 모습

자료: 서울시 역사 아카이브

　지금도 오픈씨에서 더 샌드박스 랜드 NFT는 거래되고 있으며 작은 네모 칸 하나가 1이더리움(2021년 6월 18일 기준, 한화 약 300만 원)이다. 2022년 2월에는 저 작은 네모 칸 하나의 최저가가 3이더리움(한화 약 1,000만 원)에 이르기도 했다. 물론 코인 시장의 변동성은 크기 때문에 가격은 유동적이지만 가상의 땅값치고는 고가에 거래되는 것을 알 수 있다. 메타버스가 아직 본격적으로 시작되지도 않았다는 점을 감안한다면 이는 마치 과거의 논밭 천지였던 개발 전 강남의 땅값을 떠올려 볼 수도 있다.

　위의 사진은 1978년 압구정 현대아파트의 모습이다. 당시 땅값이 평당 50만 원 선에 불과했으나 현재는 약 1억 2,000만 원 이상에 달한다. 약 240배가 오른 것이다. 메타버스 초기를 1978년도 압구정동에 비유한다면 메타버스가 대중화될 시기에는 '왜 그때 땅을 안 샀을까' 하는 후회가 밀려오게 될 것이다.

메타버스 플랫폼 더 샌드박스에서는 랜드 임대 수익뿐 아니라 무료로 제공되는 제작 툴로 이용자가 직접 게임 아이템을 만들어 이더리움을 받고 팔 수도 있다. 이용자가 만든 아이템은 플랫폼 제공자가 아닌 완전한 창작자 개인의 소유로 인정된다. 메타버스에서는 랜드 수익 말고도 개인이 할 수 있는 다양한 기회가 많이 열려 있다. 그 모든 것들은 메타버스 안에서 NFT로 발행되며 전용 마켓에서 거래가 이루어진다.

여기까지 메타버스 내에 NFT의 경제적 가치에 대해 잠시 언급했다. 정리를 하면, **[메타버스 = 보물섬] [NFT = 보물]**이라고 하겠다. 메타버스는 단지 환경이다. 그 안에 랜드나 아이템 등 디지털 재화의 소유권을 증명해주는 수단이 NFT가 된다. 그렇기에 메타버스 내에서 NFT의 가치는 소중할 수밖에 없다.

메타버스 내에 디지털 재화를 만들어 NFT로 발행하든지 당신만의 유니크한 사진이나 동영상, 기타 미술 작품을 지금 당장 NFT로 발행해 경매 시장에 내놓는다면 뜻밖의 수익을 얻을 수도 있다. 특히, 기존 유명 작가가 아니더라도 미술에 소질이 있는 분들의 소소한 작품들이 생각보다 비싸게 팔리고 있다. 예술계에서는 반길 새로운 큰 기회인 것이다. 다음은 NFT가 왜 돈이 되는지 알아보도록 한다.

NFT는 왜 돈이 되는가?

대부분의 독자는 '어떤 NFT가 몇 억 원에 팔렸다'라는 자극적인 기사를 보고 이 책을 들었을 것이다. 화려한 결과만 보고 NFT를 찾아 여기까지 왔지만 그렇게라도 관심을 갖게 된 것이 다행이라고 생각한다. 이제는 성숙한 자세로 결과만 보지 말고 과정도 살펴봐야 한다.

NFT가 왜 돈이 되는지를 알아야 NFT 기술의 진정한 가치를 알 수 있기 때문이다. 지난 과거를 한번 생각해보자. 예전만 하더라도 수도꼭지만 열면 넘치게 나왔던 물을 돈 주고 사 먹는다는 것을 과거에는 상상할 수 없었고 이해도 할 수 없었다. 그리고 산에서 열매를 따먹거나 나물을 캐 먹는 것은 평범한 일상이었다. 그러나 지금을 살펴보자. 물은 돈 주고 사 먹는 게 일반적이고 사유지 산에서 무언가를 취득하는 행위는 엄연한 불법이다. 과거에는 아무렇지도 않았던 것들이 지금에 와서는 체계가 잡히고 권리가 분명해지면서 정당한 가치를 지불해야 취득할 수 있다.

더 알아보기

밈(Meme)

SNS 등에서 유행하여 유희되는 패러디물, 또는 유행 경향.

이제는 예전만 해도 가치가 없어 보이던 디지털 데이터들이 새로운 금이 되는 세상이 되었다. '밈'으로 나도는 일명 '짤방' 이미지는 검색만 해봐도 수만 장을 볼 수 있다. 유행처럼 번지는 짧은 인기 동영상들도 검색으로 어디서든 볼 수가 있다. 그러나 그 파일들의 창작이 누구에게서 최초로 시작되었고 누구의 소유인지 분명하지가 않다. 그것을 알아내는 일도 만만한 일이 아니다. 그렇기에 대량으로 나도는 디지털 파일들을 수익화하는 데 한계가 분명히 있었다. 그러나 지금은 다르다. 디지털 파일을 NFT로 발행한다면 최초 창작자를 분명하게 알 수 있고 모든 권리는 창작자에게 있으며 소유권 매매도 가능하기 때문이다. 반드시 예술 작품만이 아니라 상업적 가치가 있는 모든 디지털 파일들의 저작권을 분명하게 하고 가치 지불에서 수익을 창출할 수 있게 된 것이다.

더 나아가 앞으로 유행하게 될 메타버스 내에 존재하는 랜드, 건물, 나무, 자동차, 가구 등은 누구의 것인가? 그러한 디지털 재화들의 소유권을 블록체인 기술로 분명하게 해주는 수단이 바로 NFT인 것이다. 메타버스 플랫폼을 운용하기 위해서는 NFT 기술 사용이 필수이다.

NFT는 이제 막 시작되었다. 이미지나 동영상 파일, 메타버스뿐 아니라 거의 모든 산업계에서 자사의 재화 가치를 분명하게 하고 가치 창출을 위해 NFT 기술을 사용하게 될 것이다. 우리는 그 흐름에서 나만의 무엇인가를 NFT로 발행해 지금 살아가고 있는 환경을 개선하고 삶의 질을 올려야 할 것이다.

CHAPTER 2

NFT 수익화 종류

01   NFT로 돈을 버는 5가지 방법

NFT로 돈을 버는 방법은 NFT 작품을 직접 만들어 파는 방법, NFT 작품을 사들여 되파는 방법, NFT 크리에이터가 되어 디지털 재화를 만들어 파는 방법, NFT 관련 주식에 투자하거나, NFT 관련 코인에 투자하는 방법 등이 있다. 각각의 방법에 대해 간략하게 우선 알아보고 이후 자세하게 다루도록 한다. 아래 소개되는 5가지 방법을 하나씩 살펴보며 본인에게 맞는 적성을 진지하게 타진해보는 것에 의미를 갖는다.

- NFT 작품 만들어 팔기
- NFT 작품에 투자하기
- NFT 크리에이터 되기
- NFT 관련주에 투자하기
- NFT 코인에 투자하기

첫 번째, NFT 작품 만들어 팔기: NFT로 돈을 버는 방법 중에 가장 첫 번째로 생각해볼 수 있는 방법이다. 내 작품을 NFT로 발행해서 파는 방법이다. 이를 민팅Minting이라고 한다. 아마도 이 책을 읽는 대부분의 독자들이 여기에 해당될 것이다. 아래의 이미지는 NFT 판매 마켓플레이스 최초이자 최대 사이트인 오픈씨OpenSea의 모습이다. NFT를 발행하고 판매하는 사이트는 오픈씨 외에도 라리블Rarible 등 여러 곳이 있다. 각각의 사이트는 인지도, 판매 자격, 수수료, 판매량 등에서 차이가 있다. 다음과 같이 나의 작품을 NFT로 발행해 마켓에 올려 파는 방법은 여러 가지가 있는데 크게 '지정가 판매', '경매 판매' 등 두 가지가 있다.

　미술을 전공했거나 그림 그리기에 관심이 있다면 이 방법을 적극 추천한다. 단지 그림에 소질이 없더라도 사진에 취미가 있다면 사진도 NFT로 발

오픈씨에 올라온 작품의 예

자료: 오픈씨

행해서 판매하는 것이 가능하다. 사진이나 디지털 이미지나 손그림을 스캔 받은 파일이라면 무엇이든 NFT로 발행이 가능하다. 여기에는 음악 등 오디 오 파일도 포함된다. 즉, 거의 모든 디지털 파일은 NFT로 발행해서 판매할 수가 있다. 나의 작품을 NFT로 발행하고 마켓에 판매하는 방법은 뒤에서 자세하게 다룬다.

NFT 작품은 순수예술뿐 아니라 컬렉터블 PFP라는 분야가 크게 화제되 고 있다. 프로필 이미지를 뜻하지만 마치 회원권 같은 기능을 하며, 대부분 컴퓨터 프로그래밍을 활용한 제너레이티브 아트로 1만 개 단위로 제작된 다. 이것은 개인이 접근하기에는 어려움이 있으며 주로 팀이나 회사 단위로 제작과 서비스가 이루어진다. 제너레이티브 아트와 PFP에 대해서는 뒤에서 한 번 더 다루도록 한다.

두 번째, NFT 작품에 투자하기: 또 하나의 NFT로 돈을 버는 방법은 가치 있는 NFT 작품을 구입하고 적절한 가격으로 되팔아 이윤을 남기는 것이다.

NFT 작품 거래는 히스토리가 남아서 가격 변동을 살펴볼 수 있다. 투자 방식이 실물 미술품 투자와 비슷하지만 실물이 아닌 온라인상에서 작품의 소유권에 투자한다는 것이 다른 점이다. 이때 NFT 작품 투자는 신중하기 를 당부한다. 내 작품 NFT를 파는 것은 안 팔려도 손해가 없지만 작품을 사들여 투자하는 것은 비용이 들어가기 때문이다. 그리고 NFT 작품의 가 치를 측정하는 것은 추상적이므로 거품이 어느 정도 끼어 있는 것도 현실 이다. 결국 고가로 잘 팔릴 작품은 구매 가격 또한 고가로 형성돼 있다. 작 품 활동이 성실하고 인지도가 형성돼 가고 있는 신인 작가 발굴이 우선이겠다.

순수 예술 NFT 작품 투자도 있지만 요즘에는 앞에서 언급한 PFP에 대한 투자도 매우 활발하다. PFP의 혜택에 따라서는 구입자에게 고정 이자를 지급하는 프로젝트도 있고 그 외 그들만의 유대 관계를 돈독하게 하는 VVIP 회원권의 역할을 하는 것도 있다. NFT 컬렉터들 사이에서는 고가의 PFP를 소유하고 있는 것 자체가 자랑거리이기도 하다. 트위터, 인스타그램 등 SNS에 프로필 사진으로도 사용할 수가 있기 때문에 자신을 과시하기에 좋은 NFT가 된다. 다만, PFP의 유행과 인기에 난무하고 있는 저품질 프로젝트들과 고가의 유명한 PFP로 위장해 가짜를 판매하는 스캠 사기를 매우 조심해야 한다. 좋은 작품을 고르는 방법과 작품을 구입하는 과정에 대한 자세한 내용은 뒤에서 다루도록 한다.

세 번째, NFT 크리에이터 되기: 앞에서 NFT 크리에이터에 대해 잠시 언급했다. NFT 크리에이터의 주 무대는 메타버스 플랫폼이다. 당신이 메타버스 플랫폼을 제공하는 회사라고 가정해보자. 그 넓고 광활한 랜드에 집, 나무, 큰 건물, 탈것, 가구, 사람, 동물 등을 만들어 채우려면 상근하는 직원만으로는 턱없이 부족하다. 그렇기에 대부분의 메타버스 플랫폼은 유저들에게 창작의 자유를 주고 알아서 만들어서 채워 넣기를 바라고 있다. 물론 누구나 쉽게 3D 오브젝트를 만들 수 있도록 다루기 쉬운 무료 툴을 제공한다.

이렇게 유저들이 만든 디지털 재화들은 NFT화되어 발행되고 전용 마켓에서 판매가 된다. 판매 대금은 메타버스 내에 통용되는 전용 코인으로 받고 그 코인을 거래소에서 현금화할 수도 있다. 포토샵을 다룰 수 있는 정도의 실력이라면 약간의 학습 과정을 거쳐 본인이 창작한 디지털 재화를 마켓에 팔 수 있다.

그렇게 마켓에 나온 디지털 재화인 건물, 나무, 동물, 사람 등은 랜드를 꾸밀 때 쓰이며 그 필요로 인해 구매로 이어진다. 매우 거대하고 매력적인 단일 1개의 디지털 재화는 고가로 팔리기도 하고 단순한 아이템인 책상이나 의자 등은 저렴한 가격으로 1,000개씩 팔리기도 한다.

메타버스의 생활화는 아직 시작도 안 했다. 메타버스가 본격 활성화되는 시기가 오면 유튜브 크리에이터 이후로 또 하나의 새로운 직업군인 NFT 크리에이터가 탄생하게 될 것이며 1인 창작자로 고수익을 올릴 수 있는 인

더 샌드박스 디지털 재화의 예

자료: 더 샌드박스

생 최대의 기회가 될 것이다.

비슷한 사례로 한국의 '네이버 Z'에서 서비스하는 메타버스 플랫폼인 제페토 크리에이터도 있지만 NFT 크리에이터와는 결이 다르다. 제페토는 전용 코인이 존재하지 않고 개인의 창작물이 NFT로 발행되지 않는다. 가장 현실적이고 가깝게 있는 NFT 크리에이터의 활동 주 무대는 더 샌드박스가 될 것이라고 전망한다.

더 샌드박스 크리에이터가 되는 방법은 뒤에서 자세하게 다룬다. NFT로 돈을 버는 방법 5가지 중에 가장 현실적이며 투기성이 없는 방법을 개인적으로 적극 추천한다. 이 또한 유튜브 크리에이터처럼 어느 시기가 되면 레드오션으로 변할 것이 자명하기에 지금부터 미리 준비해서 선점하기를 독자들에게 당부한다.

네 번째, NFT 관련주에 투자하기: NFT가 이렇게 빨리 뜨거워지리라고는 아무도 예상을 못했었다. 적어도 3~4년은 기다려야 한다고 생각했지만 NFT의 열기는 우리에게 성큼 다가오게 되었다. 그에 맞게 주목받지 못하던 NFT 관련주가 뒤늦게 떠오르기도 했다. NFT 관련주는 대표적으로 게임주와 엔터주가 거의 대부분이며 그 외 국내 미술품 경매를 대표하는 회사와 결제 솔루션 기술주 등이 있다. 이런 분위기에 NFT와 아무 연관도 없던 기업들마저 NFT 신사업을 표방하며 들고 나서는 분위기이다.

NFT 기술을 가장 쉽게 결합시킬 수 있고 빠른 효과를 볼 수 있는 종목은 엔터테인먼트 관련주다. 그들에게 소속돼 있는 연예인은 이미 검증된 상품성이 있어서 당장 디지털 굿즈만 NFT로 발행해도 사업이 가능하기 때문이다. 다만, 그들은 프로그래밍과 서비스 시스템 관련 역량이 부족하기 때문에 자회사 플랫폼을 따로 두거나 국내 거래소와 손을 잡고 움직이고 있는 모습이다.

NFT를 쉽게 접목할 수 있고 NFT와 잘 어울리는 종목은 단연 게임주. 국내 대부분의 메이저 게임사들은 P2E~Play to Earn~ 게임 서비스를 시작하고 있고 메타버스까지 결합된 형태로 서비스를 준비하는 게임사들이 많다. 게임 내에 전용 마켓플레이스에서는 아이템 거래나 디지털 재화의 소유를 분명하게 하기 위해서 NFT 기술이 필요하다. 따라서 전용 유틸리티 코인도 발행하고 있다. 가장 현실적으로 NFT 기술이 우리에게 파고들 분야는 게임주라고 하겠다.

과거부터 전통적으로 알려져 있는 몇몇의 미술품 경매주들은 NFT 기술 도입이 당연하게 보인다. 거의 대부분의 업체가 NFT 기술 도입을 선언하였고 인지도 있는 작가의 작품에서 벗어나 신인 작가를 널리 등용하는 등 움직임이 바쁘다. 좀 더 다양한 포트폴리오를 구성하고 그것들을 NFT로 발행해서 일반에게 친숙하고 가깝게 다가가기 위한 움직임이다.

결제 대행 서비스 솔루션 기업들도 자신들만의 기술력을 활용해서 NFT를 접목하려고 하고 있다. 기존의 시스템에 NFT 블록체인 기술만 붙이면 되기 때문에 이미 높은 기술력을 보유한 그들에게는 새로운 시장을 발굴할 수 있는 절호의 기회이다.

그러나 NFT 사업화에서 수익 실현까지는 갈 길이 아직은 멀다. 그 여정에서 분명한 옥석은 가려질 것이고 우리는 환호하게 될 것이다. NFT 관련주 투자는 변동성이 큰 만큼 분산투자의 효과가 있는 NFT ETF~Exchange~

더 알아보기

P2E(Play to Earn)

게임을 플레이하면서 돈을 벌 수 있는 서비스.

Traded Fund에 투자하거나 장기적인 안목에서 바라봐야 할 것이다.

NFT 관련주에 대해서 가장 가능성이 있어 보이는 몇 개의 대장주를 뒤에서 소개한다.

다섯 번째, NFT 코인에 투자하기: NFT 관련주보다 더 뜨거운 것은 NFT 관련 코인이다. NFT 코인 상장 초기에 진입해서 많게는 100배 수익을 올린 투자자도 있을 만큼 투자의 재미가 다이나믹하다. 실례로 특정 NFT 코인에 초기 투자한 익명의 제보자는 100억 원을 벌고 이른바 '졸업'을 선언하며 인증샷(거래 내역 캡처 이미지)을 커뮤니티에 게시해서 많은 반향을 일으키기도 했다. 기사화된 내용에 따르면 20대의 청년이 자신의 국산 자동차 스팅어를 중고로 팔고 그 돈을 코인에 올인해서 30억을 벌었다는 이야기도 있다. 물론 이렇게 드문 성공 사례를 대부분이라고 오인하여 무작정 코인에 투자하는 것은 올바르지 않다.

나는 코인을 크게 3가지로 분류하고 있다. 비트코인 그 자체, 밈 코인, 기능성 코인이다.

- **비트코인 그 자체**
- **밈**Meme **코인**
- **기능성 코인**Smart contract

여기서 밈 코인이란, 종종 회자되고 있는 '도지DOGE코인'류로 잠깐 지나가는 유행성 코인이다. 그만큼 투자에 매우 신중해야 할 것이다. 기능성 코인이란, 우리가 주목해야 할 NFT와 관련된 재화의 소유자를 증명해주는 수단에 쓰이는 코인을 말한다. 유명한 이더리움이나 그 외 NFT 게임 코인 등을 말한다. 화폐와 같은 가치를 지니면서도 블록체인 기술로 디지털 재화의 소유권 속성 정보를 담아내는 기능(스마트컨트랙트Smart contract)과 연관된 코인이다. 지금 가장 주목받고 있는 코인 카테고리이기도 하다.

얼마 전 대표적인 스테이블 코인Stablecoin이 기술적 한계를 드러내면서 그 인기가 꺼지고 있다. '보장된 고정 이자 지급'이라는 파격적인 혜택으로 전체 코인 시장 상위에 랭크되었지만 폰지 사기까지 거론되며 코인 투자자들에게 외면을 받고 있다.

반면, 스마트컨트랙트에 쓰이는 코인들은 그 기능을 NFT와 게임, 메타버스 등에서 하고 있기 때문에 거품이라고 보이지는 않는다. 코인 투자자들도 메타버스 관련 코인들은 눈에 보이기라도 한다면서 환호하는 분위기다. 다만, 그 코인들과 연관된 사업의 타당성과 앞으로의 비전을 검증하고 투자하기를 당부한다. 수익이 큰 만큼 손실도 크다. 투자는 언제나 신중하고 주의해야 한다.

NFT 코인은 이제 시작인 만큼 아직도 상승 여력이 있으며 앞으로 특정 NFT 코인이 100배를 간다는 코인 전문가의 주장도 있다. 그러나 본인만의 코인 철학을 가지고 투자에 신중하기를 바란다. 뒤에서 가능성 있는 NFT 관련 코인 몇 가지를 소개한다.

> **더 알아보기**
>
> **스마트컨트랙트**
> (Smart contract)
>
> 계약 조건을 블록체인에 기록하고 조건이 충족되면 계약이 실행되는 방식.
>
> **스테이블 코인**
> (Stablecoin)
>
> 현물 화폐와 매칭하여 가격 변동성을 최소화하도록 설계된 암호화폐.

내 적성에 맞는
수익화 포지션 찾기

NFT로 수익을 내는 방법 5가지를 살펴보았다. 본인에게 맞는 방법을 찾았는가? 본인의 적성을 찾는 일이 쉽지는 않을 것이다. 사람마다 관심이 다르고 재능과 능력도 서로 다르다. 다만, 몇 가지 항목을 체크해서 나의 적성에 맞는 수익화 포지션을 객관화시켜볼 수는 있다.

다음 페이지 도표를 보면 수직의 방향으로 위쪽이 미술적 재능이 있는 방향이고 아래쪽이 미술적 재능이 없는 방향이다. 우선 수직의 방향에서 본인이 어느 위치에 속하는지 마음속으로 생각해보자. 미술을 전공했거나 반드시 전공을 하지 않았더라도 주변에서 그림 잘 그린다는 칭찬을 받았다면 재능이 있는 편이라고 하겠다. 주의할 점은 본인이 잘하는 것과 하고 싶은 것은 다르다는 것이다. 그림을 전혀 잘 그리지도 못하는데 그림을 그리고 싶다고 해서 잘되는 것은 아니다. 물론 본인의 의지에 따라 미술 공부를 열심히 수행하는 경우는 제외다.

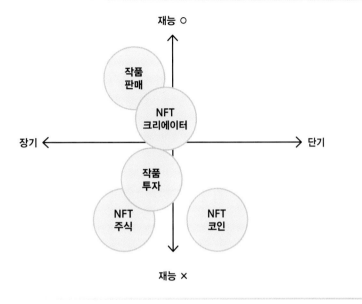

나의 NFT 수익화 포지션 찾기

재능 ○

작품 판매

NFT 크리에이터

장기 ← → 단기

작품 투자

NFT 주식   NFT 코인

재능 ✕

　다음은 수평의 방향으로 왼쪽이 장기적 수익 창출 기간이고 오른쪽이 단기적 수익 창출 기간이다. 본인이 수익 창출 기간에 있어서 장기적으로 인내할 수 있다면 왼쪽에 가깝고 인내력이 부족하고 빨리 결과를 보고 싶어 하는 성격이라면 오른쪽에 가깝다. 단, 세상 쉬운 일이 없듯이 단기 수익 창출은 그만큼의 위험을 스스로 감수해야 한다.

　미술적 재능이 있다면 본인의 작품을 NFT로 발행해서 판매를 해봐도 되겠고 그런 안목으로 작품에 투자를 해봐도 되겠다. 미술적 재능이 전혀 없다면 NFT 관련주에 투자하거나 NFT 관련 코인에 투자를 해보는 방법이 있다. 반면, NFT 크리에이터 분야는 도표에서 거의 중앙 즈음에 위치하고 있는데 어느 정도 미술적 재능이나 흥미가 있고 PC를 잘 다루며 손재주가 있다면 추천하는 분야이다. 약간의 손재주로 NFT 수익화에 올라타 볼 수 있는 방법이라고 하겠다. 그래픽 디자이너이거나 3D 모델링을 할 수 있거나 게임 회사에서 디자이너로 근무한 경험이 있다면 적극 권유하고 싶다.

다음은 유행하고 있는 MBTIMyers-Briggs Type Indicator(개인 유형 지표)에 따른 NFT 수익화 적성을 알아본다. MBTI는 일련의 심리 검사를 통해 본인의 성향을 16가지 분류 결과로 보여주는 것으로 NFT 수익화 포지션을 알아볼 때 참고해보길 바란다.

MBTI는 그 유형에 따라 아래와 같이 16가지로 나뉘고 각각 성향이 다

MBTI 유형에 따른 NFT 수익화 적성

ISTJ	ISFJ	INFJ	INTJ
책임, 현실, 보수	인내, 헌신, 이타	통찰, 영감, 사회	의지, 독립, 분석
ISTP	ISFP	INFP	INTP
과묵, 분석, 적응	온화, 겸손, 여유	성실, 개방, 신념	지적, 궁금, 잠재
ESTP	ESFP	ENFP	ENTP
느긋, 관용, 타협	궁금, 개방, 사실	상상, 순발, 흥미	박학, 독창, 시도
ESTJ	ESFJ	ENFJ	ENTJ
체계, 규칙, 사실	사람, 친절, 동정	사교, 이타, 예민	준비, 활동, 통솔

NFT 작품 판매   NFT 작품 투자   NFT 크리에이터   NFT 주식 투자   **NFT 코인 투자**

르다. E는 외부 활동에 적극적이며 폭넓은 대인 관계를 가진다. I는 자기만의 공간을 즐기며 깊이 있는 인간 관계를 갖는다. S는 사실적이고 현실이 우선이며 정확하게 일처리를 한다. N은 상상을 좋아하며 변화를 즐기고 미래지향적이다. T는 논리적으로 사고하며 원리와 원칙을 중요하게 여긴다. F는 사람들과 관계가 중요하고 모든 결정에 관계가 영향을 미친다. J는 계획과 목표가 중요하고 완벽하게 정리하는 습관을 가진다. P는 환경과 상황에 잘 적응하고 융통성 있는 모습을 보인다.

예로, 새로운 도전을 즐기는 ENTP는 독창성과 순발력이 필요한 NFT 크리에이터를 권한다. 호기심이 많고 잠재적 재능이 있는 INTP는 NFT 작품 판매를 권한다. 통찰력과 사회적인 현상에 흥미를 느끼는 INFJ는 인문학적 소양이 있다고 여겨지므로 NFT 작품 투자에 관심을 가지면 좋다. 사교적이고 이타적이며 환경에 예민한 ENFJ는 빠른 시세를 간파해야 하는 NFT 코인 투자가 좋겠다. 과묵하고 분석적인 ISTP는 NFT 주식 장기 투자에 적합하다고 볼 수 있을 것이다.

앞선 표에서 본인의 MBTI 검사 결과에 따라 NFT 수익화에 어느 포지션이 맞는지 참고해볼 수 있을 것이다. 필자의 경우, 어린 나이에는 ENTP였고 지금에는 ENTJ로 변했다. NFT를 접하게 된 후 NFT 크리에이터와 NFT 코인 투자를 병행하고 있기에 신기하게도 일치하고 있다. 다만, 모든 사람을 16가지의 유형으로 나누어 판단할 수 없으므로 참고용으로만 사용하기를 바란다.

NFT로 발행할 수 있는 콘텐츠 종류

NFT 마켓플레이스에서 나의 작품을 NFT로 발행하고 판매하기 위해서는 디지털 파일이어야 한다는 조건이 있다. 가령 내가 종이에 그린 손그림을 NFT로 발행하기 위해서는 스캔을 받아서 디지털 파일로 변환해야 한다. 내가 찍은 사진을 등록하기 위해서는 화학적으로 인화한 필름 사진이 아닌 디지털 카메라로 촬영된 디지털 이미지 파일이어야 한다.

대표적인 NFT 마켓플레이스인 오픈씨에서는 NFT로 발행할 수 있는 몇 가지의 디지털 파일을 규정하고 있다. 하나씩 알아보기로 한다.

다음 페이지의 이미지는 오픈씨에 작품을 등록할 때 나오는 화면이다. 등록 가능한 파일 타입 확장자를 알 수 있다. 큰 분류로 보면 이미지, 동영상, 오디오, 또는 3D 모델링 파일 등을 등록할 수 있다. 각 확장자별로 자세한 콘텐츠의 예를 들어본다.

오픈씨 NFT 발행 파일 등록 화면

Image, Video, Audio, or 3D Model *

File types supported: JPG, PNG, GIF, SVG, MP4, WEBM, MP3, WAV, OGG, GLB, GLTF. Max size: 100 MB

자료: 오픈씨

JPG, PNG, SVG 파일: 우리가 익히 알고 있는 그림 파일 형식이다. 본인이 직접 그린 그림도 해당되지만 본인이 직접 촬영한 사진도 포함된다. 간단한 도형부터 밀도가 높은 일러스트까지 매우 다양하다. 손그림을 스캔해서 그림 파일로 저장했다면 그것 또한 디지털 그림 파일이 된다. 그림 파일 저장 시 확장자 선택은 어도비 포토샵Adobe photoshop 또는 어도비 일러스트레이터Adobe Illustrator 등 그래픽 툴에서 할 수 있다. NFT 발행에 있어서 대부분을 차지하는 파일들로 그림, 사진 등이 해당되며 최종 저장 확장자의 선택은 화질 열화가 비교적 덜한 PNG 파일을 추천한다. 그림의 해상도는 추후 인쇄까지 고려한다면 300DPI를 추천하지만 보통은 72DPI도 무난하다. 그림의 사이즈는 너무 작지도 크지도 않은 것이 좋겠다. 가로세로 중 가장 긴 어느 한 변이 1024 이내라면 무난하다.

GIF 파일: 우리가 흔하게 알고 있는 일명 '짤방', 움직이는 이미지 파일 형식이다. 이는 동영상과는 다르게 짧은 분량의 움직이는 그림 파일을 말한다. 인터넷상에서 유명하게 연속으로 회자되는 하나의 에피소드(밈)에서 많이 활용된다. 밈은 일종의 유행, 트렌드, 드립(유행어) 등을 말하는데 거기에 사용되는 오리지널 원본을 본인이 만들었거나 소장하고 있다면 큰 가치의 NFT가 된다. NFT 시장에서는 정지돼 있는 한 장의 이미지 파일보다 움직이는 그림이 더 시선을 잡고 고가에 판매되고 있다. 그렇지만 군이 움직이지 않아도 되는 이미지 파일을 GIF 파일로 만들 필요는 없다.

아래의 예는 움직이는 그림은 아니지만 크게 유행했던 대표적인 '짤방'이다. 본 작품의 원본 창작자가 NFT로 발행해서 판매했다면 큰 수익을 보았을 수도 있지만 누가 원본을 가공해서 배포했는지는 알 수가 없다. 만약 여러분도 본인이 만들어서 밈이 되었던 이미지를 갖고 있다면 NFT로 발행해서 판매해보기를 권한다. NFT를 처음 시작하기에 좋은 경험이 될 수 있다.

대표적으로 알려진 짤방의 예

자료: 《공포의 외인구단》, 이현세

MP4, WEBM 파일: 유튜브의 대유행으로 익숙하게 알려진 동영상 파일 형식이다. 그 어떤 것, 어떤 상황을 촬영했든지 중요한 가치가 인정되거나 예술적 가치가 있다면 상품성이 있다. 역사적 상황을 담고 있거나 밈의 가치가 있거나 유명인이 등장하는 희소한 영상이거나 더 나아가 모션그래픽아트Motion Graphic Art 작품까지 확장될 수도 있다.

대부분의 NFT 아트에서 동영상이 차지하는 영역은 모션그래픽에 해당된다. 정지돼 있는 단일 이미지 파일보다 비교적 높은 가격에 판매할 수 있

더 알아보기

모션그래픽 아트
(Motion graphics art)

컴퓨터 그래픽 프로그램을 이용해 사진 또는 그림들을 움직이게 하거나 효과를 주어 만든 작품.

3D 그래픽 아트의 예 <Anyma-Angel 1>

자료: 슈퍼레어

다. 그러나 모션그래픽의 대부분인 3D 그래픽 아트를 만들기 위해서는 시네마4D_{Cinema4D}라는 3D 툴을 능숙하게 다룰 줄 알아야 한다. 시네마4D는 고가의 유료 툴이지만 대중적으로 많이 사용되는 무료 툴인 블랜더3D_{Blender3D}도 있다. 블랜더3D에서도 기능이 충분해 모든 표현이 가능하다. 단, 개인 실력 차이에 따라 수개월에서 수년 간의 숙련 기간이 필요하다.

또한 영상 제작에 있어서 간과하지 말아야 할 요소 중의 하나가 사운드이다. 사운드 없이 영상만 나온다면 반쪽짜리 완성이기 때문이다. 동영상 작품에는 그에 어울리는 배경음악_{BGM}과 효과음_{SFX}을 꼭 넣어야 한다. 창작자 본인이 직접 작곡을 해서 배경음악을 만들기도 하지만 한 사람이 모든 것을 하기에는 무리가 따른다. 보통의 영상 작업자들은 유료 오디오 클립을 구매해서 사용할 수 있는 사이트를 많이 이용한다. 대표적으로 가장 체계적이며 퀄리티 높은 사운드가 모여 있는 '오디오정글_{audiojungle.net}'을 추천한다. 유료로 사운드를 구입하면 상업적인 목적으로도 사용이 가능하다.

동영상 파일을 업로드할 때 파일 크기는 100MB로 제한되니 이 점을 유의해야 한다. 당연하게도 성적 영상 등 유해한 영상의 업로드는 주의해야 한다.

바로 가기

오디오정글

MP3, WAV, OGG 파일: MP3 등은 우리가 알고 있는 오디오 파일 형식이다. 이는 음악, 육성, 어떠한 상황의 녹음 등 모든 것이 될 수 있다. 뮤지션들은 벌써 NFT로 음악을 올려놓기도 했으며 아마도 앞으로 음악 시장에서 또 하나의 판매 경로가 될 것으로 여겨진다. 그 외의 가치 있는 오디오 예로는 1969년 7월 20일 최초로 달 착륙에 성공한 아폴로11호의 첫 교신 음성 파일 등 역사적 가치가 있는 파일이 되겠다. 또는 비틀즈 미발표 곡 녹음 파일이라든지 희소성이 있고 돈으로 가치를 따질 수 없는 귀한 자료 등이다. 만약 화성에 갈 수만 있다면 화성의 바람 소리를 녹음해서 NFT로 팔아보는 것도 좋은 방법이다. 할 수만 있다면 말이다.

NFT 오디오에서 대부분을 차지하는 것은 역시 음반이다. 트렌드에 빠른 뮤지션들은 NFT로 앨범을 발매하였다. 오디오 파일로 완전한 음원을 만들기 위해서는 작사, 작곡, 편곡 능력뿐 아니라 믹싱을 하고 마스터링까지 마쳐야 상업적인 음원이 완성된다. 과거와 달리 PC를 기반으로 하는 홈스튜디오 장비의 보급으로 비교적 저렴하게 1인 뮤지션이 음원을 만들 수 있는 환경이 만들어졌다. 본인이 뮤지션이라면 자신만의 독특한 음원을 만들어서 NFT로 발매해보는 것도 좋겠다.

오디오 파일의 음질은 WAV, OGG, MP3 순으로 좋다. WAV는 오디오의 원본 파일이고 OGG와 MP3는 WAV를 압축한 파일이기 때문에 당연하게도 WAV 파일보다 음질이 떨어진다. 대신 WAV 파일은 OGG와 MP3에 비해 파일 크기가 크다. 오디오 파일 역시 최대 크기 100MB를 넘어서는 안 된다.

GLB, GLTF 파일: GLB와 GLTF 파일은 3D 모델링 파일 형식이다. 어떠한 사물, 건축 모델링, 인체 모델링이든 고유의 가치가 있다면 판매될 수 있다. 3D 모델링을 만들기 위해서는 3D맥스3D max 등 툴이 필요하다. 반드시 3D맥스가 아니더라도 무료 3D 툴로 널리 알려진 블랜더3D도 있다.

3D NFT는 예술적 가치가 있는 추상적 기하모델이라든지, 정말 살고 싶

3D NFT의 예

Cute Furry Rodent	Bridge	Buzz Sandrider	Golden Skull - Liqui...	Village House - Lul...	Dibble's Bubble Blo...	Doe
Price	Price	Price	Price	Price	Price	Price
◆ 0.0139	◆ 0.014	◆ 0.014	◆ 0.014	⬡ 18	◆ 0.0145	◆ 0.0149
Last ◆ 0.016	4 days left	Last ◆ 0.01	Last ◆ 0.011	Last ◆ 0.0129	Last ◆ 0.007	Last ◆ 0.0167

자료: 오픈씨

은 해변가의 현대적 대저택 모델링이라든지, 게임에서 등장할 캐릭터 모델링이라든지 매력 있는 3D 모델링을 만들어 NFT로 발행한다면 가치가 만들어진다. 최근에는 PFP를 3D로 만들어 발행하는 트렌드도 나타났다.

3D 모델링 파일 등록은 GLTF 파일을 권장한다. GLTF 파일은 단일의 파일 안에 모델링과 텍스처, 애니메이션 정보를 모두 담을 수 있다. 단일 파일 하나로 내가 만든 모델링의 전부를 다 보여줄 수 있다. 대부분의 3D 툴에서 GLTF 형식으로 저장이 가능하다.

오픈씨 NFT 카테고리 알아보기

바로 가기

오픈씨

세계 최대의 NFT 마켓플레이스인 오픈씨에서는 다양한 NFT가 거래되고 있다. 우리가 이 책을 통해서 민팅(NFT 발행)을 해보고 리스팅Listing(판매 등록)을 해봐야 할 마켓플레이스가 바로 오픈씨이다. 그렇다면 오픈씨에서 어떤 NFT들이 거래되고 있는지 살펴봐야 한다. 오픈씨에 접속해서 우측 상단 'Explore'를 클릭해 거래되고 있는 카테고리를 보면 생각보다 다양한 NFT가 거래되고 있다는 것을 알 수 있다. 하나씩 살펴보겠다.

더 알아보기

프로크리에이트
(Procreate)

애플 펜슬로 그릴 수 있는 미술 앱.

Art: Art 카테고리는 순수 예술 작품을 말한다. 거의 모든 NFT 아트는 모두 여기에 속한다. 이 책의 독자들이 주목해야 할 카테고리이다. 파일 종류는 JPG, PNG, MP4, GLTF 등으로 그림, 동영상, 3D 모델링 등 폭넓다. NFT Art의 제작은 과거에 주로 어도비 포토샵이나 어도비 일러스트레이터 등으로 만들었지만 요즘에 와서는 아이패드iPAD 앱인 '프로크리에이트Procreate'

더 알아보기

디지타이저
(Digitizer)

주로 포토샵 등에서 손그림을 입력하기 위한 용도로 쓰이는 와콤Wacom 타블렛 같은 기기.

를 많이 사용한다. 별도의 디지타이저Digitizer 없이 손쉽게 직관적으로 작품을 만들 수 있기 때문이다. 필자도 프로크리에이트를 적극 활용하고 있다. 이렇게 만든 디지털 아트 작품들은 모션그래픽 같은 동영상 작품도 포함된다. 또는 손그림을 스캔받아서 디지털 형태로 변환해서 올리는 경우도 있다.

오픈씨의 카테고리 살펴보기

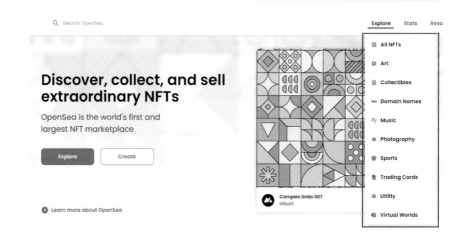

자료: 오픈씨

오픈씨에서 Art 카테고리 작품의 예

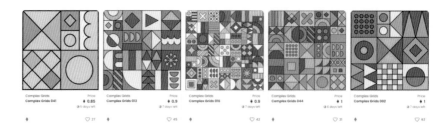

자료: 오픈씨

오픈씨에서 Collectibles 카테고리 작품의 예

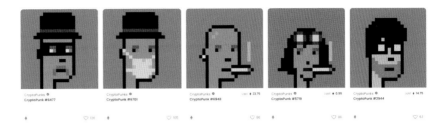

자료: 오픈씨

Collectibles: 'Collectibles'는 수집품이라는 뜻으로 오픈씨에서 가장 화제인 카테고리이다. NFT가 막 알려진 오픈씨 초기에는 Art 카테고리가 주를 이뤘지만 지금에 와서는 PFP의 대유행으로 Collectibles 카테고리가 주를 이룬다. PFP는 Collectibles 카테고리에 속하기 때문이다. PFP는 컴퓨터 알고리즘으로 생성된 수천에서 1만 개에 이르는 제너레이티브 아트로 넘버링된 에디션으로 거래된다. PFP의 인기로 인해 오픈씨에서 제공하는 랭킹에서 대부분의 상위를 PFP가 모두 차지하고 있다. 본 카테고리는 오픈씨에서 대부분의 매출이 발생하는 곳이기도 하다. PFP에 대해서는 뒤에서 자세하게 다룬다.

Domain Names: 본 카테고리에서 가리키는 '도메인'은 우리가 흔하게 알고 있는 인터넷 URL 도메인이 아니며 ENS_{Ethereum Name Service}를 말한다. ENS는 이더리움 네트워크 지갑 주소로 이용되는 아주 긴 16진수 헥스코드_{Hex code}를 간편하게 줄여서 특정 단어로 만들어 놓은 것이다. 본인의 이

오픈씨에서 Domain Names 카테고리의 예

자료: 오픈씨

름이나 사명을 상징하는 단어로 만들기도 하며 이를 가상화폐 관련 온라인 마케팅이나 이벤트, 개인 트위터 등에 노출해서 자신의 메타마스크 지갑 주소를 대신해 사용된다. ENS를 사용하는 이유는 복잡하고 의미 없는 헥스코드는 외우기도 어렵고 특정 상징을 가질 수 없기 때문이다.

ENS를 만드는 방법은 Ethereum Name Service(https://ens.domains/ko/)에 접속해서 본인이 사용하고자 하는 네임을 입력해 가용성 여부를 확인하고 등록하면 쉽게 된다. 단, 연간 갱신 비용을 이더리움으로 지불해야 하는 유료 서비스이다.

Music: 본 카테고리는 음악 또는 오디오 파일을 NFT로 발행한 것을 말한다. 보컬이 들어가 있는 완전한 곡의 형태도 있고 피아노 연주곡과 같은 경음악 형태도 보인다. 또는 의도를 알 수 없는 특이하고 짧은 사운드 클립도 존재한다. 앞서 이야기했듯이 음악 또는 육성 등 청중에게 예술적 가치가 있거나 역사적인 가치가 있는 것이라면 도전해볼만 하겠다. 가령 한국의

자료: 오픈씨

음악 역사를 고스란히 담고 있는, 아세아레코드사에서 1967년에 발매한 배호의 '안개 낀 장충단 공원' 같은 곡은 그 시대를 살아온 사람에게는 아련한 추억을 되돌아보게 하며 역사적인 가치가 있을 수 있다. 독자들 중에 음악을 하는 사람이 있다면 본인의 음악을 NFT로 발행해보는 것도 좋은 경험일 것이다. NFT 음악이 새로운 음악 시장의 판로로 알려지기를 희망해 본다.

Photography: 본 카테고리는 사진을 NFT로 발행한 것을 말한다. 미술적인 재능이 없는 사람이라면 그림을 그리는 것보다는 사진을 찍어서 올리는 방법이 더 간편할 수도 있겠다. 여기 카테고리에서는 작품 사진부터 일상을 담은 사진까지 다양하다. 역시나 역사적인 가치가 있는 사진도 눈에 띈다. 혹자는 본인의 성장 모습을 긴 세월에 담아낸 사진 작품으로 만들어 좋은 반응을 끌어내고 있다. 평소에 카메라를 들고 다니며 일상을 기록하거나 주위의 흥미로운 상황을 담아보는 것도 좋겠다. 단, 인스타그램처럼 접근하

오픈씨에서 Photography 카테고리 작품의 예

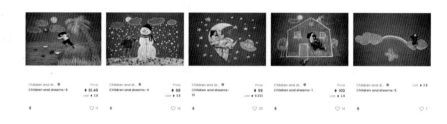

자료: 오픈씨

는 것이 아닌 확고한 콘셉트를 가지고 일관성 있는 컬렉션으로 작품 사진을 올리는 것이 중요하다. 촬영하는 사진의 구도와 질감, 주제와 컬러 등에서 본인만의 개성을 갖는 것이 최우선돼야 한다.

Sports: 본 카테고리는 스포츠 디지털 트레이딩 카드이다. 옛 추억을 떠올려보면 초등학교 때 문방구에서 팔던 야구나 축구 카드가 있었을 것이

오픈씨에서 Sports 카테고리의 예

자료: 오픈씨

오픈씨에서 Trading Cards 카테고리의 예

자료: 오픈씨

다. 이제 그 카드가 NFT가 되어 돌아온 것이다. 라이선스 계약을 맺고 실물의 선수가 등장하는 카드도 있고 슈퍼카들이 등장하는 레이싱 카드까지 다양하다. 각 카드마다는 속성이 따로 있으며 경험치나 파워 등 스텟이 있다.

Trading Cards: 본 카테고리는 스포츠를 제외한 영역에서 유니크한 테마를 가진 트레이딩 카드이다. 마찬가지로 각 카드마다 속성과 스텟이 있고 이는 주로 비디오 게임 Sorare, P2E 게임 Gods Unchained, 밈 코인 등에서 트레이딩으로 사용된다.

> **더 알아보기**
>
> **POAP(Proof of Attendance Protocol)**
>
> 행사의 주최자가 참여 확인증을 NFT 배지로 발행해주는 앱.

Utillity: 유틸리티 카테고리는 POAP, Urbit ID, Polyient Games 등 소셜이나, 유틸리티, 게임 등에 활용되는 NFT들의 모음이다. 특히 POAP\ Proof of Attendance Protocol는 행사나 이벤트 등에 참가를 증명해주는 기능을 하기 때문에 이러한 기술로 NFT 이력서가 등장하게 된다면 가치 있게 쓰일 수도 있다. POAP에 대해서는 뒤에서 한 번 더 다룬다. 어비트Urbit는 분산형 개

오픈씨에서 Utillity 카테고리의 예

자료: 오픈씨

인 서버 플랫폼으로 사용자 간에 연결하는 짧고 기억하기 쉬운 ID가 NFT 화되어 거래된다. 폴리앤트게임즈Polyient Games는 블록체인 게임 투자사로 그들과 파트너십을 맺은 게임들에 사용되는 NFT가 거래된다.

Virtual Worlds: 본 카테고리는 Collectibles 카테고리의 인기를 이어갈 것으로 예상되는, 주목해야 할 카테고리이다. Virtual Worlds라는 말에 걸 맞게 이 카테고리에서는 주로 게임이나, 메타버스 내에 사용되는 아이템이나 랜드 등을 NFT화해서 거래된다. 여기서 거래되는 것들로는 대표적으로 메타버스 게임 플랫폼인 더 샌드박스의 에셋Asset(3D 모델링 재화)과 랜드들이 있다. 그 외에도 메타버스 플랫폼 디센트럴랜드Decentraland, 크립토복셀 Cryptovoxels 등의 디지털 재화도 여기에서 거래되고 있다.

본 카테고리를 주목해야 하는 이유는 앞으로 NFT에 대한 관심과 부富가 Art에서 PFP로, PFP에서 메타버스로 옮겨갈 것으로 예상되기 때문이다. 가치 측정 면에서 다소 추상적인 NFT Art의 거품이 빠지고 폰지 사기

오픈씨에서 Virtual Worlds 카테고리의 예

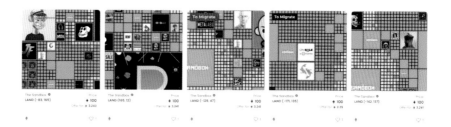

자료: 오픈씨

와 스캠의 스트레스를 받아왔던 PFP가 퇴색되는 즈음에는 메타버스가 현실로 다가오면서 그 안에 재화들을 생산하고 판매하는 일이 중요해질 것이기 때문이다. 그 현장이 바로 더 샌드박스가 될 것이 유력하다.

NFT 콘텐츠 성공 사례

지금 이 시간에도 NFT는 발행되고 판매 등록되고 있다. 모든 NFT를 둘러볼 수는 없지만 NFT 역사에 의미가 있거나 대표적인 성공 사례들을 몇 가지만 살펴보도록 하겠다.

비플이라는 작가가 보여준 NFT 세계의 가능성: NFT에 대해 공부할 때 어김없이 등장하는 작품이 있다. 작가 비플의 〈매일-첫 번째 500일Everyday's-The First 5000 Days〉이라는 작품이다. 대부분이 NFT에 대해 몰랐을 때 비플의 NFT 작품이 수백 억 원에 팔렸다는 뉴스는 모두의 눈과 귀를 쏠리게 만들었다. 당시 트렌드에 민감한 사람은 최소한 검색이라도 해봤겠지만 대부분은 나와 상관없는 이야기로 치부하고 그냥 넘겼을 것이다. 그러나 지금은 다르다. 지금껏 NFT와 아무런 관련이 없던 당신조차도 지금 이 책을 읽고 있고 단순한 호기심을 넘어 NFT를 배우고 그 안에서 수익을 얻고자 하는,

2021년 초 NFT를 세상에 알린 비플의 작품

Beeple (b. 1981) **EVERYDAYS: THE FIRST 5000 DAYS**

자료: 크리스티

행동하는 NFT의 시대를 맞이했기 때문이다.

비플의 작품이 고가로 팔린 사건은 2021년 초 NFT 시장을 세상에 알린 가장 대표적인 사건이다. 디지털 아티스트 비플, 본명 마이크 윙켈만Mike Winkelmann의 NFT 예술 작품이 무려 한화 약 785억 원에 크리스티 경매를 통해 낙찰된 것이다. 이것은 생존 작가 중에서 제프 쿤스Jeff Koons, 데이비드 호크니David Hockney에 이어 세 번째로 높은 가격에 팔린 사례다. 비플은 이미 인스타그램에서 200만 팔로워를 지닌 유명 아티스트로 2007년부터 매일 그린 작품을 인터넷에 업로드하는 일을 고집스럽게 해왔는데, 14여 년 동안의 작품들을 모두 모아 하나의 작품으로 완성해 세상에 내놓은 것이다.

1981년생인 그는 전기 기술자의 아버지 아래에서 자랐다. 2003년에 컴퓨터 공학을 전공하고 프로그래머의 생활을 해왔지만 그림에 대한 열정으로 2007년 5월 1일부터 습작을 시작해 매일 한 작품씩 그리기 시작했다. 하루도 빼먹지 않고 매일매일 작품을 그려 나간 그는 심지어 본인의 결혼식 날과 자녀의 출생 날에도 그림 그리기를 멈추지 않았다. 그림을 그리기 시작했던 초창기엔 별 볼 일 없던 그의 실력이 습작을 거듭하며 늘기 시작했고, 2015년경부터는 3D 그래픽 툴을 이용해서 작품을 만들기 시작했다. 그렇게 그린 작품들을 마치 모자이크처럼 하나의 작품으로 모았고 그것이 바로 크리스티 경매에서 785억 원에 낙찰된 〈매일-첫 번째 500일〉이다.

지금도 매일 작품을 인스타그램에 올리는 그를 보면 어느 날 갑자기 잘된 작가가 아니라는 생각을 하게 된다. 비플의 성공 결과만 본다면 운이 좋았다고 볼 수도 있겠지만 그의 일생을 알게 되면 결코 운이 아님을 알 수 있다. 그의 성공은 우직하게 한길만 걸어온 것에 대한 보상이다. 과연 여러분은 비플처럼 할 수 있겠는가?

잭 도시의 트위터, 너무 뜨겁게 올랐다가 꺼지다: 트위터 창시자 잭 도시Jack

고가에 팔린 트위터 한 문장

jack ✔
@jack

just setting up my twttr

Dorsey의 사상 첫 트윗이 밸류어블스 경매에서 1630.58이더리움, 한화 약 33억 원에 낙찰됐다. 낙찰자는 말레이시아 블록체인 기업 브리지오라클의 CEO 시나 에스타비로 반드시 미술품이 아니더라도 역사적 가치가 있는 무엇이라면 NFT로 만들었을 때 높은 가격으로 매매가 가능하다는 것을 보여준 예이다.

그러나 2022년 4월에 들어서 잭 도시의 첫 트윗 NFT 가격이 약 200분의 1로 떨어지면서 33억 원에 달하던 것이 1,800만 원에 이르게 된다. 본 사건은 NFT의 거품 사례로 많이 거론되며 NFT 무용론을 펼치는 자들에게 좋은 먹잇감이 되고 있다. 물론 지금은 NFT를 알아가는 시기이며 룰이 형성되기 전의 시장이다. 거품이 있다면 빠져야 하고 저평가된 부분이 있다면 올바른 평가를 받아야 한다. 과열된 NFT 시장을 진정시키기에 좋은 본보기라고 하겠다.

번트 뱅크시의 불타는 퍼포먼스: NFT 역사에 충격적인 사건으로 남아 있는 퍼포먼스가 있다. 앞서 잠깐 언급했던 작가 뱅크시의 〈멍청이들〉 작품을 불태운 것이다. 프로젝트 팀인 '번트 뱅크시'는 원본을 불태워 없애 버린 후

스캔해놓은 작품을 NFT로 발행해서 한화 약 4억 3,000만 원에 판매한 사건이다. 해당 작품은 빈센트 반 고흐의 작품 〈해바라기〉를 풍자한 것으로 이 작품에 뱅크시가 '이 쓰레기를 사는 바보 같은 당신들을 이해할 수 없다'라고 써 놓아 화제가 되기도 했다.

이 퍼포먼스는 작가 비플의 성공적인 역사에 이어 NFT의 특성이 무엇인지 알 수 있게 해주는 충격적인 계기가 되었다. 반자본주의와 반권위주의를 내세우는 뱅크시는 오히려 그런 기행이 화제되면서 원하지도 않았던 상업적인 작가로 성공하게 된다. 작가에게는 소중했을지도 모를 작품을 불태워 없애 버리고 그 NFT를 고가에 팔면서 디지털 아트를 비꼬아 조롱한 퍼

뱅크시의 작품을 불태운 퍼포먼스

자료: Burnt Finance의 유튜브

바로 가기

**뱅크시의 작품을
불태우는 퍼포먼스**

포먼스는 예술계에 헛헛한 뒷 감정을 남겼지만, 한편으로는 실물 작품이 디지털화되어 NFT가 되고 그것이 거래될 수 있다는 학습을 낳기도 했다. 퍼포먼스 기행 이후 판매 수익금을 코로나19 구호 활동에 기부한 것은 다행으로 여겨진다.

유명인의 영향력을 NFT에 담다: 전기 자동차의 선구자적 회사로 널리 알려진 테슬라의 CEO 일론 머스크Elon Musk의 전 여자친구인 그라임스Grimes는 〈워 님프War Nymph〉라는 작품 10점을 경매에 올려 20분 만에 64억 원으로 낙찰된다. 그녀는 캐나다의 싱어송라이터이자 뮤직 프로듀서, 뮤직비디오 감독까지 겸하고 있는데 2018년 일론과 연인 관계임을 공개하면서 일론의 연인으로서 유명세를 떨쳤다. 그러던 중 2020년에는 자신의 트위터를 통해

일론 머스크의 전 여자친구 그라임스의 작품

자료: 그라임스의 트위터

임신했음을 알리기도 했지만 안타깝게도 2021년에 일론과 별거 중임을 밝힌다. 그녀의 작품 〈워 님프〉는 2020년에 공동 작업자 맥 부처와 함께 창작한 작품으로 인류가 멸망한 이후 새로운 창세기를 담는 세계관을 그렸다.

그라임스의 예에서 NFT 작품 활동은 반드시 미술인이 아니더라도 가수나 연예인 등이 그들의 세계를 다중으로 표현할 수 있는 또 하나의 기회라는 것을 보여준다. 국내에서도 연기자 생활을 하면서 미술 활동을 활발하게 하는 연예인들을 쉽게 찾아볼 수 있고 유명한 가수의 인기에 기댄 콜라보 NFT도 심심치 않게 만나볼 수 있다. 이러한 조류는 NFT의 리스크 부담을 덜어낼 수 있는 좋은 방법으로 앞으로도 계속 이어질 것으로 예상된다. 일론 머스크의 유명세도 대단하지만 전 여자친구 그라임스도 만만치 않은 모습이다.

바로 가기

NBA 톱샷

역사적 동영상이 NFT가 된다면: NBA 톱샷Top Shot은 동영상 NFT의 성공 사례로 좋은 예이며 한 장짜리 그림만이 NFT가 아니라는 것을 우리에게 일깨워 주었다. NBA 톱샷은 유명 스포츠스타의 하이라이트 명장면을 짧게 편집해서 NFT를 통해 거래할 수 있게 한 것인데 르브론 제임스의 10초짜리 동영상이 한화 약 2억 3,000만 원에 거래되기도 했다. 그 후 5개월 매출이 3,400억 원을 넘어서며 스포츠 팬들에게 희소가치 있는 굿즈로 자리를 잡게 됐다.

NBA 톱샷은 NFT를 준비하는 이들에게 좋은 힌트를 주고 있다. 단일의 이미지나 단일의 동영상이 아닌 에디션 성격을 갖는 짧은 동영상 클립 모음은 지속적인 관심과 수집욕을 자극하면서 구매자 각각의 취향에 맞게

동영상 NFT의 성공 사례 'NBA 톱샷'

자료: NBA 톱샷

고를 수도 있는 좋은 대안이라는 것이다. 더구나 시리즈로 발매하면 인기의 수명을 길게 연장할 수도 있어서 좋다. 이러한 사례로 NFT 발행과 판매에 있어서 작품성은 물론이고 기획력 또한 매우 중요한 요소 중의 하나라는 것을 알 수 있다. 실제로 활동적인 NFT 작가들은 기존의 작가들과 달리 마치 기획자의 두뇌를 가지고 있는 듯한 모습을 흔하게 볼 수 있다. 작품 구상과 홍보, 판매에 있어서 치밀할 정도로 계획적이다. 예술적인 두뇌와 계산적인 두뇌 모두를 가져야 하는 것이다.

밈이 NFT가 된다면: 본 사례는 해외 밈으로 여러 곳에서 많이 회자되었던 '재앙의 소녀FireStarter' 원본 사진 NFT이다. 사진 하나가 한화 약 5억

5,000만 원의 고가에 거래되며 기사화되기도 했다. '재앙의 소녀'는 화재 현장 앞에서 소녀가 짓는 오묘한 표정이 인기를 얻으면서 각종 재난 현장 사진에 합성되며 네티즌들의 밈으로 쓰여왔었는데 그 원본 사진이 고가에 팔린 경우이다. 본 사진은 2005년 사진 속 주인공 소녀의 아버지 데이브 로스Dave Roth가 촬영한 것으로 당시 미국 로스캐롤라이나에서 소방대원들의 모의 훈련 중에 구경을 나왔던 소녀에게 아버지가 카메라를 보라고 했고 미소를 지으며 돌아보는 모습이 찍힌 것이다. 화재 현장과 대비되는 모나리자급 미소로 많은 사랑을 받아왔다.

이렇듯 밈으로 쓰이는 원본 사진이나 그림으로 발행된 NFT는 큰 가치가 된다. 과거에는 밈의 원본 창작자와 소유자가 분명하지 않았기에 수익화를 할 수 없었지만 지금에는 NFT 기술의 도입으로 그것이 가능하게 된 것이다. 온라인 커뮤니티 등에서 활발하게 활동하던 독자라면 지난날 빈번하

밈 NFT의 성공 사례

자료: 데이브 로스의 플리커

게 사용되던 밈 또는 짤방을 떠올려보자. 그중 본인이 과거에 만들어서 유행을 시킨 짤방이 있다면 NFT로 발행을 해보면 좋겠다. 또는 의도를 했든 의도를 하지 않았든 유행을 감안한다면 미리 짤방을 NFT로 발행해보는 것도 좋겠다.

이런 것도 NFT가 될 수 있을까?: 이번에는 어처구니없는 성공 사례를 알아보자. 영화감독 알렉스 라미네즈 말리스Alex Ramírez-Mallis는 자신과 친구 네 명의 방귀소리를 1년 동안 모아 만든 NFT를 한화 약 48만 원에 판매했다. 어처구니없는 NFT지만 독특한 희소성이 있다면 NFT로도 판매가 가능하다는 예를 보여준다. 설마 이런 것이 실제로 거래될 줄은 그도 생각하지 못했을 것이다.

어처구니없는 NFT 성공 사례

ALEXANDER M. RAMÍREZ-MALLIS

DOCUMENTARY NARRATIVE ACTING SUPER 8MM ████ dj etc.

Alex is a Cuban-American, Jewish filmmaker raised in New Hampshire now living in Brooklyn, NY. His films have been selected for multiple festivals internationally. His work has been distributed by PBS, Criterion, Roku, The New Yorker, The Atlantic, Pitchfork, The Huffington Post, and Vimeo Staff Picks. His short documentary SHUT UP AND PAINT (2022) was awarded Grand Jury Prize at IFF Boston and Big Sky Documentary Film Festival and was broadcast nationally on POV.

Alex received an MFA in Integrated Media Arts from Hunter College (CUNY) and is an active member of the Brooklyn Filmmakers Collective and the Meerkat Media Collective

Do you ever think about things?
Twitter | Tumblr

Subscribe to ye olde mailing list (1-2 per year)

자료: 알렉스 라미네즈 말리스

본 사례를 소개하면서 낯설지만 흥미롭고 매우 희소한 형태로 NFT가 만들어질 수도 있다는 것을 환기시켜주고 싶었다. 반드시 멋진 그림이나 동영상이 아니더라도 디지털 파일의 형태로만 뽑아낼 수 있는 것이라면 무엇이든 NFT로 발행할 수 있다. 앞으로 무엇이 우리에게 기가 막힌 NFT를 보여줄지 기대가 된다.

집값과 맞먹는 NFT 주택: 앞에서 NFT 콘텐츠로 발행할 수 있는 파일 중에 3D 모델링 파일도 가능하다는 이야기를 했다. 그 좋은 예로 3D 모델링으로 만들어진 가상의 집이 고가에 팔린 예가 있다. 아티스트 크리스타 김

3D 모델링으로 만들어진 가상의 집 NFT <마스 하우스>

바로 가기

크리스타 김
스튜디오

자료: 크리스타 김 스튜디오

Krista Kim은 〈마스 하우스Mars House〉라는 가상 3D 하우스 NFT를 한화 약 5억 6,000만 원에 팔았다. 언리얼 엔진Unreal Engine(3D 게임 등을 만들기 위한 툴)으로 랜더링했으며 슈퍼월드Super World(메타버스 플랫폼)와 같은 앱을 이용해 가상에서 경험할 수 있다고 한다.

그녀의 작품 마스 하우스는 실물로 가질 수 없는 집이지만 실물의 집값과 비슷한 가치를 지니고 있다. 그렇다면 이런 생각을 해볼 수도 있다. 3D 모델링을 할 수 있는 실력을 지녔다면 조금만 고생해서 3D 집을 몇 채 만들어 팔고 실제 집을 살 수도 있다는 것이다. 온 국민의 소원이 내 집 마련인 한국에서는 귀가 번뜩 트일 만한 방법이다. 가상의 3D 주택을 만들어 팔면 그것들이 적용되는 공간은 메타버스가 된다. 필자가 메타버스 내에서 고수익을 올릴 수 있는 NFT 크리에이터라는 직군을 거듭 강조하는 데에는 그러한 이유가 있다. 좀 더 과장해서 생각해본다면 NFT 크리에이터 수입으로 내 집 마련은 물론 건물 구입까지 가능할 것 같기도 하다. 물론 각고의 노력과 인내가 필요하다.

한국을 대표하는 NFT 작가 Mr.미상: 이번에는 한국을 대표하는 NFT 작가 Mr.미상이다. 국내 제1호 NFT 작가로 알려진 Mr.미상은 프리미엄 NFT 마켓플레이스인 슈퍼레어Superrare.com에서 〈머니 팩토리Money Factory〉라는 동영상 작품이 200이더리움에 팔리기도 했다. 이는 당시 한화로 약 5억 3,781만 원에 이른다. 평소 미국 트렌드를 자주 접했던 그는 2021년 1월 1일에 우연하게 NFT 아트를 접한 뒤 본격적으로 NFT 작가로 활동하게 됐다. 그는 단번에 슈퍼레어 심사에 통과했고, 이후 매력적인 작품 활동을 이어가고 있

바로 가기

Mr.미상
작품 홈페이지

Mr.미상
인스타그램

다. 슈퍼레어는 아무나 NFT를 판매할 수 없고 일련의 심사를 통해서 선별된 작가만이 활동 가능하다. 슈퍼레어에 등용만 된다면 NFT 작가로서의 명성을 보장받는 셈이다.

Mr.미상은 NFT 작가 활동 이전에는 주로 대기업과의 콜라보 활동을 이어왔었는데 그의 작품을 보면 대부분이 디지털 애니메이션을 이루고 있다. 흥미로운 비주얼도 으뜸이지만 작품들에서 자본주의 사회와 우리의 모습을 비유와 상징으로 보여주고 있다는 점에서 작가정신까지 있음을 알 수 있다. 그는 파랑과 노랑을 메인 컬러로 즐겨 쓰며 항상 신중하고 진지한 자

Mr.미상의 NFT 작품 <머니 팩토리>

자료: 슈퍼레어

세로 밀도 있는 작품을 만들어내고 있다. 작품 곳곳을 자세하게 살펴보면 그가 작품을 만들어내는 과정에 얼마나 고통스러운 인내를 했을지 충분히 연상이 된다.

최근에 그는 애니메이션 작품뿐만 아니라 요즘에 유행하고 있는 PFP 프로젝트까지도 영역을 넓혀가고 있다. 예술적 소양과 비즈니스 실력까지 두루 갖춘 성공적인 작가라고 말할 수 있다. 그의 행보에서 많은 것들을 배울 수 있는 기회가 되기를 바란다.

지금 가장 핫한 'PFP 프로젝트' 흐름: NFT 성공 사례에서 빼놓을 수 없는 PFP 프로젝트를 알아본다. NFT 시장은 현재에 와서 NFT 아트보다는 PFP 프로젝트가 더 뜨겁다. 2017년 최초의 PFP인 크립토펑크가 등장한 이후에 BAYC가 등장하면서 절정을 이룬다. BAYC 이후 새롭게 등장하는 신규 NFT는 대다수가 PFP라고 해도 과언이 아닐 정도이다. PFP로 NFT가 발행되면 일단은 관심을 받기 쉽고 컬렉터들은 저평가된 신규 PFP를 얻기 위해 열을 올린다. PFP의 인기에 힘입어 발행사의 기업 가치가 조 단위의 가치까

PFP의 대표적인 성공 사례 Bored Ape Yacht Club

자료: 오픈씨

바로 가기

오픈씨에서 판매 중인
메타콩즈 NFT

국산 PFP의 대표적인 성공 사례 '메타콩즈'

자료: 오픈씨

지 측정되는 지경에 이르렀다. PFP의 인기와 컬렉터들의 과열 덕분이다.

이런 분위기 속에서 큰 성공을 거둔 국산 PFP가 있다. '멋쟁이사자처럼'의 이두희 대표가 이끄는 '메타콩즈Meta Kongz'이다. BAYC의 영향력 때문인지 마찬가지로 유인원의 모습을 하고 있는 메타콩즈는 3D PFP라는 차별화와 탁월한 운영 능력으로 컬렉터들에게 큰 지지를 받는다. BAYC와 다른점은 이더리움 네트워크 기반이 아닌 클레이튼 네트워크 기반이라는 점이다(이후 이더리움 네트워크로 옮기게 된다). 클레이튼은 카카오의 자회사 그라운드X가 만든 국산 블록체인 네트워크로, 메타콩즈와 함께 동반 상승하는모습을 보여주고 있다. 외국산의 일색이었던 NFT 시장에서 한국의 영향력이 커진 점에 대해 자부심을 느낀다. 클레이튼 기반의 메타콩즈 PFP 대성공으로 그 이후 '클레이튼 PFP는 성공'이라는 공식을 갖게 됐다. 그리고 현재 많은 국산 PFP 프로젝트들이 클레이튼을 기반으로 탄생하고 있는 모습이다.

NFT를 활용한 P2E 게임의 성공 사례: NFT 작품의 성공 사례 외에도 NFT

를 활용한 게임의 성공도 빼놓을 수 없는 사건이다. 엑시인피니티Axie Infinity
는 NFT를 활용한 P2E 돈 버는 게임으로 P2E 최초의 성공을 거뒀다. 엑시
인피니티는 필리핀 국민 게임으로 정착하며 게임을 통한 수입이 필리핀 평
균 월 수입보다 많아서 생업을 그만두고 열중하는 사람까지도 생겨날 정도
이다. 게임을 하기 위해서는 캐릭터를 구입해야 하는 초기 비용이 필요한데
그 비용을 대출해주는 서비스까지 탄생시킬 정도로 화제다. 이런 인기로
엑시인피니티를 서비스하는 스카이마비스Sky Mavis는 단번에 전 세계 게임
사 시총 5위를 기록하기도 했고 삼성이 1,800억 원을 투자하기에 이른다.

NFT를 활용한 이른바 '돈 버는 게임' P2E의 대성공으로 국내 기업에서
도 NFT 게임을 서비스하고 만들기 시작한다. 가장 대표적으로 위메이드 미

P2E 돈 버는 게임 '엑시인피니티'

자료: 엑시인피니티

르4가 있으며 그 덕에 단번에 코스닥 시총 5위가 되기도 했었다. 그 뒤를 이을 컴투스홀딩스는 코인원 지분 38.43%를 확보하면서 NFT 게임 제작을 전면적으로 선언했는데, 선언 이후 신고가를 갱신하기도 했다. 다만, 지금 의 분위기는 NFT나 P2E라는 현란한 기술을 붙인 것만으로 관심을 받던 때는 지났다고 보며, 게임 본연의 재미와 서비스 퀄리티가 우선돼야 한다는 점을 명심해야 한다.

실시간으로 어떤 NFT가 잘 되고 있는지 살펴보는 것도 공부가 된다. 오 픈씨에서는 다음과 같이 랭킹을 제공한다. 1위 자리는 어김없이 BAYC가

오픈씨 랭킹 톱 10(2022년 11월 8일 기준)

	COLLECTION	VOLUME	% CHANGE	FLOOR PRICE	SALES
1	Bored Ape Yacht Club	1,092 ETH	+1,300%	69.37 ETH	11
2	Friendship Bracelets by Alexis André	402 ETH	+112%	0.22 ETH	1,603
3	Fidenza by Tyler Hobbs	300 ETH	+122%	99.00 ETH	2
4	Art Gobblers	153 ETH	+407%	3.76 ETH	34
5	EunDan's World	148 ETH	—	—	4
6	CryptoPunks	144 ETH	-37%	—	5
7	Aopanda Party	136 ETH	+150%	1.30 ETH	116
8	CLONE X - X TAKASHI MURAKAMI	121 ETH	+70%	8.60 ETH	13
9	Otherdeed for Otherside	121 ETH	+14%	1.25 ETH	49
10	Mind the Gap by MountVitruvius	107 ETH	+223%	1.80 ETH	59

자료: 오픈씨

지키고 있다. 랭크의 대부분을 PFP가 차지하고 있는 모습이다. 지금의 오픈씨에는 PFP의 일색으로 좀 더 다양한 종류의 NFT가 활성되면 좋겠지만 당분간은 크게 이러한 양상으로 이어나갈 것으로 생각된다.

이제 본격적으로 NFT 수익화 방법의 첫 번째인 자신의 작품을 NFT로 발행하는 방법과 판매 방법까지 자세하게 알아보도록 한다.

PART 2

NFT 수익화의 모든 것

CHAPTER 3

NFT 수익화 첫 번째
'작품 판매하기'

NFT 작품 판매 작업 4단계

01

자신의 NFT 작품을 발행하고 판매하기까지 다음과 같이 크게 4가지 단계를 거친다. 각 단계를 수행하기에는 다소 까다롭고 헷갈리는 부분이 많지만 차근차근 하나씩 따라만 하면 누구나 NFT 작품을 발행하고 판매할 수 있다.

(1) 작품 준비하기

NFT로 작품을 발행하기 위해서는 우선 작품이 필요하다. 이미 가지고 있는 그림이나 사진을 활용하거나 NFT만을 위해서 새로운 콘셉트로 작품을 만들어도 된다. 일러스트 작품의 경우 '어도비 포토샵'이나 '어도비 일러스트레이터', 아이패드 앱인 '프로크리에이트'로 주로 만들며, 최종 저장되는 파일은 PNG 형식으로 권장한다.

(2) 가상화폐 지갑 만들기

나의 작품을 NFT로 발행하기 위해서는 가상화폐 지갑이 반드시 필요하다. 이 지갑으로 NFT 발행 사이트인 오픈씨 등에 로그인하게 된다. 그리고 NFT 거래가 발생하게 되면 판매 대금이 이 지갑으로 들어오게 된다. NFT 발행을 어느 사이트에서 할 것인가에 따라 지갑의 종류도 다르다. 이는 NFT 발행 사이트에서 매매 대금으로 사용할 가상화폐의 종류가 무엇인가에 따라 다르기 때문이다. 그러나 NFT 발행 사이트 대부분이 메타마스크MetaMask 지갑을 사용하므로 메타마스크 지갑 하나만 있으면 어디든 통용된다. 여기서 가상지갑은 실물 현금이 아닌 가상화폐를 담는 지갑이다.

아래 도표를 머릿속에 기억해두도록 하자. NFT를 발행하고 판매하고 현금화하기 위해서 알아두어야 할 개념이다. 처음 NFT를 발행하고 판매하기까지는 혼동되는 부분이 많다. 블록체인 암호화폐 거래를 위해서는 보안이

더 알아보기

메타마스크 (MetaMask)

대중적으로 사용되는 가상화폐 지갑 중 하나로, 이더리움 기반 토큰을 지원하는 애플리케이션형 지갑.

가상화폐 지갑의 활용

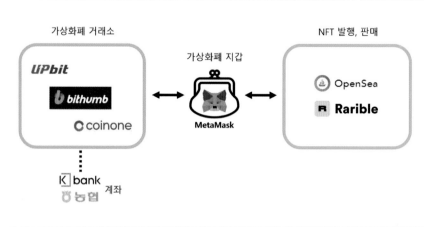

높은 만큼 생각보다 과정이 복잡하지만 앞의 개념을 인지하고 있다면 그리 어렵지는 않다.

(3) NFT 발행하기(민팅)

NFT를 발행하는 사이트는 대표적으로 오픈씨와 라리블 등이 있다. 이 둘은 같은 가상지갑을 사용하며 누구나 NFT를 발행할 수 있다. 그러나 그 외에 특정 사이트는 자격 심사가 필요하고 다른 지갑을 사용하기도 한다. 오픈씨와 라리블은 대표적인 가상화폐인 이더리움 등으로 거래된다. 여기서는 오픈씨를 기준으로 NFT를 발행하고 판매하는 방법을 알아본다.

(4) NFT 판매 등록하기(리스팅)

NFT 발행 후 바로 판매가 되지는 않는다. 판매 등록을 마쳐야 판매로 이어질 수 있다. NFT 판매 사이트는 NFT 판매 등록 시 소정의 등록비(일명 '가스비Gas Fee')를 요구한다. 가스비는 내 지갑에 있는 가상화폐로 결제하게 된다. 그렇기 때문에 가상화폐 거래소에 가입하고 내 지갑을 연결해서 가상화폐 이더리움 등을 미리 지갑에 충전해놓아야 하는 것이다. 이후 내 작품이 판매되면 그 가상화폐 대금이 내 지갑으로 들어오고 그 가상화폐의 현금화는 내 지갑이 연결된 가상화폐 거래소에서 이루어진다. 사이트별로 가스비 정책은 다르다.

가스비(Gas-Fee)란 : 이더리움을 트랜잭션Transaction(거래)하거나 작품을 판매 등록할 때 소정의 비용을 이더리움으로 지불해야 한다. 블록체인에 변

가스비 단계의 예

가스 옵션	시간	최대 요금	
낮음	30 초	0.00138081 ETH	ⓘ
시장	30 초	0.00187714 ETH	ⓘ
공격적	15 초	0.00237348 ETH	ⓘ

자료: 메타마스크

동사항을 반영하기 위한 과정으로, 일종의 이체 수수료라고 생각하면 된다. 가스비는 판매 사이트가 가져가는 것이 아닌 이더리움을 채굴하는 사람에게 인센티브로 지급된다. 트랜잭션 시 주의할 점은 트랜잭션이 실패하더라도 가스비는 빠져나간다는 것이다. 따라서 적절한 가스비를 설정해야 트랜잭션 실패 없이 빠른 시간에 마칠 수 있다.

트랜잭션 성공 확률을 높이기 위해서는 적절한 가스비를 설정해야 한다. 트랜잭션 시 위의 예와 같이 '가스비 수수료 옵션'을 보면 [낮음 / 시장 / 공격적]으로 나와 있는데, '낮음'은 실패할 확률이 있으므로 '시장' 또는 그 이상으로 설정하기를 추천한다. NFT를 거래할 때마다 발생하는 가스비로 인해 유저들의 불편과 불만이 높아지고 있다. 이를 개선하기 위해 이더리움은 이더리움 2.0을 계획하고 있다. 그 외 가스비를 아끼기 위한 여러 가지 방법은 뒤에서 다룬다.

메타마스크 지갑 따라 만들기

바로 가기

메타마스크
설치하기

    NFT로 발행할 작품이 준비되었다는 가정에서 가상화폐 지갑 만들기를 시작한다. NFT 판매소로 가장 많이 알려진 오픈씨와 라리블은 이더리움 가상화폐를 사용하기 때문에 메타마스크 지갑이 필요하다. 메타마스크 지갑은 NFT 거래에서 가장 많이 사용되는 지갑으로 이것 하나만 만들어 놓아도 웬만한 곳에서 거래가 가능하다. 하나씩 잘 보고 따라하기를 바란다.

① 모바일이 아닌 PC에서 크롬 웹브라우저를 실행한다. NFT 작업을 위해서는 앞으로도 계속 크롬 브라우저에서 진행하기를 추천한다. 구글에서 검색어 'MetaMask'를 검색해서 메타마스크 확장 프로그램 설치 사이트로 진입한다.

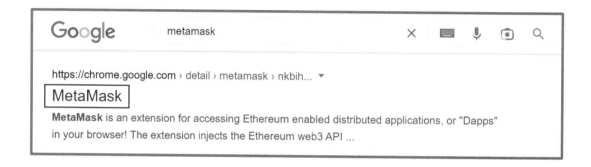

② 메타마스크 확장 프로그램 설치 페이지로 왔으면 우측 상단의 **[Chrome에 추가]**를 클릭한다. 크롬 브라우저에 메타마스크 지갑을 설치하는 과정이다.

③ 아래와 같은 팝업이 뜨면 **[확장 프로그램 추가]**를 클릭한 뒤, 이어서 **[시작하기]**를 클릭한다.

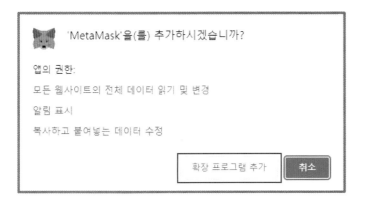

④ **[시작하기]**를 클릭하면 아래와 같은 화면이 뜬다. 왼쪽 **[지갑 가져오기]**는 이미 메타마스크가 있는 상황에서 사용되고 오른쪽의 **[지갑 생성]**은 메타마스크 지갑을 처음 만드는 경우다. 대부분이 처음이므로 **[지갑 생성]**을 클릭한다.

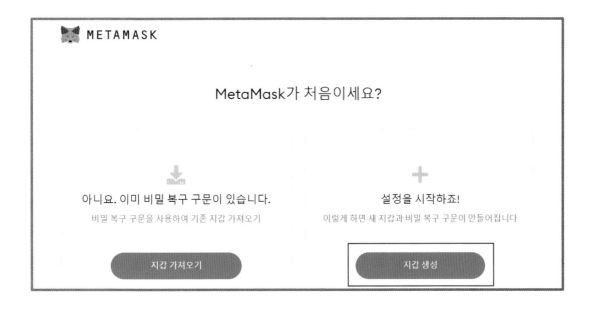

⑤ 서비스 개선을 위해 데이터를 수집하겠다는 내용의 팝업이 출력된다. **[괜찮습니다]**를 클릭해도 상관없다.

⑥ 그다음으로 '암호를 생성하라'는 팝업이 출력된다. 암호를 만들 때는 영어 대문자와 소문자, 숫자와 기호 등을 섞어서 최소 8자리 이상으로 생성하면 보안에 큰 도움이 된다. 사용할 암호를 입력하고 이용약관에 동의를 체크한 뒤 **[생성]**을 클릭한다. 입력한 암호를 잘 기억하도록 한다.

⑦ 지갑을 보호하는 방법을 알려주는 비디오가 나온다. **[다음]**을 클릭한다.

⑧ 매우 중요한 부분이다. 비밀 백업 구문이라는 팝업이 뜬다. 비밀 백업 구문은 보통 '시드 구문'이라고 하며 시드 구문은 메타마스크 지갑을 다시 설치하거나 기타의 이유에서 본인 확인을 위해 요구된다. 시드 구문은 여러 개의 연속된 영어 단어로 구성되어 있고 종이에 적어서 자신만이 아는 곳에 잘 보관해야 한다. 절대로 잃어버리거나 외부에 노출해서는 안 된다.

메타마스크 암호와 함께 시드 구문은 보안이 매우 중요하다. 중앙화된 은행과 달리 탈중앙에서는 비밀번호 등을 잃어버렸다고 해서 다시 재설정해주지 못한다. 탈중앙화 블록체인에서는 개인들의 시드 구문을 따로 관리해주지 않기 때문이다. 본인이 잘 보관하는 방법밖에 없으므로 매우 주의해야 한다. 시드 구문을 잃어버리면 메타마스크에 들어 있는 내 자산을 인출하지 못한다. 그 어떤 방법도 없다.

다음의 팝업에서 자물쇠 아이콘을 클릭하면 시드 구문을 볼 수 있다. 오른쪽 하단에 파란 글씨를 클릭하면 시드 구문을 txt 파일로 외부에 저장할 수도 있다. 가급적이면 시드 구문을 종이에 따로 적어서 보관하기를 추천한다. 자물쇠 아이콘을 클릭하면 **[다음]** 버튼이 활성된다. **[다음]**을 클릭한다.

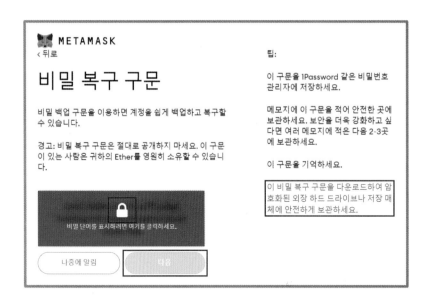

시드 구문을 잃어버리면: 내 자산을 인출하지 못한다.

시드 구문이 외부에 노출되면: 내 자산이 해킹되어 갈취된다.

⑨ 시드 구문을 확인하고 [다음]을 클릭하면 비밀 백업 구문 확인 화면이 뜬다. 발급받은 백업 구문(영어 단어의 연속)을 순서대로 한 단어씩 점선 사각형 안에 있는 버튼들을 클릭해서 위의 큰 빈칸에 입력한다.

⑩ 올바르게 입력되었다면 **[확인]** 버튼이 활성된다. **[모두 완료]**를 클릭하면 이제 메타마스크 지갑 만들기가 완료된다.

⑪ 크롬에 설치된 메타마스크 지갑의 모습이다. 이제 당신은 생애 최초로 가상화폐 지갑을 갖게 된 것이다.

💡 TIP!

다음은 추후 메타마스크를 간편하게 실행하기 위한 팁이다. 옆과 같이 크롬 브라우저 우측 상단의 '퍼즐 조각 아이콘'을 클릭하고 설치된 메타마스크의 오른쪽 '핀 아이콘'을 클릭하면 크롬 브라우저 상단 바에 메타마스크 아이콘이 노출되어 언제든지 쉽게 실행할 수 있다.

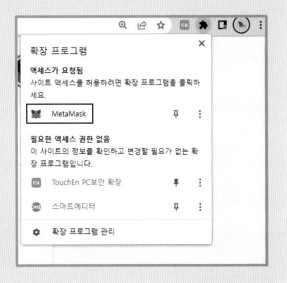

이더리움 충전하기와
출금 수수료 아끼기

NFT를 발행하거나 거래하기 위해서는 메타마스크 지갑에 이더리움을 미리 충전해놓아야 작품 판매 등록 가스비를 지불하거나 작품을 구입할 수 있다. 이더리움을 충전하는 방법은 크게 두 가지가 있다. 해외 결제 신용카드로 직접 이더리움을 구입하거나 가상화폐 거래소인 업비트 등에서 소유하고 있는 이더리움을 지갑으로 출금하는 방법이다. 하나씩 알아보기로 한다.

(1) 이더리움 직접 구매하기

본 방법은 정부의 가상화폐 관련 자금세탁 방지법으로 국내카드 사용이 불가하다는 것을 미리 알린다.

① 메타마스크를 실행하고 로그인을 한다.

② **[구매]**를 클릭한다.

③ **[Wyre로 넘어가기]**를 클릭한다.

④ 이더리움을 US달러로 직접 구입할 수 있는 창이 뜬다. 상단에 구입 가격을 입력하면 그 가격에 살 수 있는 이더리움 개수와 수수료 등이 나타난다. 각 항목을 예를 들어 하나씩 알아본다.

a. 예를 들어 10달러를 입력한 모습이다.

b. 10달러로 살 수 있는 이더리움 개수가 나타난다.

c. 구입한 이더리움이 들어올 나의 지갑 주소이다.

d. 신용카드로 결제를 선택한 모습이다.

e. 수수료와 총합계 지불 액수 등을 볼 수 있다.

⑤ **[Next]**를 클릭하면, 다음과 같은 페이지가 뜨고 카드 정보와 주소, 이메일, 전화번호 등을 입력하고 **[Submit]**을 클릭하면 이더리움이 구입되어 내 지갑으로 들어온다.

(2) 거래소에서 이더리움 출금하기

가상자산 거래소는 업비트를 예를 들어 진행한다. 이더리움 출금 과정은 거래소마다 비슷하기에 무리가 없을 것이다.

① 업비트에 로그인을 하고, 상단 메뉴의 **[입출금]**을 클릭한다. 그렇게 하면 아래와 같은 페이지가 뜬다. 왼쪽에서 **[이더리움]**을 클릭한다. 중앙 즈음에 있는 **[출금신청]**을 클릭한다. 그 하단에 **[출금주소]**를 입력한다. 출금주소란, 내 메타마스크 지갑의 주소를 말한다.

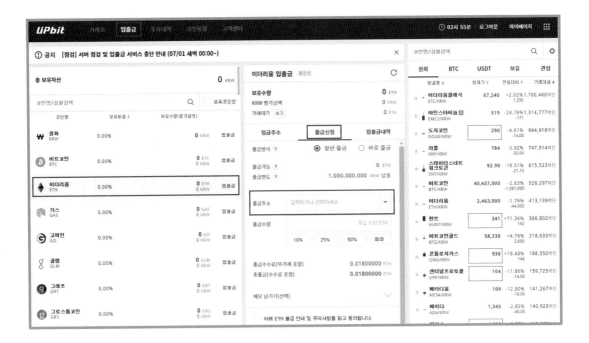

② 메타마스크 지갑의 상단 [Account]를 클릭하면 자동으로 내 지갑 주소가 복사된다.

③ 메타마스크에서 복사한 주소를 아래와 같이 출금주소에 붙여 넣기를 하고 출금할 이더리움 수량을 선택하고 약관 동의 후 [출금신청]을 클릭하면 내 지갑으로 이더리움이 들어오게 된다. 출금 이체 수수료는 업비트 기준 0.018이더이다. 이체하는 데는 수분의 시간이 소요된다. 물론 메타마스크 지갑에 이더리움을 출금하기 위해서는 업비트 거래소에 이더리움을 구입해서 미리 갖고 있어야 한다.

기존에 이더리움을 지갑으로 출금하는 방법

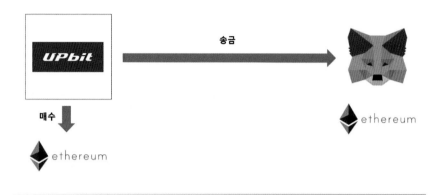

(3) 이더리움 출금 수수료 아끼기

　NFT 거래를 하기 위해서는 이더리움을 빈번하게 사용하게 된다. 거래소에서 이더리움을 내 메타마스크 지갑으로 전송할 때마다 출금 수수료가 발생하게 되는데 국내 거래소 업비트의 경우 그 수수료가 0.018이더리움ETH에 달한다. 1이더리움이면 2022년 4월 기준 400만 원인데, 환산하면 7만 2,000원에 이르는 큰 금액이다. 그 출금 수수료를 획기적으로 줄일 수 있는 방법을 알아본다.

　기존의 방식은 위와 같이 업비트 등에서 이더리움을 매수한 뒤 바로 메타마스크로 보내는 방법이다. 이 경우 매우 높은 출금 수수료를 부담하게 된다. 업비트 외에도 국내 거래소들은 해외거래소에 비해 수수료가 비싸기로 유명하다.

　다음은 1이더리움이 400만 원이라고 가정할 때, 이더리움 이체 수수료를 비교한 것이다.

- **국내 업비트:** 0.018 ETH = 약 72,000원
- **국내 빗썸:** 0.01 ETH = 약 40,000원
- **국내 코인원:** 0.02 ETH = 약 80,000원
- **해외 바이낸스:** 0.00625 ETH = 약 25,000원
- **해외 FTX:** 0.001 ETH = 약 4,000원

위에서 보는 바와 같이 국내 거래소에 비해 해외 거래소는 비교적 이체 수수료가 매우 싼 편이다. 예를들어 해외 FTX 거래소의 이더리움 출금 수수료는 업비트 대비 18배나 싸다. 해외 거래소에서 이더리움을 메타마스크로 출금하기 위해서는 몇 단계의 과정이 필요하다. 그 과정을 아래 표로 정리했다.

해외 거래소에서 나의 메타마스크로 이더리움을 보내기 위해서는 우선

해외 거래소에서 이더리움을 출금하는 과정

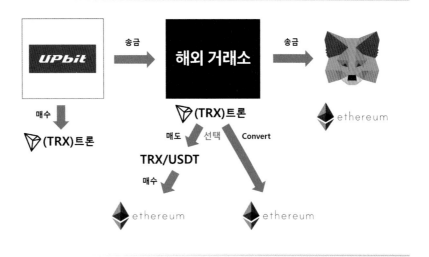

업비트에서 트론TRX 또는 리플XRP을 매수한다. 트론이나 리플을 사용하는 이유는 속도가 빠르고 수수료가 싸기 때문이다. 매수한 트론이나 리플을 해외 거래소로 보낸다. 해외 거래소로 들어온 트론이나 리플을 이더리움으로 바꿔야 한다. 여기에는 두 가지 방법이 있다. 트론이나 리플을 매도하고 USDT를 벌어서 USDT로 이더리움을 매수하는 방법이 있고, 또 하나는 트론이나 리플을 이더리움으로 바로 컨버트Convert하는 방법이 있다. 편한 방법을 사용하면 된다. 이렇게 매수 또는 컨버트한 이더리움을 메타마스크로 전송하면 끝난다. 다만, 해외 거래소가 비교적 출금 수수료가 저렴하지만 네트워크의 바쁨 정도에 따라 유동적으로 변하기도 한다. 그렇다 해도 국내 거래소보다는 출금 수수료가 매우 저렴하다는 것이 장점이다. 여기서 주의할 점은 최근에 FTX 거래소 사태가 불거진 것을 유념해 거래가 정상화된 것을 확인한 뒤 이용해야 하며, 정상화되지 않는다면 바이낸스 등의 거래소를 이용하기를 권한다.

(4) '트래블 룰' 시행으로 무엇이 달라졌고, 어떻게 적용해야 할까?

2022년 3월 25일부터 자금 세탁 방지를 위한 가상자산계의 실명제인, '트래블 룰'이 거래소를 대상으로 의무적으로 시행되었다. 트래블 룰이란, 기존에는 거래소와 개인 지갑 등의 거래에 16진수 헥스코드 지갑 주소만 가지고도 가능했으나 트래블 룰은 가상자산 거래 시 개인 지갑의 소유자 신상까지 기록하게 하는 것이다. 가상자산 거래 시 개인 정보를 거래소들이 공유하는 자금 이동 추적 시스템인 것이다. 트래블 룰 시행 이후 바뀌는 것과 트래블 룰 이후 개인 지갑에 이더리움을 넣는 방법을 다음 표로 정

트래블룰

리했다.

기존에는 가상자산 거래 전송 시 지갑 주소로만으로도 가능했다. 그러나 트래블 룰 시행 이후에는 개인 지갑 메타마스크, 카이카스 등의 소유자 신원을 인증받아야 하며 한때는 개인 지갑으로 전송을 원천 차단하기도 했다. 일부 거래소는 신원을 인증한 지갑에 한해서 인출을 허용했으나 이를 번복하기도 했다. 거래소에서 개인 지갑을 허용하더라도 정책에 따라 전면 차단할 수도 있다. 조속히 트래블 룰 정책이 일관화되어 안정적으로 정착되기를 바라본다.

앞서 신용카드로 이더리움을 직접 구입해서 메타마스크 지갑에 넣는 방법과 업비트에서 이더리움을 지갑으로 바로 인출하는 방법을 설명했었다. 그러나 트래블 룰 시행으로 정부 정책에 따라 두 번째 방법이 막힐 수 있을

해외 거래소를 통해 이더리움을 메타마스크로 보내는 방법

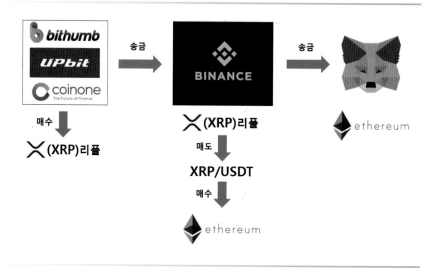

것으로 보인다(현재는 개인 지갑 신원 인증 후 가능). 그 대안으로 해외 거래소를 중간에 한 번 거치는 방법이 있다. 그 과정을 표로 정리해서 설명한다.

업비트 등의 한국 거래소에서 리플XRP을 매수한다. 그 리플을 미국 거래소 바이낸스로 보낸다. 바이낸스에 들어온 리플을 매도해서 USDT(테더 코인)를 확보한다. 확보된 USDT로 이더리움을 매수한다. 그렇게 매수한 이더리움을 메타마스크 지갑으로 보낸다.

이렇게 하기 위해서는 미국거래소 바이낸스에 미리 가입을 해야 한다. 이런 과정에서 리플을 많이 사용하는 이유는 거래량이 많아 변동성이 덜하며 속도도 빠르고 수수료도 저렴하기 때문이다. 이 방법은 이더리움 출금 수수료를 줄이는 방법과도 유사하다. 트래블 룰의 시행과 상관없이 이더리움을 빈번하게 사용한다면 해외 거래소를 이용하는 방법을 추천한다.

지난 2022년 3월 21일 업비트는 트래블 룰 시행과 관련해서 공지를 한 바 있다. 다행히도 메타마스크 등 개인 지갑을 신상과 함께 업비트에 등록한다면 계속 사용할 수 있다는 내용이다. 해외 거래소도 다행히 바이낸스 등과 거래가 가능하다는 내용이다. 그러나 거래소에 따라서는 내부 사정과 정부의 규제로 인해 개인 지갑 사용을 금지하거나 경우에 따라서는 바이낸스 거래소를 갑자기 막을 수 있다.

지금의 공지대로라면 메타마스크 지갑 신원 인증 등록만 다를 뿐 기존과 동일하게 이용할 수 있다. 그러나 거래소 공지가 수시로 바뀌는 만큼 그 변동에 따라서 앞서 알려드린 해외 거래소를 통한 메타마스크 입금 방법을 알아두기를 바란다. 바이낸스 거래소가 막힌다면 다른 해외 거래소를 이용하면 된다.

자금 세탁을 방지한다는 좋은 목적이 있는 만큼 트래블 룰에 적응하며 NFT 작업에 있어서 적절한 요령이 필요해 보인다.

(5) 트래블 룰 시행에 따른 업비트에 메타마스크 등록

트래블 룰 시행 이후 업비트에서는 등록된 메타마스크 지갑만이 거래가 가능하다. 메타마스크 등록 방법을 알아보자. 매우 간단하다.

① 업비트에 로그인을 하고 오른쪽 상단에 [MY]를 클릭한다.

② 마이페이지 하단에 [관리하기]를 클릭한다.

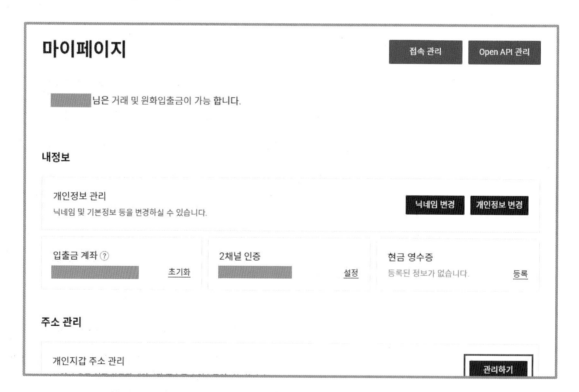

③ 개인지갑 주소 관리에 **[주소 등록]**을 클릭한다.

④ **[메타마스크]**를 선택한다.

⑤ 업비트에 메타마스크가 연결돼 있어야 개인지갑 등록이 가능하다. 연결이 안 돼 있다면 연결시킨다.

⑥ 주소 별명을 입력한다. 주소 별명은 단지 자유롭게 정하는 이름일 뿐이다.

⑦ 약관에 동의하고 [2채널 인증]을 진행한다. 2채널 인증 완료 후 메타마스크의 [서명]까지 마치면 내 지갑이 인증된다. 이제 자유롭게 업비트에서 나의 메타마스크 지갑을 사용할 수 있다.

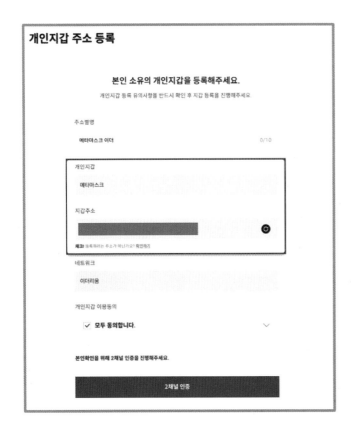

다양한 NFT 마켓플레이스

메타마스크 지갑을 만들었고 이더리움까지 지갑에 충전해놓았다면 이제 NFT를 발행하는 단계까지 할 수 있다. 그 전에 NFT를 발행하고 판매까지 할 수 있는 여러 가지 NFT 마켓플레이스에 대해 알아보자.

NFT 마켓플레이스는 대표적으로 오픈씨가 있고 그 외 라리블, 슈퍼레어 등이 있다. 각각의 마켓플레이스는 NFT 발행과 판매에 있어서 다른 점이 있다. 우선 NFT 발행과 판매 자격에 있어서 크게 3가지로 분류된다. 예를 들어 대표적인 오픈씨는 누구나 NFT를 발행하고 판매할 수 있다. 반면, 슈퍼레어는 심사를 통해 그 자격을 얻을 수 있다. 프리미엄 마켓플레이스인 만큼 작품의 질을 선별해서 관리하겠다는 취지이다. 또 하나의 방식은 마켓플레이스의 회원이 초대해줘야 작가의 자격이 부여되는 파운데이션도 있다. 역시 작품의 질을 철저하게 관리하겠다는 취지이다.

작품 등록 제한	마켓플레이스	URL
누구나 가능	오픈씨(OpenSea)	https://opensea.io/
	라리블(Rarible)	https://rarible.com/
	민터블(Mintable)	https://mintable.app/
	힉앤눙크(Hic et nunc)	https://www.hicetnunc.xyz/
	민트베이스(Mintbaase)	https://www.mintbase.io/
심사 필요	슈퍼레어(SuperRare)	https://superrare.com/
	니프티 게이트웨이(NiftyGateway)	https://niftygateway.com/
	메이커스 플레이스(MakersPlace)	https://makersplace.com/
	노운 오리진(KnownOrigin)	https://knownorigin.io/
	빗스키(Bitski)	https://www.bitski.com/
	밈(Meme)	https://dontbuymeme.com/
	에신크아트(AsyncArt)	https://async.art/
초대 필요	파운데이션(Foundation)	https://foundation.app/
	조라(Zora)	https://zora.co/

위의 표에서 가장 대중적이고 대표적인 판매 사이트는 오픈씨와 라리블이다. 그중에서도 첫 주자는 오픈씨이다. 오픈씨는 누구나 작품을 등록할 수 있고 가스비도 최초 1회(조건에 따라 추가 지불)만 지불하면 되기 때문에 인기가 많다.

그 외 슈퍼레어는 주목받는 프리미엄 마켓플레이스로 삼성 계열사인 '삼성넥스트'에서 투자를 단행하기도 했다. 프리미엄 마켓플레이스는 별도의 심사 과정을 거쳐서 등록이 가능하다. 작품 심사 과정이 있기 때문에 그만큼 질 좋은 작품이 올라오고 있으며 작가로 등록된 것만으로도 NFT 작가

슈퍼레어 작가 지원서 작성 페이지

SuperRare

Submit your artist profile

We're currently in early access mode, only onboarding a small number of artists each month.

However we're hard at work scaling up our platform to meet the high demand we're experiencing.

This form is to submit your artist profile so you're on our radar ahead of our full launch next year.

You may not get a response in the near term– please understand that we're overloaded in the short term but are doing everything we can to accommodate higher capacity in the future.

Submitted artwork guidelines:

* Must be original and created by you
* Created digitally
* Must not be tokenized available for digital purchase elsewhere on the internet
* You consider this to be some of your best work
* No illegal stuff, please

Thank you for getting in touch!

자료: 슈퍼레어

로의 성공 발판을 마련했다고 봐도 과언이 아니다. 슈퍼레어에 등록만 되면 처음부터 고가로 작품을 판매할 수 있다. 그만큼 심사는 까다롭고 오랜 세월의 인내가 필요하다. 슈퍼레어의 심사에 통과하기 위해서는 약 두 달의 심사 기간이 소요되고 불합격 시 별도의 통보 메일은 오지 않는다. 슈퍼레어의 사이트를 보면 "지금의 유명한 작가들도 처음부터 합격하지는 않았다. 지속적으로 계속 작가 지원을 해라"라고 써 있다. 그렇기에 처음 도전해 본 심사에서 불합격되었다 하더라도 낙담하지 말고, 두 달 간격으로 작가

바로 가기

슈퍼레어 작가
지원서 제출하기

지원을 지속적으로 해보기를 권한다.

옆의 QR코드에 접속하면 슈퍼레어 작가가 되기 위한 지원서를 제출할 수 있다. 지원서를 작성하기 전에 미리 준비해야 할 것은 **[포트폴리오 사이트, 인스타그램 계정, 트위터 계정, 1분 미만 본인 소개 동영상, 3~5개의 포트폴리오 파일이 올려진 구글 드라이브]** 등이 있다. 포트폴리오로 제출하는 작품은 다른 곳에서 민팅된 것은 안 된다.

NFT 민팅 따라 하기

이제 본격적으로 나의 작품을 NFT로 발행해보자. 필자는 NFT 발행(민팅)의 예를 들기 위해 아래와 같은 작품 이미지 파일을 준비했다. 여러분도 NFT로 발행할 작품을 준비해놓았다면 이제부터 차근차근 하나씩 따라해보자.

준비된 작품의 예

① 크롬 브라우저를 이용해 오픈씨(https://opensea.io)에 접속한 뒤, 오른쪽 상단의 **[지갑 모양]** 아이콘을 클릭한다.

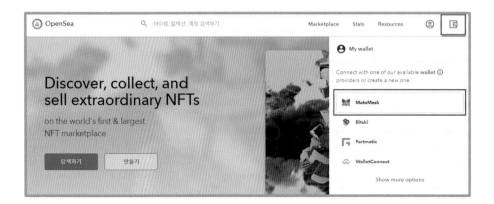

② 이어서 하단으로 열린 팝업에서 **[메타마스크]**를 클릭한다. 아래와 같이 메타마스크가 실행된다. 로그인의 과정이다. **[다음]**을 클릭한 뒤, **[연결]**을 클릭한다.

③ 로그인되었다면 오른쪽 상단의 프로필 아이콘을 클릭하고 하단으로 열린 팝업에서 **[My Collections]**를 클릭한다. 이 과정은 나의 컬렉션(상점)을 만드는 과정으로 컬렉션을 먼저 만들어야 NFT 민팅이 가능하다. 물건을 들여 놓을 가게를 먼저 만드는 것과 같은 이치이다.

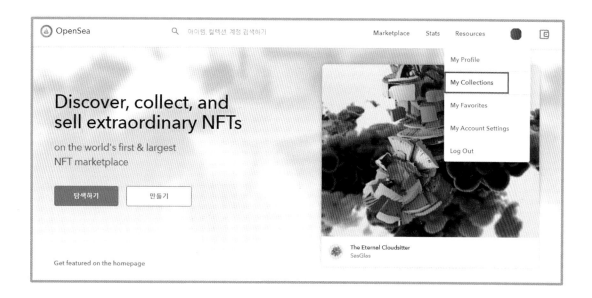

④ **[Create a collection]**을 클릭한 후, 다음의 설명을 참고하여 빈칸을 채운다.

a. Logo image: 내 컬렉션에 사용될 로고 이미지를 넣는다. 크기는 350x350이다.

b. Featured image: 카테고리 리스트에서 보일 이미지를 넣는다. 크기는 600x400이다.

c. Banner image: 나의 컬렉션에 사용될 배너 이미지를 넣는다. 크기는 1400x400이다.

d. Name: 컬렉션 이름을 입력한다. 가끔은 이미 있는 이름과 유사하다며 '주의' 표시가 뜨기도 하는데 이는 유명한 다른 컬렉션을 위장한 스캠 컬렉션 방지를 위한 알고리즘이다.

e. URL: 나의 컬렉션에 바로 접속할 수 있는 URL을 만드는 과정이다. 영어로만 입력 가능하고 대문자 사용은 금지되며 띄어쓰기는 −(하이픈)으로만 입력 가능하다. 컬렉션 이름을 입력하면 보통은 그 이름대로 자동 입력되지만 본인이 원하는 URL을 입력할 수도 있다.

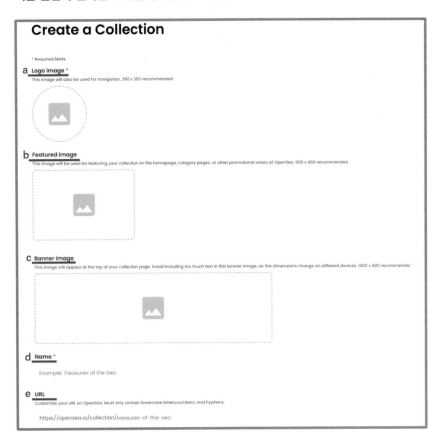

f. Description: 컬렉션에 대한 설명을 넣는다.

g. Category: 카테고리를 선택하는 부분이다. [Add category]를 클릭하면 그중에서 고를 수 있다. 보통의 이미지 작품이라면 Art를 선택하면 된다.

h. Link: 자신이 운영하는 SNS 등의 계정을 입력하는 곳이다. 빼먹지 말고 자신이 가지고 있는 모든 SNS를 입력하기를 바란다.

i. Royalties: 내 작품이 리셀Resell(되팔림)되었을 때 받을 수수료를 입력한다. 최소 2.5%에서 최대 10%까지 입력 가능하다.

j. Blockchain: 보통은 이더리움으로 그냥 놔둔다. 다만, 본인이 폴리곤 체인이나 클레이 체인 등으로 민팅하기를 원한다면 그에 맞게 변경한다.

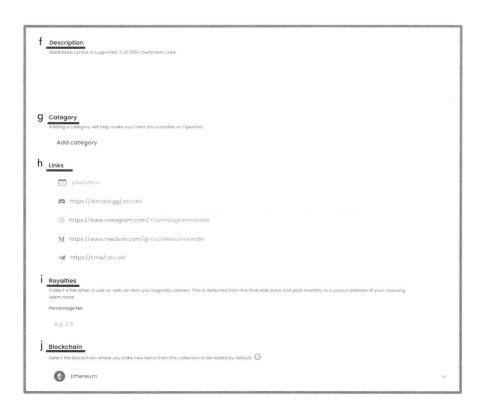

k. Payment tokens: 내가 사용할 결제 토큰이 별도로 따로 있다면 추가 등록한다. 보통 이더리움으로 놔둬도 상관은 없다.

i. Display theme: 내 컬렉션에 작품들이 보일 레이아웃을 고른다.

m. Explicit & sensitive content: 내 작품 중에 성인물이나 폭력 등 유해 콘텐츠가 있다면 활성한다.

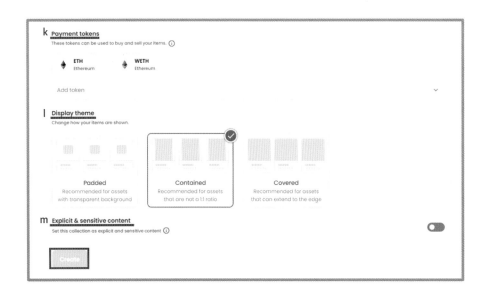

입력을 모두 마쳤다면 **[Create]**를 클릭한다. 입력이 안 된 곳이 있거나 URL에 잘못된 형식으로 입력하거나 오류가 있다면 **[Create]** 버튼이 활성되지 않는다. 주로 초보자가 이런 실수를 많이 한다. 입력한 모든 항목을 꼼꼼하게 살펴보아야 한다.

⑤ 컬렉션 만들기가 모두 끝났다. 생성한 컬렉션에 들어가보자. 이제 비로소 NFT 민팅을 시작할 수 있는데, 생성한 컬렉션에 들어가서 오른쪽 상단의 **[Add Items]**를 클릭한다.

⑥ 메타마스크가 실행되고 **[서명]**을 클릭한다.

⑦ 아래의 점선 사각형 중앙을 클릭해서 올리고자 하는 작품 파일을 불러온다. 파일의 최대 크기는 100MB까지 가능하다.

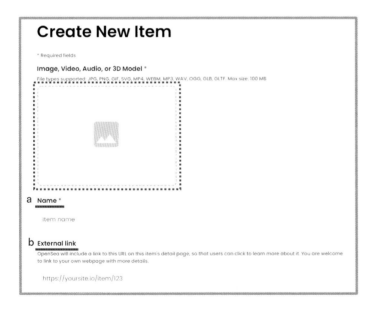

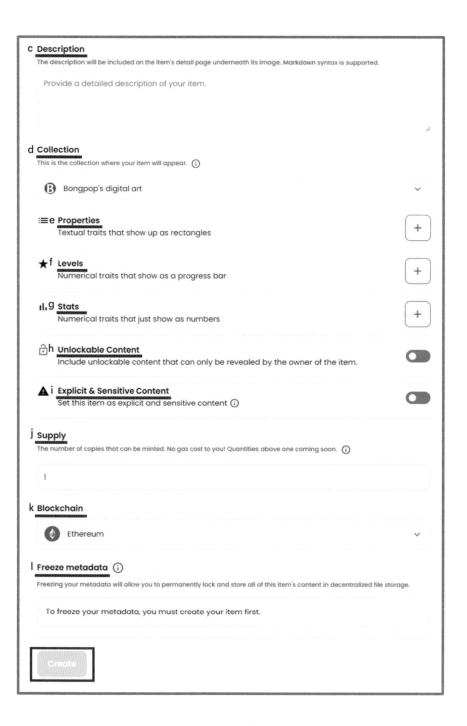

c **Description**

The description will be included on the item's detail page underneath its image. Markdown syntax is supported.

> Provide a detailed description of your item.

d **Collection**

This is the collection where your item will appear. ⓘ

B Bongpop's digital art ⌄

≡ e **Properties**
Textual traits that show up as rectangles

+

★ f **Levels**
Numerical traits that show as a progress bar

+

�III g **Stats**
Numerical traits that just show as numbers

+

🔒 h **Unlockable Content**
Include unlockable content that can only be revealed by the owner of the item.

⬤━

⚠ i **Explicit & Sensitive Content**
Set this item as explicit and sensitive content ⓘ

⬤━

j **Supply**

The number of copies that can be minted. No gas cost to you! Quantities above one coming soon. ⓘ

> 1

k **Blockchain**

◆ Ethereum ⌄

l **Freeze metadata** ⓘ

Freezing your metadata will allow you to permanently lock and store all of this item's content in decentralized file storage.

> To freeze your metadata, you must create your item first.

Create

a. **Name:** 작품 이름을 입력한다.

b. **External Link:** 자신의 SNS나 메인 사이트 등 외부 URL을 입력한다.

c. **Description:** 작품 설명을 입력한다. 성의 있게 상세히 쓰는 것이 좋다.

d. **Collection:** 작품을 올릴 컬렉션을 선택한다. 보통은 방금 만든 컬렉션이 선택되어 있다.

e. **Properties:** 작품에 포함된 속성 키워드 입력이다. 주로 PFP 프로젝트 등에 활용되며 프로그래밍을 통한 스마트컨트랙트 시에 자동으로 입력된다. 이미지나 사진 등의 민팅에는 신경 쓰지 않아도 된다.

f. **Levels:** 작품의 단계적인 속성을 입력할 수 있다. 희귀도, 난이도 등으로 스포츠 수집카드 등에 사용된다.

g. **Stats:** 위에 입력한 Level에 대한 수치 값이다.

h. **Unlockable Content:** 내 작품을 구입한 사람만이 볼 수 있는 비밀 글이다. 주로 여기에 작품 원본 고해상 파일을 받을 수 있는 다운로드 URL을 넣곤 한다.

i. **Explicit & Sensitive Content:** 작품에 선정성 등 유해한 내용이 있다면 활성한다.

j. **Supply:** 지금 올리는 작품을 몇 개로 공급할지 개수를 입력하는 항목이다. 기본 값은 1이다. 만약 다수로 공급한다면 그만큼 판매 가격을 낮춰야 할 것이다.

k. **Blockchain:** 기본 설정 이더리움으로 둔다.

l. **Freeze metadata:** 작품명 등의 정보를 오픈씨 웹이 아닌 메타데이터(속성 정보)에 고정하는 것이다. 이 기능을 사용하면 가스비가 소모된다. 보통은 그냥 놔둬도 괜찮다.

⑧ 모든 것을 다 입력했다면, [Create]를 클릭한다. [Visit]를 클릭하면 내가 올린 작품을 볼 수 있고, [Edit]를 클릭하면 수정할 수도 있다.

⑨ 아래와 같이 작품이 NFT로 민팅된 모습을 볼 수 있다. 내 작품이 고유한 NFT로 발행된 것이다. NFT 발행은 무료다. 그러나 발행만 했다고 해서 판매가 되지는 않는다. **[판매하기]**를 해야 판매할 수 있다. 다음에는 NFT 작품을 판매하는 방법을 알아본다.

NFT 리스팅 따라 하기

이제 민팅한 NFT를 판매해보기로 한다. 앞서 이야기했듯이 판매하기(리스팅)를 해야 판매가 된다. 판매하기는 소정의 가스비가 소모된다. 오픈씨에서는 최초 판매 시에만 가스비가 소모되고 이후에는 가스비가 들지 않는다. 그렇기에 접근성이 좋고 유저들의 활동이 많이 활성돼 있다. 그러나 너무 많은 작품들이 업로드되고 있어서 경쟁이 치열하다는 단점도 있다.

① 내 작품 페이지에서 오른쪽 상단의 [판매하기 또는 Sell]을 클릭한다. 판매하기는 크게 '고정가'와 '경매가' 판매가 있다. 각각 알아본다.

② '고정가'로 판매하는 경우 다음과 같이 진행한다.

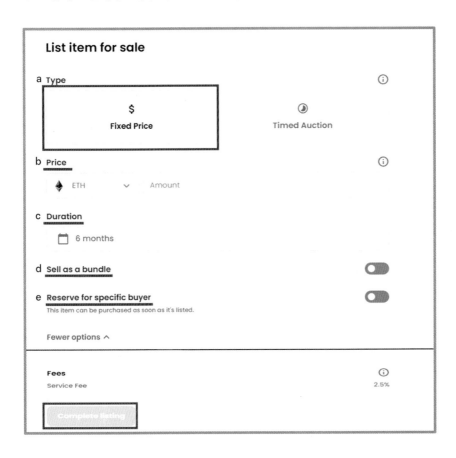

a. **Fixed Price:** 고정가 판매를 말한다.

b. **Price:** Amount에 이더리움 개수(판매 가격)를 입력한다. 이더리움의 현재 시세를 감안해서 입력하도록 한다.

c. **Duration:** 판매 기간을 설정한다. 최대 6개월까지 가능하며 일 단위로 커스텀이 가능하다.

d. **Sell as a bundle:** 여러 개의 작품을 묶음 판매할 때 사용된다. 활성을 시키면 나의 다른 작품을 불러와서 묶을 수 있다.

e. **Reserve for specific buyer:** 지정한 특정인에게만 판매할 때 사용된다. 이때는 상대의 지갑 주소를 미리

확보하고 입력해야 한다.

모든 입력을 마쳤다면 [Complete listing]을 클릭한다. 가스비를 결제하는 팝업이 뜨고 메타마스크에서 [확인]을 클릭하면 판매 리스팅이 완료된다. 물론 가스비를 결제하기 위한 이더리움이 메타마스크 지갑에 미리 충전돼 있어야 한다.

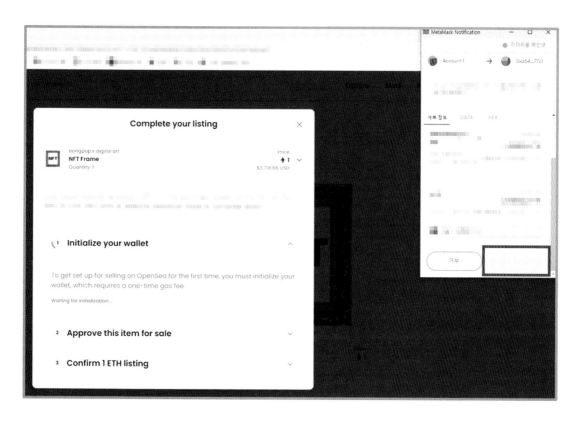

③ '경매'로 판매하는 경우 다음과 같이 진행한다.

a. Timed Auction: 경매로 판매하기를 말한다.

b. Method: 가장 높은 입찰자에게 판매할 것인지, 또는 구매자가 나올 때까지 가격을 낮출 것인지를 선택하는

옵션이다.

c. Starting price: Amount에 시작 가격을 입력한다. 물론 가상화폐 단위이다.

d. Duration: 경매 기간을 설정한다. 최대 1주일까지 가능하며 일 단위 커스텀이 가능하다.

e. Include reserve price: 예약 가격을 말하며 즉, 받고 싶은 가격을 입력할 수 있다. 다만, 그 가격에 도달하지 못한다면 경매는 종료된다.

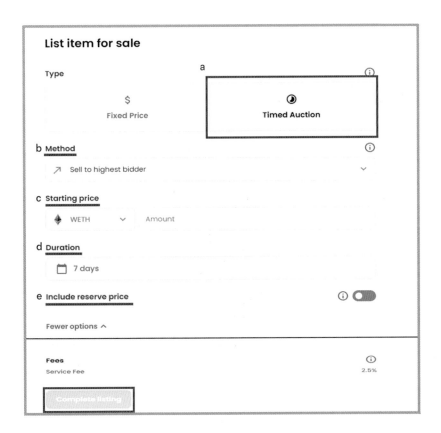

모든 항목의 입력을 마쳤다면 [Complete listing]을 클릭한다. 마찬가지로 가스비를 결제하는 팝업이 뜨고 [**확인**]을 클릭하면 경매가 시작된다(오픈씨는 인터페이스 리뉴얼이 잦은 편이다. 인터페이스가 실제와 다를 수도 있지만 기능은 동일하다).

적절한 판매 가격 책정하기

내 작품의 적절한 판매 가격을 책정하기란 쉽지 않다. 예술은 가치를 측정하기 힘들 뿐만 아니라 더군다나 내 작품을 객관적으로 판단하기란 더 어렵다. 그러나 판매를 해야 하므로 적절한 판매 가격을 나름대로 정해야만 한다. 본인의 인지도와 작품의 질을 고려해서 가격을 책정해야겠지만 우선 몇 가지 가격을 정하는 요소를 알아본다.

가격대 파악: 내 작품의 판매 가격을 정하는 가장 쉬운 방법은 나와 비슷한 장르의 비슷한 기법의 작품이 어느 정도 가격에 올라와 있는지, 그리고 실제로 얼마에 팔렸는지를 파악해야 한다. 한마디로 분위기 파악이다. 그러나 거의 동일한 수준의 작품이 얼마에 올라왔다고 해서 본인의 인지도와 작품 활동 기간을 고려하지 않고 동일한 가격으로 책정했다가는 경쟁력이 없을 수도 있으니 주의해서 가격을 정해야 한다.

오픈씨에서 키워드 검색이나 카테고리 검색을 통해서 본인의 작품과 가장 유사한 작품을 찾아보자. 해당 작품의 작가 SNS에도 방문해본다. 작가의 활동 기간을 알아보고 얼마나 빈번하게 작품을 올리는지도 알아본다. '좋아요' 개수나 댓글 등으로 작가의 인지도를 측정해본다. 본인의 사정과 비교해서 나름대로 스스로의 인지도와 앞으로의 열정 등을 고려한다. 이때 자신에게 후한 점수를 주는 것은 피해야 하겠다. 다소 보수적인 접근으로 이성적으로 판단해야 한다. 본인이 지지를 많이 받는 스타 작가라면 점 하나를 찍어놓은 그림도 거래가 되겠지만 그렇지 않은 신인 작가라면 작품의 밀도를 높여야 한다. 여기서 밀도란, 노력 점수를 말한다. 그림 한 점에 들어가는 디테일을 파고 또 파서 혀를 내두를 정도의 완성도를 보이거나 일관된 콘셉트로 일주일에 1개 또는 3개 정도로 어느 작품 하나 질이 떨어지지 않게 노력을 쏟으며 작품 활동을 하는 것이다. 그 좋은 예로 작가 비플이 있다.

본인이 이제 막 시작한 신인 작가라면 스스로 생각하고 있는 판매 가격보다 조금은 낮게 잡아서 매력적인 가격으로 접근해본다면 컬렉터들이 고개를 끄덕일 것이다.

일관성: 보통 본인의 컬렉션에 여러 개의 작품을 올리게 된다. 그중에는 정성을 많이 들인 작품도 있겠고 심플한 작품도 있겠지만 비슷한 수준의 작품들이라면 일관성 있는 가격으로 설정해야 한다. 가령, 판매 가격이 1이더라면 비슷한 수준의 작품들의 판매 가격을 1이더로 유지하는 것이 좋다. 1이더로 판매 가격을 정해놓았다가 생각보다 잘 안 팔려서 갑자기 0.05이더

로 낮추거나 하면 절대 안 된다. 가격 변동의 폭이 크고 빈번하다면 그 작가에게는 신뢰가 가지 않는다. 내가 구입한 작품의 가치가 언제 하락할지 불안해지고 지금의 판매 가격이 언제 다시 하락할지 알 수 없기 때문에 신뢰할 수 없는 가격의 작품은 구매를 망설이게 된다.

가장 이상적인 것은 가격이 점점 올라가는 모습인데 그렇게 하려면 처음부터 너무 높은 가격은 이후 가격 변동을 줄 수 없어서 힘들어진다. 처음 가격을 책정할 때는 나중을 고려해서 생각보다 낮은 가격대로 작품들을 판매해보자. 이후 반응이 좋다면 아주 조금씩 판매 가격을 올려보자. 당신의 작품을 모니터하고 있는 컬렉터가 있다면 가격을 조금씩 점점 올리는 것도 구매 심리에 자극을 주는 방법이다.

변동성: 주요 NFT 작품들은 보통 이더리움으로 거래가 된다. 이더리움은 실물 화폐가 아닌 변동적인 가상화폐이므로 시세가 계속 변한다. 그 점까지 고려해서 판매 가격을 정해야 한다. 오늘의 1이더가 내일의 1이더가 아니므로 이더리움 시세를 보고 정해야 하는 것이다.

그러나 시세를 반영해서 판매 가격을 그때그때 변경할 수는 없다. 앞서 이야기한 판매 가격의 일관성에 반하기 때문이다. 판매 가격을 몇 이더로 입력하기 전에 달러로 감안해서 마음속으로 먼저 정하고 거래소 등에서 시세를 검색한 뒤 달러 가격과 유사한 판매 가격을 책정한다. 이더의 시세가 들쭉날쭉한 시기에는 다소 어렵겠지만 시세 변동성을 감안해서 대략의 가격을 정할 수 있다.

앞에서 설명한 전체 분위기를 파악해서 판매 가격을 정하는 것이 어쩌면 이더리움의 시세 반영까지 고려한 방법이 되겠다.

그외: 경매로 판매하는 경우에는 경매 기간을 설정할 때 너무 긴 기간으로 잡으면 불리할 수 있다. 보통 수일 내에 아니면 최대 1주일 정도로 하는 게 좋다. 넘버링된 에디션 작품이라면 에디션 넘버를 일관성 있게 하고 체계적으로 네이밍하는 게 좋다. 수집욕이 있는 컬렉터라면 체계적인 것을 선호하고 수집품의 관리도 쉽기 때문이다.

그리고 판매 가격을 설정할 때 '숫자 9의 마법'을 염두에 둬보자. 판매 가격이 1이더, 2이더, 3이더로 딱 떨어지는 것보다는 0.9이더, 1.9이더, 2.9이더가 더 좋고 그보다는 0.98이더, 1.98이더, 2.98이더가 훨씬 더 매력적으로 보인다. 숫자 9와 8과 소수점을 적극적으로 활용해보자.

내 작품이 잘 팔리기 위한
조건은?

인지도 없는 작가의 작품이 처음부터 잘 팔린다는 것은 기대하기 힘들다. 인기 있는 작가들의 대부분은 이미 몇 년 전부터 SNS나 오프라인 등에서 활동하고 있었던 작가들이다. 그러나 그들도 처음에는 아무도 안 알아주던 작가들이었다. NFT 시장에서 컬렉터가 어떻게 유입되고 작품이 판매되며 스타 작가가 탄생되는지 그 순환을 알아본다.

NFT 작품을 홍보하고 잘 팔기 위해서는 작품의 질을 떠나 적극적인

NFT 작품 판매는 SNS와 한 몸

  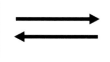

SNS 활동에 그 성패가 갈린다고 해도 과언이 아니다. 내 작품에 컬렉터들을 유입하려면, 작가의 SNS를 통해 작품을 알게 된 컬렉터들이 연결된 링크를 따라 NFT 마켓플레이스로 이동하도록 만들어야 한다. 그 반대로는 컬렉터들이 NFT 마켓에서 마음에 드는 작품을 발견하고는 연결된 링크를 따라 작가의 SNS 활동을 보고 구입을 결정하기도 한다.

결국 인스타그램이나 트위터 등에 꾸준하게 작품을 올리고 홍보해야 한다. 작가의 인지도는 며칠 사이에 갑자기 만들 수는 없는 노릇이다. NFT 작품 씬에서 활동하는 작가들의 SNS 개설 일자를 알아보면 꽤나 오래된 것을 알 수 있다. 그러나 이제 NFT 작품 활동을 시작하고자 하는 당신에게는

그림만 봐도 그를 알 수 있는 비플의 작품들

바로 가기

비플 인스타그램

'지금이 가장 빠른 때'이다. 지금부터라도 빨리 꾸준하게 SNS에서 작품 활동을 시작하는 게 좋다. 필자는 NFT 작품의 성공 비율에서 작품과 SNS의 비중을 4:6으로 보고 있다. NFT 최고 경매가로 유명해진 작가 비플의 성공 요인이 인스타그램 200만 팔로워의 힘이었던 것을 상기하더라도 그렇다.

다음은 작품을 잘 팔기 위한 몇 가지 요소를 정리해서 알아본다.

콘셉트(Concept): 이것도 저것 같고, 저것도 이것 같은 NFT판에서 유일한 최고의 무기는 확고한 자신만의 콘셉트다. 갑자기 등장한 신인 작가임에도 빠른 인지도와 최고가를 경신하는 사례들을 살펴보면 그 안에 다른 작품과 차별되는 확연한 콘셉트가 있다. 많은 양의 작품 수로 경쟁할 수 없다면 가장 가성비 좋은 경쟁력은 단연 콘셉트라고 하겠다. 그러한 콘셉트를 도출해내는 데는 자신의 가치관과 작가정신도 있겠지만 시대를 반영하는 트렌디한 눈썰미도 필요하다. 다분히 기획력이 있어야 한다는 것이다.

자신만의 콘셉트를 만드는 방법에는 작품의 성격과 화풍, 캐릭터, 컬러 등도 있겠지만 지금 시대의 이야기를 담는다든가 최신 기술을 이용한 작품 제작 기법 등이 있다. 작가 이름을 가리고 작품만 봐도 '이건 누구 작품이다!'라고 알 정도라면 콘셉트에서 성공한 것이 되겠다. 콘셉트는 남과 차별되는 작품 철학을 보여준다. 그리고 그 철학은 팬덤을 형성하고 그 팬덤은 영향력을 만든다. 그 영향력은 구매로 이어지고 상승하는 가격대를 형성한다. 자신만의 콘셉트는 성공으로 가는 가장 빠른 지름길이기도 하다. 흔들리지 않는 일관된 콘셉트로 작품 활동을 하는 것을 추천한다.

퍼스널 브랜딩(Personal Branding): 퍼스널 브랜딩이란, 쉽게 말해 개인을 브랜딩화하는 것이다. 작가 자체를 브랜드로 만들고 상품이 돼야 한다는 것이다. 다소 소극적이고 내성적인 작가에게는 낯뜨거울 수도 있겠지만 성공하는 대부분 작가들의 현실이 그렇다.

작가 이름 자체에 상업적 가치를 만들어야 한다. 그러기에 작가 대부분은 본명보다 호기심 유발이나 기억하기 쉬운 닉네임 활동명을 사용한다. 지금 당장 본인의 활동명을 생각해보자. 그리고 본인을 자신만의 콘셉트로 타인과 구별되는 독특한 성질을 갖는 독립적 존재로 만들어야 한다. 위에서 설명한 콘셉트의 중요성에서 이어지는 이야기가 되겠다. 찰리 채플린, 마이클 잭슨, 마릴린 먼로, 앤디 워홀을 떠올려보자. 그들은 타인과 구별되는 독특한 성질을 가진 독립적 존재이고 브랜딩화된 상품이다.

작품의 품질에서 자신만이 갖는 최고의 표현력과 기술을 지녀야 한다. 폭넓게 생각해보면 막연하게 그림 실력이라고 생각할 수도 있겠지만 '자신만의'라는 조건이 달렸다. 자신만이 표현할 수 있는 특유의 기법이 있어야 한다. 작가 비플의 경우는 초기에는 미숙한 손그림에 지나지 않았지만 작품 표현의 영역을 시네마4D 3D 그래픽 툴까지 넓혔으며 지금에 이르러서는 3D 모델링된 이미지에 회화적인 리터치로 그만의 신비한 분위기의 작품을 만들어내고 있다. 기법과 기술이 콘셉트와 맞물린다면 더할 나위 없이 좋다.

자신을 대표할 수 있는 SNS 활동을 꾸준하게 해야 한다. 작가의 상품화는 한 번에 이루어지지 않는다. 일관되게 자신의 사상이나 컬러를 지속적으로 드러내면서 그를 지켜보는 대중들에게 각인되며 그를 평가하게 되고 그때서야 무엇이라고 불리게 된다. 그렇게 된다면 당신은 정말로 무엇인가 된 것이다.

온·오프라인 전시회나 공모전 등에서 이름을 알려야 한다. 신인 작가가 자신을 알릴 기회 중에 단연 최고는 공모전이라고 본다. 마침 NFT의 활성으로 검색을 통해 국내에서 진행되는 NFT 작품 공모전을 심심치 않게 발견할 수 있다. 아직은 경쟁이 덜하기에 당선될 가능성도 높다. 보통은 공모전에서 당선되면 해당 주최사에서 당선된 작품을 NFT로 발행해 경매 등을 진행해주기 때문에 신인 작가로 등용되기에는 최적의 조건이라고 하겠다. 아울러 경우에 따라서는 오프라인 전시회도 겸하고 있어서 아주 좋은 데뷔의 기회가 된다.

대표 포털 사이트에 자신의 작품명이나 작가 이름을 검색했을 때 나오게 하자. 이렇게 하기 위해서는 앞에서 이야기한 공모전에 당선된다든가 오프라인 전시회를 한다든가 해서 기사화가 돼야 한다. 공식 기사로 나온다면 포털 사이트에서 쉽게 검색이 가능하다.

작가 네트워크 활동을 통해 같이 소통하고 NFT 트렌드를 항상 모니터해야 한다. 특히나 NFT 작품 씬에서는 작가들의 네트워크 분위기가 돈독하다. 서로 존중하며 응원하고 콜라보도 심심치 않게 진행된다. 같은 작가들끼리 작품을 구매해주는 문화도 있다. 작품을 볼 줄 아는 눈높이가 같기에 가능한 일이다. 본인의 작품 실력이 조금 부족하다면 인맥을 통한 영업력도 하나의 실력이라고 하겠다. 물론 작품을 만드는 실력까지 출중하다면 더할 나위 없이 좋겠다.

SNS(Social Network Service): 성공하는 NFT 작가가 되기 위해 아무리 강조해도 지나치지 않은 것이 SNS 활동이다. 인스타그램과 트위터는 자신을 알리고 작품을 꾸준하게 업로드하기 위한 최적의 공간이다. NFT 작가는 최소 한 개 이상의 SNS 활동을 기본으로 해야 한다. 이는 필수 사항이며 이렇게 하지 않으면 자신과 작품을 알릴 길이 사실상 없다.

한국 최초의 스타 NFT 작가 'Mr.미상'도 꾸준한 SNS 활동을 오래전부터 해왔으며 비플도 마찬가지이다. 할 수만 있다면 하루 한 개의 작품 업로드나 팬들과의 빈번한 소통을 권하고 싶다. 그만큼 자주 오래 지속적으로 작품을 선보여야 하는 것이다.

SNS의 막강한 기능은 소통이다. 자신의 작품을 알리기 위해서 유명 컬렉터의 인스타그램이나 트위터 등에 성의 있고 호의적 댓글과 '좋아요'로 소통해볼 것을 권한다. 그렇게 친분을 쌓아가면 당신에게 호감을 느끼고 당신의 작품을 궁금하게 여길 수도 있다. 이는 운이 좋다면 당장 구매로 이어질 수도 있고 그 컬렉터는 자신의 SNS에 구입한 작품을 게시할 것이다. 그렇게만 된다면 당신은 단번에 유명 작가의 반열에 오르게 되는 것이다. 실제로 이렇게 되는 사례가 많다. 정성스러운 작품을 NFT로 발행하고 SNS 소통을 당장 실행에 옮겨보자.

스토리텔링(Storytelling): 스토리텔링이란, 상대방에게 알리고자 하는 바를 재미있고 생생한 이야기로 설득력 있게 전달하는 행위를 말한다. 작가 자체의 인생도 하나의 소설처럼 스토리가 있어야 하고 작품에서도 느껴지는 그림 속 스토리가 연상돼야 한다. 또는 작품이 탄생하게 된 영감의 배경에 독특한 스토리를 지니고 있으면 좋다.

작가가 돼 왔던 길은 이야기가 있고 그 작가가 작품을 창작하기 위해서는 영감과 동기라는 스토리가 있다. 그것들이 고스란히 작품에 담긴다면 멈춰 있는 이미지 하나만으로도 우리는 이야기를 느낄 수 있다. 우리는 화려하게 잘 그려진 작품보다 스토리가 담겨 있는 그림 앞에서 더 오랫동안 감상하게 된다. 작품 안에서 각자의 상상으로 그 이야기를 느끼며 되새겨 보게 되기 때문이다.

작가 비플의 다음 작품을 감상해보자. 지구의 배경인지 이름 모를 어느 행성인지에서 거대한 아기의 가슴에 구멍이 나 있고 작은 심장이 덜렁 걸

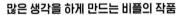

많은 생각을 하게 만드는 비플의 작품

자료: 비플 인스타그램

려 있다. 보통 아기는 상대적으로 작게 표현된다. 그러나 비플은 마치 거인과도 같이 거대하게 과장된 크기의 아기를 표현했다. 무엇인가를 확실하게 강조하고 드러내고자 한 의도가 느껴진다. 그런 테크닉에서 우리는 첫 시선이 아기에게 고정된다. 그 다음의 시선은 중앙의 심장으로 다가간다. 무표정한 아기의 심장은 고독하기도 하고 허무하기까지 느껴진다. 어쩌면 저 아기는 단지 어린 아이가 아닌 현대화에서 소외되고 있는 인간 본연의 심정을 나타낸 것일 수도 있다.

이렇듯 우리는 하나의 작품 안에서 많은 생각을 하게 된다. 생각을 떠올릴 수 없는 작품은 영혼이 없는 작품이라고도 하겠다. 당신이라면 고가의 비용을 지불하면서까지 영혼 없는 작품을 구입하고 싶은가? 스토리가 있고 울림이 있는 작품은 매력을 느끼게 하고 소유하고 싶은 욕구를 느끼게 한다. 이는 구매로 이어지게 된다. 당신의 작품에 가치를 만들려면 스토리를 담아 많은 생각을 하게 만들자.

신뢰(Trust): 다시 가격적인 측면과 성실과 관련된 이야기로 돌아와본다. 당연한 이야기지만 작가는 컬렉터들에게 무한한 신뢰를 줘야 한다. 이는 일관성 있는 가격 책정과 상승하는 가치, 그리고 지속적인 작품 활동에 대한 신뢰를 말한다. 컬렉터는 단순 자기 만족으로 작품을 구입하는 경우도 있겠지만 대부분은 투자 가치 상승이 목적이다. 그렇기에 가격 변동이 잦으면 그만큼 신뢰할 수가 없게 된다. 비싼 가격에 산 작품이 어느 날 폭락할 수도 있다는 위험을 느끼게 만든다면 치명적이다. 한 번 정한 판매 가격은 수정하지 말고 작품의 가치를 만들어서 낮은 가격부터 시작해서 조금씩 상승하는 분위기를 보여주는 것이 좋다.

그리고 꾸준한 민팅과 리스팅을 하고 지속적인 SNS 작품 홍보 활동으로 앞으로도 더 오래 지속적인 작품 활동을 기대하게 만드는 것이 중요하다. 작품 업로드가 자주 된다면 컬렉터들은 당신을 팔로우하고 매일 방문해서 작품을 감상하게 된다. 그런 시기를 지나게 되면 컬렉터는 당신의 작품에 반하게 되고 당신에 대해 하나씩 알아보기 시작한다. 이는 구매로 이어질 가능성이 크고 당신의 팬이 될 수도 있다.

경제적인(Economical): NFT에서 경제적인 측면은 한마디로 가성비를 말한다. 어느 정도 알려진 작가가 평균가 이하의 판매가로 작품을 내놓았다면 컬렉터들은 구입을 망설이지 않을 것이다. 생각보다 저렴한 가격으로 작품을 구입했기에 이후 당연하게 가격이 오를 것이라는 기대를 하기 때문이다. 이것은 투자 가치가 충분하다는 이야기이다.

내 작품을 잘 팔기 위해서는 작품을 공급하는 작가가 아닌 컬렉터의 입장이 돼보면 이해가 빠르다. 내가 왜 이 작품을 구입해야 하는지(?) 그 당위를 객관적으로 생각해볼 수 있기 때문이다. 작품에 대한 선호도와 취향은 개인의 판단이지만 가격은 상대적인 구입 조건임이 분명하다.

이러한 경제적인 측면에서의 경쟁력까지 고려한다면 신인 작가인 당신의 작품 판매 가격은 겸손해질 수밖에 없게 됨을 명심해야 한다.

과시(Show off): 컬렉터들이 NFT 작품을 구입하는 이유 중에는 투자 가치 외에도 과시를 하고 싶은 심리도 작용한다. 우리는 인스타그램에서 수입

자동차의 스티어링휠 위에 고가의 시계를 찬 손목 사진을 심심치 않게 볼 수 있다. 그런 사진들이 드물었을 때에는 감탄하며 부러움을 샀지만 지금은 공해 수준으로 많이 볼 수 있는 상황이 되어 이전처럼 부러움을 사기 어렵게 되었다.

지금의 상황에서 기품 있는 과시의 방법은 무엇일까? 그 방법 중의 하나가 고가로 구입한 NFT 작품을 인스타그램에 게시하는 것이다. 경제적 부와 더불어 컬렉터로서의 예술적 소양을 드러낼 수 있다. 이는 서로를 알아볼 수 있는 그들만의 수준 높은 세계이다. 그만큼 다른 과시의 방법보다 상

래퍼 에미넴의 BAYC 트위터 프로필

Marshall Mathers ✔
@Eminem

◎ Detroit 🔗 eminem.com 🗓 가입일: 2009년 3월

0 팔로우 중   **2,267.5만** 팔로워

자료: 에미넴의 트위터

대적으로 매우 우월함을 나타낸다. 그 정점에 오른 NFT가 바로 PFP이다. 수억 원에 달하는 PFP를 트위터나 인스타그램 프로필 이미지로 사용하게 되면 럭셔리와 우아함의 끝을 보게 된다. 이런 시류에 맞게 트위터는 보유한 NFT를 프로필로 사용할 수 있게 하는 기능을 추가하였고 인스타그램마저 그런 기능을 준비 중이다. 곧 만나볼 수 있을 것이다. 당신의 우아하고 찬란한 작품으로 팔로워들을 만족시켜주자.

세계적인 스타 에미넴Eminem은 자신과 닮은 BAYC PFP를 123.45이더, 당시 한화 약 5억 8,000만 원에 구입하고 자신의 트위터 프로필 이미지로 사용하고 있다.

NFT 민팅과 리스팅 시 주의할 점

NFT를 발행하고 판매할 때 몇 가지 주의할 점이 있다. 아직은 성숙된 시장이 아니기에 정책이 명확하게 정해지지 않았고 어수선한 부분들이 많다. 원작자 본인 신원 인증이 되지 않는 점, 저작권 문제가 명확하게 정해지지 않은 점 등이 있기에 이용자가 알아서 잘 지켜야 한다. 어떤 부분들이 있는지 알아본다.

같은 작품을 다른 곳에 민팅하지 않는다: 같은 작품이 다른 마켓플레이스에 있을 수 있을까? 가능한 일이다. NFT 마켓플레이스들은 동일한 이미지 구별을 기술적으로 하지 못한다. 고로 동일한 작품을 여러 번 NFT로 발행하거나 다른 마켓에 발행하는 것이 가능하다. 물론 동일한 작품을 다른 곳에 민팅하면 절대 안 된다. NFT의 특성과 목적은 세계 유일 단 하나의 진품을 증명하는 것이기에 동일한 작품이 또 다른 마켓플레이스에 있어서는 안 되

같은 작품이 다른 마켓플레이스에 있을 수 있을까?

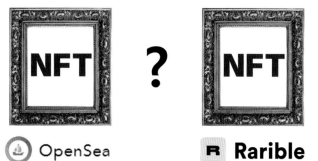

는 것이다. 이는 컬렉터에게 신뢰를 무너뜨리는 행위이며, 이런 일이 벌어진 다면 누구도 다시는 당신의 작품을 선택하지 않을 것이다. 이런 불이익을 감수하면서까지 부정적인 행위를 할 이유는 전혀 없다.

NFT의 유행과 활성으로 여러 가지 부정한 사례들이 빈번하게 발생하고 있다. 이런 현상은 누구나 민팅이 가능한 오픈씨 등에서 특히 많이 발생하고 있으며 작가를 선별해서 받고 있는 슈퍼레어 등의 프리미엄 마켓플레이스에서는 관리가 까다롭기 때문에 거의 일어나지 않는다. 다만 한 작가가 각기 다른 작품을 서로 다른 마켓플레이스에 민팅하는 것은 아무런 문제가 없다.

남의 작품을 민팅하지 않는다: NFT 시장에서 널리 알려진 유명한 작가가 아니라면 남의 작품을 민팅했을 경우 걸러내는 장치가 기술적으로 없다. 알 수 있는 방법이 전혀 없는 것이다. 어떤 작가가 남의 작품을 민팅했다라는 입소문이 퍼지기 이전까지는 자동으로 걸러낼 수가 없다. 처음부터 불순한 목적이 있지 않는 이상 스스로 양심에 꺼려지기 때문에 남의 작품을 민팅하는 것은 시도조차 하기 어려울 것이다. 절대로 남의 작품을 민팅해서는 안 된다. 훗날 당신이 유명해졌을 경우를 상상해보자. 과거의 잘못이 당신을 한 번에 나락으로 떨어뜨릴 수도 있다. 경우가 다르기는 하지만 먼 과거의 학폭(학교 폭력) 사건이 한참 활동 중인 연예인의 발목을 잡기도 한다. 물론 과거 자신의 잘못이기에 책임을 져야 하겠다. 이런 현상을 보면 과거와 달리 지금은 온라인상에 지문처럼 기록이 남아 있기 때문에 과거의 잘못이 드러나는 것은 시간문제라는 것을 명심해야 하겠다.

저작권 침해에 유의한다: 타인의 저작권 침해에 대한 내용이다. 작품을 그릴 때 작품 속 일부나 대부분에서 느껴지는 뉘앙스 등을 다른 작품에서 차용하면 절대 안 된다. 표절을 이야기하는 것이다. 패러디와 표절 사이를 명확하게 구분해서 그 정도를 넘으면 안 된다. 표절은 자신의 가치를 스스로 떨어뜨리는 행위이며 작가정신에도 위배된다. 적어도 자신의 세계관이 확고한 작가라면 표절은 스스로 용납할 수 없는 일이다.

그 외 작품 속에 유명 기업의 브랜드 로고나 유명인의 얼굴을 사용하는 것은 해당 회사나 해당 인물에게 사전 허가를 미리 받아야 한다. 현대의 미술은 팝아트로 넘어가면서 기업의 로고나 상품을 이용해서 창작하는 경우가 많기 때문에 특히 이 점에 유의해야 한다. 사전 협의 없이 작품을 만들게 되면 즉시 작품을 내려야 할 경우가 생기며 심하면 손해배상도 청구될 수 있다.

저작권 권리를 분명하게 표기한다: NFT는 저작권에 대한 정책이 아직 명확하지 않다. 다만, 저작권은 원작자에게 있고 작품을 구매한 사람은 소유권만이 있는 것이 NFT 시장에서의 일반적인 룰이다. 그래도 추후 분쟁을 최소화하기 위해서 작품 설명Description에 저작권에 대한 권리를 분명하게 기입해두는 것이 좋겠다(예: 본 작품의 저작권은 최초 발행자인 작가 본인에게 있다). NFT 저작권과 소유권에 대해서는 뒤에서 한 번 더 자세하게 다룰 것이므로 여기서는 줄이도록 하겠다.

10 적절한 가스비 찾기

작품을 리스팅하거나 구입할 때 가스피Gas-Fee 일명 '가스비'가 발생하게 된다. 이는 마켓에서 가져가는 것이 아니며 이더리움 채굴자들에게 인센티브로 지급된다. 마켓이 가져가는 판매 수수료는 가스비와는 별도로 따로 책정돼 있다. 오픈씨의 경우에 판매 수수료는 판매가의 2.5%이다.

NFT 거래 과열과 이더리움 가치의 상승으로 가스비가 예전에 10만 원 정도 나오던 것이 이제는 30만~40만 원이 나오는 경우도 있다. 이는 네트워크의 바쁨 정도와 이더리움 시세에 따라 실시간으로 바뀐다. 적절한 가스비를 찾기 위한 방법을 알아본다.

① 아래의 예는 NFT 작품을 리스팅하는 과정에서 가스비를 메타마스크에서 지불하는 과정이다. 보통은 안정적인 거래를 위해서 자동으로 추천되는 가스비가 정해지지만 **[고급)편집]** 부분을 클릭하면 자유롭게 가스비를 정해볼 수 있다. 본인의 메타마스크 인터페이스에 따라 가스비를 정하는 화면이 다르게 보일 수도 있다. 본 예의 화면들은 최신 메타마스크 인터페이스이다.

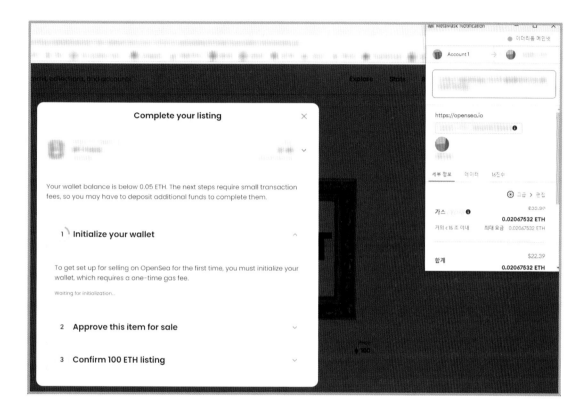

② [고급〉편집] 부분을 클릭하면 옆과 같은 모습을 볼 수 있다. 위쪽의 '낮음'을 클릭하면 가스비가 낮은 대신에 처리 속도가 늦어진다. 그러나 '낮음'을 추천하지는 않는다. 처리 속도가 늦을 뿐 아니라 처리 자체가 안 되는 경우가 있기 때문이다. 적어도 '시장' 또는 '공격적'을 선택해야 처리가 가능할 수도 있다. '시장'을 클릭하면 보통 수준의 가스비에 보통 수준의 처리 속도를 내어준다. '공격적'을 클릭하면 가스비가 높아지지만 대신 빠른 처리가 가능하다. 업무가 바쁘고 성격이 급하다면 '공격적'을 추천한다. 보다 디테일한 가스비를 설정하기 위해서는 '고급'을 클릭한다.

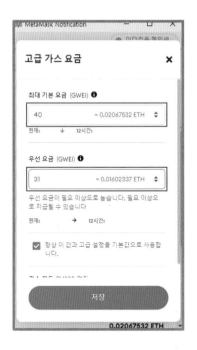

③ 고급을 클릭하면 옆과 같은 화면이 뜬다. 여기서 최대 값과 우선(원하는) 값을 직접 입력해서 설정할 수 있다. 가스비를 입력할 때마다 빨간 글자로 가이드가 나온다. 너무 높거나 너무 낮지 않다면 적절하게 입력했다고 봐도 무방하다. 값을 입력 후에는 반드시 저장을 한다. 그래야 설정한 값으로 처리가 된다. 한 번 설정 값을 저장했다고 해서 그 값을 계속 쓸 수 있는 것은 아니다. 네트워크의 바쁨 정도에 따라 처리 가능한 가스비가 계속 실시간으로 변하기 때문에 그때그때마다 새로 설정해야 한다.

④ 보다 적절한 가스비를 알기 위해서는 도움이 되는 사이트를 이용한다. 아래와 같이 대표적인 가스비 측정 사이트가 있다.

- **이더스캔:** https://etherscan.io/gastracker
- **이더 가스 스테이션:** https://ethgasstation.info/
- **이더리움 프라이스:** https://ethereumprice.org/gas/

가장 많이 쓰이는 이더스캔에 접속해서 상단 메뉴의 **[More]**를 클릭하고 **[Gas Tracker]**를 클릭하면 다음과 같은 적절한 가스비를 실시간으로 볼 수 있다.

이더스캔에서 실시간 가스비 보기로 진입

자료: 이더스캔

이더스캔의 예에서 다음의 상황은, 13GWEI 가스비를 지불하면 3분 이내로 거래 시간이 소요되고, 14GWEI 가스비를 지불하면 3분 이내 거래 시간이 소요되며, 15GWEI 가스비를 지불하면 30초 이내로 거래 시간이 소요됨을 나타낸다.

이더스캔에서 제공하는 실시간 가스비

Next update in 12s Fri, 11 Nov 2022 11:01:42 UTC

😀 **Low**

13 gwei

Base: 13 | Priority: 0
$0.37 | ~ 3 mins: 0 secs

😊 **Average**

14 gwei

Base: 13 | Priority: 1
$0.37 | ~ 3 mins: 0 secs

🙂 **High**

15 gwei

Base: 13 | Priority: 2
$0.45 | ~ 30 secs

자료: 이더스캔

가스비는 시간마다 실시간으로 다르므로 가장 저렴한 시간을 찾는 것도 방법이다. 알려진 정보로는 한국에서는 오후 4시 이후에 가스비가 조금 낮아진다고 하는 소문이 있다. 필자가 확인해보니 항상 그렇지는 않았다.

여기까지 NFT 발행과 판매에 이르는 단계와 작품의 가치가 결정되는 기준, 가스비 설정까지 알아보았다. 다음에는 가상 디지털 갤러리에 대해 알아본다. NFT는 그 기술적 자유로움으로 온라인상에서 작품을 전시하고 판매까지 할 수 있다. 그 대표적인 가상 갤러리들을 살펴보겠다.

가상 디지털 갤러리에
내 작품 전시하기

NFT의 세계에서는 내 작품을 전시할 수 있는 가상 갤러리가 있다. 가상의 3D 공간에 내 작품의 액자를 걸 수 있는 형태를 말한다. 우리는 그 가상의 공간에서 마치 미술관을 거닐 듯 작품을 감상하고 판매도 할 수 있다. 몇 군데 대표적인 가상 갤러리 사이트를 알아본다. 크게 갤러리 구축은 유료와 무료 사이트로 나뉜다.

온사이버: 대표적인 무료 사이트로 온사이버onCyber가 있다. 대부분의 기능을 무료로 사용할 수 있고 비교적 쉬운 설정으로 빠르게 나만의 가상 갤러리를 만들 수 있다. 사용하는 방법은 온사이버에 접속해서 메타마스크 가상지갑으로 로그인을 하면 내가 가지고 있는 NFT 작품들을 가상의 공간에 쉽게 전시할 수 있다. 물론 가상 갤러리에서 작품 판매도 가능하다. 갤러리에 진입하면 마치 게임을 하듯 W, A, S, D 키보드로 가상 공간을 이동

바로 가기

온사이버 갤러리

자료: 온사이버

할 수 있고 작품에 가깝게 다가가면 관련 정보 보기와 구입까지도 할 수 있다.

다음 페이지의 그림은 6529gm라는 작가의 갤러리 중의 하나이다. 실물과 흡사한 형태로 갤러리가 만들어져 있다. 사이트에 접속 후 메인 화면에 작가의 작품을 클릭하면 별도의 설치 프로그램 없이 바로 갤러리로 진입한다. 갤러리 내 이동은 키보드의 전진(W), 후진(S), 왼쪽(A), 오른쪽(D) 키로 이동할 수 있다. 화면 돌리기는 마우스를 좌우 또는 상하로 이동하면 된다. 키보드 키로 이동해서 작품 앞에 가깝게 다가가면 작품 정보가 나온다. 물론 구입도 가능하다. 저사양의 PC에서도 매우 쾌적한 움직임으로 작품들

온사이버 속 6529gm 작가의 갤러리

자료: 온사이버

을 감상할 수 있다. 무료치고는 꽤나 잘 만들어진 가상 갤러리이다. 이보다 더 나은 무료 갤러리 대안은 없다고 생각된다.

온사이버는 무료 그 이상의 퀄리티로 사이트 내 구성이 직관적이고 심플하며 잘 정돈돼 있다. 가상 갤러리 내에서 이동도 매우 쾌적하다. NFT 작품 가상 갤러리를 처음 만든다면 온사이버를 적극 추천한다. 생각보다 뿌듯한 만족감을 느낄 수 있을 것이다. 자신이 만든 가상 갤러리를 지인에게 공유해보자. 요즘에는 작품 소개를 가상 갤러리로 하는 경우가 많다. 반드시 온사이버를 방문해서 경험해보기를 바란다.

크립토복셀 메인 페이지

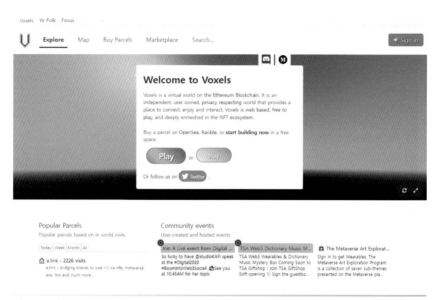

자료: 크립토복셀

크립토복셀: 가상 갤러리의 대표 크립토복셀Cryptovoxels이 있다. 본 사이트는 아쉽게도 유료로 운영된다. 갤러리를 구축하기 위해서는 이더리움을 필요로 한다. 대표적인 가상 갤러리로 유명한 만큼 대부분의 스타 작가들이 여기에 모여 있으며 실물 갤러리의 모습이 아닌 환상적인 가상의 갤러리를 보여주고 있다. 그 모습이 마치 NFT의 성격에 잘 맞기도 한다. 굳이 무료 갤러리도 있는데 이더리움까지 써가면서 크립토복셀을 이용할 이유가 있을까(?)에 대한 의문도 갖겠지만 작가들의 갤러리를 방문해보면 그 생각이 달라진다. 크립토복셀은 단순한 가상 갤러리가 아닌 그 이상의 월드이며 커뮤니티 공간이다. 흡사 메타버스와도 같은 공간이다. 분위기를 느껴보고 싶다면

바로 가기

크립토복셀 갤러리

크립토복셀레 들어가 어느 한 작가의 갤러리를 방문해보자.

메인 페이지에 노출된 작가들의 갤러리 중 무작위로 들어가보았다. 아래의 이미지와 같이 크립토복셀은 갤러리를 넘어서는 메타버스의 세계이다. 단순 갤러리가 아니라 월드를 구축하고 있다. 오른쪽 하단에 맵Map이 보일 것이다. 그 공간의 넓이는 생각보다 방대하다. 심지어 몽환적인 배경음악까지 흘러나오고 있다. 크립토복셀 세계 안에서 단순 배회를 하며 작품 감상만 해봐도 마치 내가 그곳에 있는 것 같은 착각과 시각적인 만족감을 얻게 되며 시간 가는 줄 모르게 된다.

크립토복셀은 뉴질랜드의 인디 개발사가 만들었고 2018년도부터 가상

크립토복셀 가상 갤러리의 예

자료: 크립토복셀

토지를 판매하고 있다. 오픈씨에서도 크립토복셀의 가상 토지를 매매할 수 있고 2022년 11월 현재 가격은 최저가가 한화 약 500만 원 전후로 형성되어 있다. 이 가상의 공간에서는 방문한 유저들과 대화도 가능하기에 작가들의 갤러리 파티에 사용되고 있다. 크립토복셀은 유료인 만큼 취향에 따라 마음대로 꾸밀 수도 있고 그 활용의 폭이 넓다.

더 샌드박스: 메타버스 게임 플랫폼인 더 샌드박스도 가상 갤러리로의 활용이 가능하다. 단, 이곳에서 전시를 하기 위해서는 사전에 협의에 의해서만 가능하다. 위의 모습은 알파오픈 때 직접 캡처한 이미지로 더 샌드박스는 아직 정식 출시 전이기에 알파오픈에서만 체험해볼 수 있다. 2023년으로 예정되어 있는 정식 서비스 이후에는 누구나 작품을 전시할 수 있을 것

더 샌드박스의 가상 갤러리 예

자료: 더 샌드박스

바로 가기

더 샌드박스

으로 생각된다. 물론 더 샌드박스 안에 전시된 작품들도 작품 정보 열람과 구입이 가능하다.

더 샌드박스 본사도 앞으로 가상 갤러리로의 활용을 적극적으로 알리고 있다. 더 샌드박스는 메타버스, 게임, 가상 갤러리 등의 복합 공간으로 구축할 계획이다. 앞선 온사이버나 크립토복셀은 특정 방문자만을 대상으로 하기에 접속자가 그리 많지 않을 것으로 생각되지만 더 샌드박스는 방문자의 폭이 불특정 다수로 넓기 때문에 많은 방문자를 예상할 수 있다. 그만큼 내 작품을 많은 사람들에게 알릴 수 있는 기회가 된다.

내 작품이 잘 팔리기 위한 조건으로 SNS 활동을 필수로 이야기했지만 더 샌드박스의 서비스가 본격화된다면 SNS에 이어 또 하나의 홍보 채널이 될 수도 있다. 더 샌드박스에 대해 미리 알아두고 익숙해지기를 당부한다.

CHAPTER 4

NFT 수익화 두 번째
'작품에 투자하기'

좋은 NFT 작품을 고르는 방법

NFT로 돈을 버는 방법에는 NFT 작품을 만들어서 판매하는 방법이 아닌 컬렉터가 되어 작품을 구입하고 시세 차익을 노려보는 방법도 있다. NFT는 제2의 비트코인이라고도 불리며 부자로 가는 마지막 사다리라는 표현까지도 나오고 있다. 독특하면서 유일함이 내재된 가치의 NFT 작품을

오픈씨에 판매되고 있는 작품들의 예

자료: 오픈씨

어떻게 고르고 어떻게 구입하는지 그 방법을 알아본다. 먼저 좋은 작품을 고르는 방법을 알아본다.

작품의 매력: 좋은 작품을 고르는 방법 중 첫 번째는 작품이 본인의 마음에 들어야 한다. 예술 작품의 가치 측정 전에 본인이 만족을 먼저 느끼는 게 중요하다. 그래야 구입 후에도 후회 없이 만족도 높게 소장할 수 있다. 애정이 없는 작품을 구입할 이유가 없는 것이다. NFT는 일반적인 코인과는 다르게 예술적인 디지털 자산이라는 독특한 특징을 가지고 있다. 세상 단 하나밖에 없는 예술적인 디지털 기념주화라고 생각하면 된다. 그리고 내가 매력을 느끼는 작품이라면 다른 사람도 매력을 느낄 가능성이 있고 이는 곧 가격 상승으로 이어질 수도 있다.

작품에서 매력을 느끼는 포인트는 개인적인 차이가 있을 것이다. 평소에 알고 있던 작가의 작품이라든가 작품에 담긴 메시지가 좋았다든가 기법이나 색감이 마음에 들어서일 수도 있다. 예술 작품의 가치 평가는 매우 추상적이고 모호한 면이 많아서 단지 개인적인 느낌으로만 결정되는 부분이 많다. 본인이 인문학적 소양이 있고 작품을 보는 눈이 높다면 그만큼 수준 있는 작품을 골라낼 수가 있다. 결국 본인의 눈높이만큼 작품이 보이게 된다. 평소에 미술품에 대한 관심을 가지고 전시회 등도 많이 다녀보면서 눈높이를 올려볼 것을 권유한다. 가격표만 보고 얼마짜리 작품이라고 결정 짓지 말고 마음속으로 나만이 느끼는 예술적인 가치 측정으로 접근해보는 것이 좋겠다.

- 작품이 본인 마음에 드는 것이 첫 번째.
- 작품을 보는 눈을 기르자.

작가의 인지도: 작품에 대한 질은 물론이고 작가의 인지도도 중요하다. 대중에게 이미 널리 알려진 작가라면 좋겠지만 그런 작가는 이미 고가의 작품들로 가격이 형성돼 있다. 유명 작가의 작품을 쉽게 구입하기에는 그 가격이 큰 부담이 된다. 간혹 유명 작가의 작품이 기획적인 의도로 저렴하게 나오는 경우도 있다. 그때를 노려보는 것도 아주 좋은 방법이다.

또는 유명한 작가는 아니지만 유망해질 작가를 찾아내는 것도 능력이다. 원석을 찾는 과정이 되겠다. NFT 작가의 인지도는 해당 작품 소개에 포함돼 있는 SNS를 방문해보면 짐작할 수 있다. 팔로워 수가 많거나 '좋아요'가 많거나 호의적 댓글이 많은 경우 어느 정도 팬덤을 형성했다고 보면 된다. 그 팬덤들은 작품 가격을 유지하고 상승하게 하는 기폭제가 된다. 이미 최고가를 형성한 작가보다 상승 그래프를 보여주는 작가를 찾아보는 것이 핵심이다.

유망해질 작가 또는 NFT 시장에서 저평가된 작가를 찾는 방법은 NFT 관련 기사나 관련 카페에서 검색을 통해 찾아보는 방법이 있다. 실물 작품 위주로 활동해왔던 기성 작가가 본인의 작품을 최초로 NFT로 발행했다든가, 몇 회의 오프라인 전시 경험이 있고 어느 정도 알려진 신인 작가가 NFT 작품을 내놓은 경우이다. 실제로 작품 투자에서 의미 있는 차익을 실현한 컬렉터들을 보면 미술계 동향을 어느 정도 알고 있고 작가들의 움직임을 평소에 모니터하던 사람들이다. 그들은 귀신같이 기성 작가나 신인 작가들이 NFT로 작품을 최초 발행하는 때를 놓치지 않고 최초 가격으로 매입한다. 적어도 최초 시작가에서 가져왔기 때문에 손해 볼 일은 없다. 기성 작가의 최초 NFT 발행은 주로 슈퍼레어나 파운데이션 등 프리미엄마켓에서 이루어진다.

- 유망해질 작가를 찾는다. 작가의 SNS를 분석한다.
- 기성 작가나 신인 작가의 최초 NFT 발행을 노린다.

창작의 지속성: 직장 생활만을 해오던 일반인과 예술인은 뇌 구조가 다르고 생활 패턴도 다르다. 작가들은 작가 비플과 같은 매우 특이한 경우를 제외하고는 주기적으로 창작을 하지 않는다. 창작 활동 계획과 일정이 들쭉날쭉한 것이 보통이다. 영감을 받으면 창작을 하게 되고 영감이 없으면 무기한으로 쉬기도 한다. 그렇다고 해도 우리는 작가의 성실성을 체크해봐야 한다. 좋은 작품을 내놨던 작가라도 다음 작품이 1년 후에나 나오게 된다면 작품의 가치나 작가의 활동에 대한 신뢰를 가질 수 없기 때문이다.

작가의 창작 지속성을 살펴보기 위해서는 리스팅된 작품의 개수와 그 작가의 SNS를 살펴봐야 한다. 게시물의 날짜와 게시 간격 등을 살펴보면 작품 창작의 빈도를 알 수 있다. 오래전부터 전업 작가로 활동했고 앞으로도 작품 활동을 계속할 것으로 보인다면 일단 안심해도 되겠다. 그 작가의 창작 열정을 알아보는 것이 핵심이다. 영감이 와줄 것만을 기다리는 것보다는 영감을 자주 떠올리려고 하는 노력 자체가 성실함이기 때문이다. 생각보다 성실하지 못한 작가가 많다. 작품을 구입하고자 할 때 단발성으로 작품을 올리는 작가는 피해야 한다. 지속적인 창작을 하는 작가라면 꾸준한 인지도 상승으로 가격 상승을 기대할 수 있다.

> • 작가의 작품 활동 주기로 성실함을 체크하자.
> • 지속적인 작품 활동이 있어야 가격대도 형성된다.

SNS 활동성: 작가의 작품 창작에 대한 주기만큼이나 중요한 것은 해당 작품의 작가가 SNS 활동을 얼마나 활발하게 하고 있는지도 살펴보는 것이다. 작품 업로드의 주기, 댓글 소통의 빈도 등으로 SNS 활동성을 알아볼 수 있다. 이는 일련의 작품 홍보 활동으로 작가의 작품을 널리 알리는 노력을 하고 있는지 파악하는 게 핵심이다.

스스로의 가치를 높이고 만들어가는 작가를 선택해야 한다. NFT 작가는 기성 작가와는 다르게 예술인이자 마케터가 돼야 한다. 잘되는 NFT 작가들을 보면 그림 실력도 겸비하고 있지만 다분히 기획자적인 마인드까지 갖추고 있다. 결국 그들도 본인의 작품을 널리 알리고 가격대를 형성해야 하기 때문이다.

작품 활동이나 SNS 활동이 정체돼 있는 작가는 피해야 한다. 그만큼 작품 가격도 정체될 가능성이 있기 때문이다. 작가의 활발한 SNS 활동은 그의 팬덤을 관리하고 팬들에게 서비스하는 것으로 팬덤을 고착시키고 확장하는 데 기여한다. 이는 작가의 인지도 상승과 가격대 상승을 기대하게 한다.

- 작가의 SNS 활동성을 체크한다.
- 팬덤 관리와 서비스는 작품의 가치를 높인다.

상승 그래프(Price History): 오픈씨에서는 작품마다 상승 그래프를 볼 수 있다. 상승 그래프는 작가의 작품이 거래되면서 매매가의 변동을 기록한 그래프이다. 여기서 그래프의 선을 보면서 작가의 작품 가격이 일정하게 오르고 있거나 변동 폭이 적은 것을 선택해야 한다. 그만큼 그 작품을 거래해도 비교적 안전하다는 최소한의 시그널이 된다.

또는 다른 컬렉터들이 작품을 구입한 적이 있거나 거래가 빈번하고 활발한지도 살펴봐야 한다. 상승을 그리는 분위기에서 거래가 활발하다면 상승 기대 심리가 작용하고 있다는 것이다. 작품 가격에 갑자기 변동된 부분

오픈씨의 상승 그래프의 예

자료: 오픈씨

이 있다면 작가의 SNS나 거래 내역을 보면서 어떠한 일이 있었는지도 알아본다. NFT 작품 대부분의 매매 대금인 이더리움 시세 변동에 따른 작품 매매가 변동도 있기 때문에 거래소에서 이더리움 시세를 지속적으로 모니터하고 있어야 한다.

- 상승 그래프(Price History)를 체크한다.
- 이더리움 시세를 모니터한다.

NFT 작품 투자는 어떻게 생각해보면 주식 투자보다도 더 까다롭다. 주식은 적어도 회사의 공시나 기대되는 모멘텀 등 예상되는 바탕이 있기 때문에 어느 정도 방향을 예측할 수 있으나, NFT 작품 가격의 변동은 전혀 예측할 수 없기 때문이다. 작품의 질을 판단하는 기준도 없고 작가의 창작 지속성도 모를 일이다. 혹자는 NFT 작품의 질을 측정하는 기관이 있어야 한다고도 말하지만 예술 작품의 질을 측정한다는 것 자체가 어불성설이며 그 기준도 모호하다. 처음부터 예술 작품은 그 가치를 정확하게 측정할 수 없는 것이다. 다만, 그 작품을 갖고자 하는 욕구에 비례해서 가치가 상승할 뿐이다. NFT 작품 구입 시 매우 신중할 것을 권하며 본인의 경제적 상황을 고려해서 구입할 것을 당부한다. 그리고 작품 가격은 이더리움 시세 변동과 관련이 있으니 이 점도 꼭 확인해야 한다.

> **WARNING!**
> 본 책에서는 특정 NFT 작품을 추천하거나 구입을 유도하지 않으며 NFT 작품에 대한 투자 판단은 독자 본인의 몫으로 그 손실의 책임도 독자 본인에게 있다.

좋은 PFP를 고르는 방법

NFT 예술 작품 투자와 달리해서 PFP에 대한 투자도 다루도록 하겠다. 원천적으로 그 둘은 서로 지향하는 바가 다르기 때문이다. PFP의 인기가 오르기 전에는 대부분의 NFT 작품 투자라고 한다면 순수 NFT 예술 작품에 대한 투자를 말하는 것이었다. 그러나 지금에 와서는 순수 예술 작품에 대한 투자보다는 PFP에 대한 투자가 일반화되고 있는 추세이다.

PFP는 컴퓨터 알고리즘으로 생성되는 제너레이티브 아트로 순수 예술 NFT 작품과는 다른 방향을 띠고 있다. PFP는 구입 후 자신의 SNS의 프로필에 사용할 수도 있고 특정 커뮤니티의 회원권 같은 역할을 하기도 한다. 그 회원에게는 로드맵에 따라 특별한 혜택이 주어지기 때문에 PFP 가격 상승의 주요인이 되기도 한다. 자신의 SNS 프로필에 PFP를 적용했다는 것은 바로 그 커뮤니티의 회원이라는 것을 플렉스Flex(과시를 뜻하는 속어)하는 것이다.

그러나 최근 PFP의 과열된 인기로 아류작들이 쏟아지고 성의 없는 아트워크으로 단발성에 그치는 PFP들이 많이 등장하고 있다. 더구나 고가의 유명 PFP를 가장한 스캠도 등장하고 있어서 주의를 요한다. 비교적 안전하고 투자의 가치가 있는 PFP를 고르는 방법을 알아본다.

> • 역사적 가치와 희소성이 있는 프로젝트인가?
> • 메인 홈페이지가 구축돼 있는가?
> • 메인 홈페이지에 팀 정보가 공개돼 있는가?
> • 장기적인 로드맵이 있는가?
> • 로드맵이 수행되고 있음을 증빙하고 있는가?
> • 홀더에 대한 혜택이 현실성이 있는가?
> • 홀더에 대한 혜택이 실행되고 있는가?
> • 커뮤니티 활성이 활발한가?
> • 고객 지원에 대한 피드백이 성실한가?
> • 판매 가격이 상승 그래프를 그리고 있는가?

더 알아보기

홀더(Holder)

특정 암호화폐나 NFT를 지니고 있는 사람들.

프로젝트의 기원: PFP 프로젝트의 시작 동기 프로비넌스Provenance(기원)는 'NFT 역사 최초의…' 등등 독특한 이유와 목적으로 발행된다. 대표적인 BAYC는 '가상자산으로 부자가 되어 일상이 지루한 유인원들이 모험에 나선다'는 내용을 담고 있다. 다소 의미가 약한 기원이지만 폭발적인 인기에 그 기원조차 독특하게 보인다. 내세우는 기원과는 다르게 NFT의 역사가 만들어주는 가치도 있다. 가령 크립토펑크는 NFT에서는 최초의 PFP이기에 존재 자체만으로도 가치가 된다. 단순 유희와 친목을 목적으로 하는 PFP도 많지만 요즘에는 사회적인 캠페인을 목적으로 발행되는 PFP도 있어서 그 가치를 아는 눈을 가져야 한다. 어떤 기원으로 발행을 했건 특정 분

야에 최초라는 수식어가 달렸다면 적어도 최초라는 의미에서 가치는 시작됐다고 봐야 한다. 단순히 예쁘고 귀여운 이미지를 골라서 관심을 갖기보다는 목적과 역사의식이 있는 PFP를 찾아보기를 권한다. 그렇다면 상대적으로 더욱 가치 있는 PFP가 될 가능성이 높다.

프로젝트 운영진: PFP를 구입하기 전에 메인 홈페이지를 잘 살펴보아야 한다. 그 홈페이지에는 PFP를 발행한 이유와 그 쓰임새 등이 자세하게 설명돼 있다. 그 의미가 가치 있고 같이 동참하고 싶다면 구입을 고려해보면 되겠다. 홈페이지의 내용 중에는 그 프로젝트를 생성하고 수행하는 팀원들이 소개되어 있다. 보통 PFP 프로젝트는 개인 혼자서 모든 것을 만들고 운영하기가 어렵다. 적어도 그림을 그리는 디자이너와 스마트컨트랙트로 PFP를 발행하고 관리하는 프로그래머와 외부 이벤트를 진행하고 홀더들과 소통하기 위한 운영자 등이 최소 요건으로 필요하다. 온라인상에 알려진 인지도 있는 팀원이라면 더욱 좋겠다. 보통 팀원의 이름은 실명보다 닉네임을 사용하게 되는데 때로는 팀원을 실명으로 공개하고 인물 사진까지도 올려놓은 경우도 있다. 이 경우 닉네임보다는 더욱 신뢰가 간다고 하겠다. 그만큼 자신감이 있고 러그풀이 아니라는 것을 증명하기도 하는 것이다.

> **더 알아보기**
>
> **러그풀(Rug Pull)**
>
> 개발 자금을 모은 후 자금을 가지고 사라지는 행위.

프로젝트 로드맵: PFP를 구매하는 데 있어서 매우 중요한 요소가 바로 로드맵이다. 로드맵은 PFP를 구입한 회원에게 공약하는 주요한 약속이다. '언제가 되면 회원들에게 무엇을 어떻게 지급하겠다'라든가, '어떤 장소에서 어떤 이벤트를 수행하겠다'라는 장기적이고 단계적인 계획을 말한다. 홈페이

더 알아보기

로드맵(Road Map)

PFP에서 장기적인 계획을 공표해놓은 것.

지에 게시된 로드맵이 화려하고 거창하면 좋겠지만 계획보다 더 중요한 것은 '정말 지켜지고 있는가?'이다. 보통은 로드맵을 제시하고 그 수행 결과를 홈페이지에 사진이나 동영상 등의 증거 자료로 인증한다. 로드맵이 정말 잘 지켜지고 있는지 지난 로드맵의 수행 결과를 반드시 살펴봐야 한다.

로드맵 중에는 회원에 대한 금전적인 혜택도 포함된다. '특정 PFP를 보유하고 있으면 몇 %의 이자를 어떤 코인으로 지급하겠다'라는 혜택을 심심치 않게 볼 수 있다. 사실상 이러한 혜택을 이유로 PFP의 인기가 형성된 것으로 봐야 한다. 이것은 마치 암호화폐에서의 디파이DeFi와도 같은 것으로 일정량의 코인을 예치하고 그에 대한 이자를 지급받는 것과도 유사하다. PFP 자체가 암호화폐의 가치로 통용되는 것이다. 다만, 그 혜택이 현실성이 있는지 그리고 긴 기간 동안 그 혜택이 잘 지급되고 있는지 살펴봐야 하겠다. 암호화폐를 활용한 폰지 사기가 급증하고 있고 얼마 전 그와 유사한 사건이 발생했기 때문이다. 혜택이 크면 클수록 의심을 해보고 조심해야 한다.

더 알아보기

디파이(DeFi)

탈중앙화를 뜻하는 'decentralize'와 금융을 의미하는 'finance'의 합성어로, 탈중앙화된 금융 시스템을 말함.

커뮤니티 활성화: PFP 회원들은 온라인뿐 아니라 오프라인에서도 그들만의 독특한 모임을 갖는다. BAYC의 회원들은 실제로 선상에서 럭셔리한 모임을 진행하기도 했었다. PFP를 발행한 본사가 이벤트를 진행하기도 하지만 회원 스스로가 모임을 만들기도 한다. 커뮤니티가 돈독하다는 것은 그만큼 회원들의 결속력이 있다는 것이며 PFP의 무형적인 가치가 단단하게 형성되었다는 것이다. 이는 당분간 장기적으로 부정적인 일은 발생하지 않을 것이라는 분위기이기도 하다.

발행사의 관리 능력: 그리고 PFP의 발행사가 관리하는 디스코드Discord에서 고객 지원에 대한 답변에 성의가 있고 신속한지도 알아보아야 한다. 인기가 많고 홀더가 많은 대형 PFP 프로젝트에는 기술적인 오류나 해킹 등의 사건이 빈번하게 발생한다. 그에 따라 회원들의 불만이나 질문들이 많이 올라오는 편인데 빠르게 대처하지 못한다면 신뢰를 점점 상실하게 된다. 대형 PFP 프로젝트 중에서는 성실하고 신속한 대응으로 회원들의 지지를 받는 국산 PFP 메타콩즈가 그 모범 사례가 되겠다. 그러나 최근 내부 다툼과 몇 가지 이슈 등이 있기 때문에 앞으로 추이를 지켜볼 필요가 있다.

가격 상승 그래프: 그리고 Price History에서 꾸준한 가격 상승 그래프를 그리고 있는지도 살펴봐야하겠다. 아마도 누구나 알 만한 인지도 있는 PFP라면 보기 좋은 그래프를 보이고 그 가격 또한 고가로 형성돼 있을 것이다. PFP 투자에서 적어도 손해 보지 않는 가장 좋은 방법은 알려진 대기업이나 연예인 등이 최초로 발행하는 PFP를 손에 넣는 것이다. 보통은 발행 시작과 동시에 수초 안에 매진되며 구입 자격을 우선 부여받는 화이트리스트Whitelist에게나 가능성이 열려 있다. 화이트리스트가 되기 위한 방법으로는 보통 PFP 발행사가 진행하는 미션에 참가해서 그 자격을 부여받는 것이다. 고로 PFP 투자 역시 빠른 정보력이 관건이다. 누구나 가치를 느끼는 PFP라면 가격 상승으로 이어지는 것은 당연하다.

> **WARNING!**
>
> 본 책에서는 특정 PFP를 추천하거나 구입을 유도하지 않으며 PFP에 대한 투자 판단은 독자 본인의 몫으로 그 손실의 책임도 독자 본인에게 있다.

오픈씨에서 NFT 작품 구입 따라 하기

NFT 작품에 투자하기로 했다면 작품을 구입하는 방법을 알아야 한다. 그 방법은 매우 간단하다. 작품 구입의 방법은 가장 대중적이고 비교적 저렴한 가격대로 형성돼 있는 오픈씨를 기준으로 알아본다. 오픈씨는 저렴한 만큼 상대적으로 프리미엄 마켓플레이스인 슈퍼레어 등과 비교했을 때 작품 퀄리티가 조금은 낮아 보이는 게 사실이다. 만약, 자금이 넉넉하고 공격적인 투자를 하겠다면 슈퍼레어에서 구입해보는 것도 방법이다. 작품 구입의 판단은 본인의 몫이며 그 손실도 본인의 책임이다.

오픈씨에서 NFT를 구입하기 위해서는 메타마스크 지갑에 미리 이더리움을 넉넉하게 충전해놓아야 한다. 그 방법은 앞에서 설명했으니 여기서는 생략한다. 이더리움이 메타마스크에 있다는 가정에서 작품을 구입하는 방법을 진행한다. 작품 구입에는 구입 비용과 가스비가 발생한다. 그것은 메타마스크에 있는 이더리움으로 지불된다.

작품을 구입하는 방법에는 크게 '지정가'로 구입하기와 '가격 제안'으로 구입하기가 있다. 각각 알아본다.

(1) 지정가로 구입하기

① 오픈씨에 진입해서 본인이 구입하고자 하는 작품 하나를 고른다. 작품 아래에 밑줄 친 가격이 현재 판매 중인 가격이다. 그 아래에 밑줄 친 가격은 마지막에 팔린 가격이다. 아래의 예에서 판매 가격(2022년 2월 기준)은 0.19이더로 한화 약 44만 원이고 마지막에 팔린 가격은 약 23만 원 정도가 된다. 작품을 클릭해서 구입할 수 있는 화면으로 넘어간다.

②작품을 구입할 수 있는 화면에서 [Buy now]를 클릭한다. 물론 오픈씨에 메타마스크로 로그인을 한 상태여야 한다.

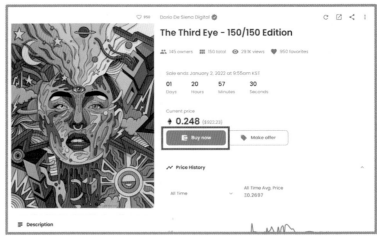

③ 옆과 같은 팝업이 뜨면 약관 동의에 체크하고 **[Checkout]**을 클릭하면 구매로 이어진다. 이후 메타마스크 지갑이 실행되고 **[확인]**을 클릭하면 구매가 완료된다. 메타마스크에 가지고 있는 이더리움이 작품 가격과 가스비에 못 미친다면 구매되지 않는다. 구매 전에 작품 가격과 가스비를 포함한 이더리움을 충분하게 메타마스크 지갑에 충전해놓은 후 진행하도록 하자.

구입한 작품이 내 Profile에 보여지는 예

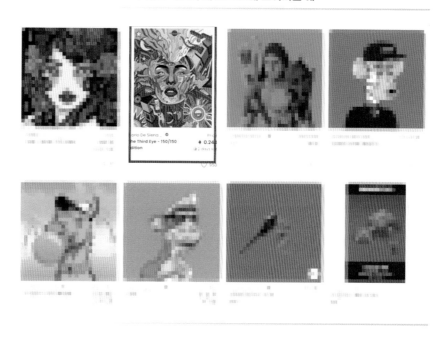

④ 구매 후 수분에서 최대 십분 정도가 지난 후 오픈씨의 상단 **[Profile]**을 클릭하면 구입한 작품이 들어온 것을 볼 수 있다.

⑤ 그리고 구입한 작품의 상세 페이지에 있는 Item Activity에서 작품의 최종 구매자를 아래와 같이 확인할 수 있다. 작품을 구매한 후에는 오류 없이 구매가 완료되었는지 Item Activity에서 반드시 확인하자.

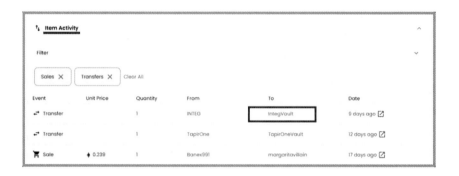

(2) 가격 제안으로 구입하기

① 또 하나의 팁으로 가격 제안을 통해 작품을 구입할 수도 있다. 구입할 작품의 상세 페이지에서 **[Make Offer]**를 클릭한다.

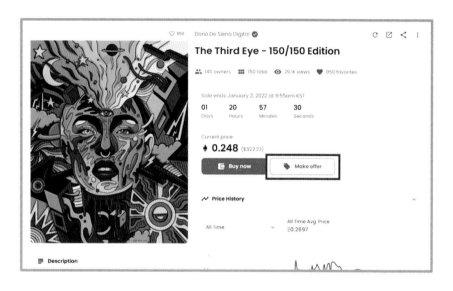

② 옆과 같은 팝업이 뜨고, Amount에 제안가를 입력한 후 제안 기간 설정과 약관 동의 체크 후 **[Make Offer]**를 클릭 하면 제안이 끝나게 된다. 물론 판매 가 격보다 낮은 금액을 제시하는 것이 정상 이다. 다만, 가격 제안으로 구입하기는 판매자가 수락해야 구매로 이어지며 제 시한 금액이 제안 기간 동안 묶이므로 주의해야 한다.

(3) 그 외 Tip: NFT 선물하기

오픈씨에는 작품을 지인에게 선물할 수 있는 기능이 있다. 그 방법 역시 매우 간단하다.

① 오픈씨의 내 작품 상세 페이지 오른쪽 상단을 보면 아이콘들이 있다. 여기서 선물 모양 아이콘을 클릭하면 아래와 같은 팝업이 뜬다. Address에 선물을 받을 지인의 메타마스크 지갑 주소를 입력하고 [Transfer]를 클릭하면 그 지인에게 내 작품이 선물로 전송된다. 이 과정에서 가스비가 소모된다.

② 선물을 받을 지인의 지갑 주소의 경우, 그 지인의 오픈씨 페이지에 방문하고 로고 이미지 아래를 클릭하면 지갑 주소가 복사된다. 또는 지인에게 메타마스크 지갑 주소를 보내달라고 하고 메타마스크 주소를 받으면 된다.

04 오픈씨에서 NFT 작품 되팔기 따라 하기

오픈씨에서 작품을 구입했다면 그 차익을 남기기 위해 작품을 되파는 과정도 알아야 한다. 이는 무료로 선물받은 NFT를 되파는 방법에도 해당된다. 그 방법은 아주 간단하다.

① 구입했거나 선물 받은 NFT 상세 페이지의 오른쪽 상단에 [Sell]을 클릭한다.

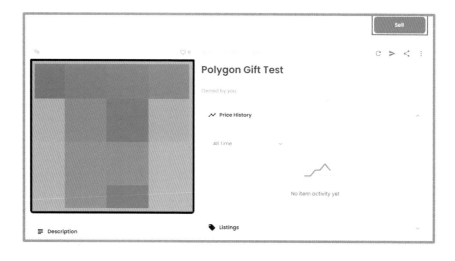

② Amount에 받고 싶은 가격을 입력한 후 Duration에 판매 기간을 설정하고 **[Complete listing]**을 클릭하면 판매하기가 설정된다. 다만, 현 시세를 고려해서 판매 가격을 입력해야 한다.

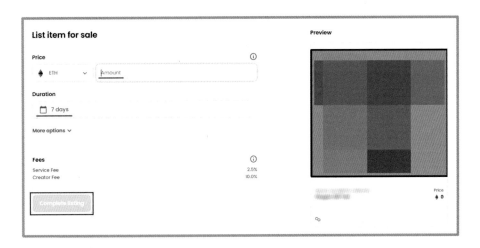

③ 판매 승인에 대한 팝업이 뜨면 **[Unlock]**을 클릭한다. 메타마스크 지갑이 실행되고 **[서명]**을 클릭하면 판매 등록이 완료된다.

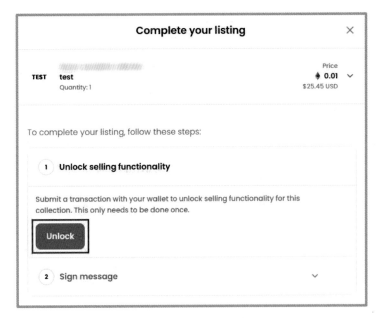
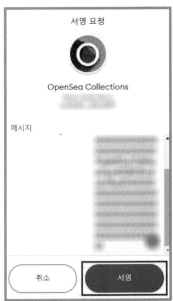

NFT 스캠 사기를 피하는 방법

NFT를 구입할 때 가장 조심해야 할 부분을 다룬다. PFP의 대대적인 성공과 큰 인기로 유명 PFP를 가장한 스캠 사기가 판을 치고 있다. 스캠에 속아서 가짜 NFT를 구입하게 되면 보상받을 길이 전혀 없으므로 매우 조심

더 알아보기

스캠(Scam)

금품 갈취를 목적으로 사실과 다른 내용으로 현혹하거나 해킹 등을 하는 행위.

스캠 NFT가 만들어지는 과정

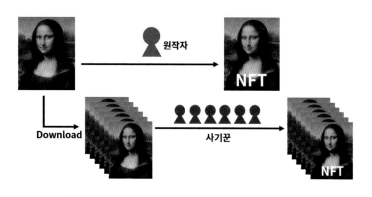

해야 한다. '과연 이런 사기에 속는 사람이 있을까?'라는 생각도 들겠지만 스캠에 당하는 사례는 매우 빈번하다. 스캠의 기술이 점점 더 정교해지고 지능적으로 발전하고 있어서 스스로 조심하는 방법밖에 없다. 스캠을 걸러 내기 위한 방법들을 하나씩 알아본다.

이제 시작된 NFT 시장에는 허점들이 많다. 다른 사람의 작품을 내 작품인 것처럼 속여서 얼마든지 판매가 가능하다. 기존 유명 작품 이미지를 다운로드하고 그 작가의 이름으로 위장해서 민팅해 판매가 가능하다는 것이다. 이미지 원본을 다운로드한 것이므로 이미지만 봐서는 이론적으로 동일한 이미지가 맞다. 컬렉션명도 원작가와 동일한 컬렉션명이라면 스캠을 구별할 수가 없다. 실제로 오픈씨에서는 이런 일이 빈번하게 발생하고 있고 그 피해도 상당수에 달한다.

아래는 실제로 존재했던 BAYC를 가장한 스캠 사기의 예이다. 가짜(왼쪽) 부분이 다소 허술해 보이지만 마음만 먹으면 얼마든지 진품 컬렉션과 동일

가짜 BAYC와 진품 BAYC 비교

자료: 오픈씨

하게 만들 수 있다. 그렇게 된다면 외관만으로는 스캠을 가려낼 방법이 사실상 없으므로 우리는 몇 가지 방법으로 스캠을 구별해야 한다. 그 방법들을 하나씩 알아보도록 하겠다.

원작자 확인: 스캠 사기를 구별하는 방법 중에 가장 빠르고 쉬운 방법은 'Created by' 원작자를 확인하는 것이다. 옆 페이지 예에서 보듯이 파란 글씨로 돼 있는 부분이 원작자와 동일한지 확인하는 것이다. 그리고 오픈씨에서는 오피셜한 원작자에게 파란 별표 배지 아이콘(✅)을 부여하고 있다. 주로 대형 PFP 프로젝트에는 파란 배지가 있다.

앞의 그림에서 보듯이 컬렉션과 개별 작품 상세 페이지에도 파란 배지가 있어야 한다. 파란 배지를 확인하는 것이 가장 우선 순위로 권장하는 방법이다. 구매 전에 항상 확인하는 습관을 가져야 한다. 하지만, 대형 PFP 프로젝트가 아니라면 파란 배지가 처음부터 없을 수도 있고 파란 배지조차 교묘하게 위장할 수 있다. 스캠을 구별하는 방법은 한 가지만 보는 것이 아니라 여러 가지를 종합적으로 따져봐야 한다.

Properties 확인: 개별 작품 페이지에 들어가서 왼쪽 하단에 Properties 항목이 있는지 확인한다. 스캠에는 Properties가 없을 확률이 높다. PFP의 Properties는 NFT로 민팅을 하는 과정에서 코딩을 통해 Json 파일에 코드로 기록되는 것이기 때문에 단순 이미지를 다운로드해서 민팅한 NFT에는 Properties가 없을 확률이 높다.

그러나 너무나도 성의 있게 만든 스캠이라면 Properties조차 일일이 만

컬렉션의 원작자와 상세 페이지의 원작자를 확인

자료: 오픈씨

들어 넣을 수도 있고 요즘 스캠의 추세에서는 Properties까지 만들어 넣는 것이 대부분이다. 그렇기 때문에 Properties 항목의 확인이 스캠 구별의 전부는 아니다. 더구나 PFP가 아닌 단일의 예술 작품에는 Properties 자체가 없기 때문에 단일 예술 작품의 스캠 확인에는 Properties 항목 유무 여부

BAYC의 Properties 항목

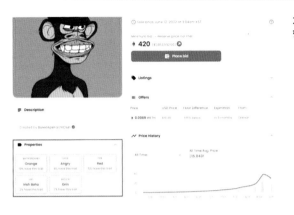

개별 작품에서 Properties 항목이 있는지 확인

자료: 오픈씨

는 의미가 없다.

다음에는 스캠을 구별하기 위한 보다 더 확실하고 원천적인 방법을 알아본다.

Contract Address 확인: 개별 작품 페이지의 왼쪽 하단에 Details를 클릭하면 하단에 메뉴가 열리고 Contract Address(컨트랙트 주소)를 볼 수 있다. Contract Address란 해당 NFT를 스마트컨트랙트로 발행할 당시에 부여된 고유의 16진수 헥스코드 주소를 말한다. 고로 이 부분은 절대 위조할 수가 없는 부분이다. Contract Address 부분에 16진수로 된 파란 글자를 클릭하면 이더스캔(https://etherscan.io) 사이트로 이동한다.

이더스캔 사이트로 이동하면 온전한 컨트랙트 주소를 볼 수 있는데 그 주소가 공식 홈페이지에 있는 컨트랙트 주소와 일치하는지 확인한다. 컨트

> **더 알아보기**
>
> **이더스캔**
>
> 이더리움 체인의 거래 내역을 볼 수 있는 사이트.

랙트 주소는 16진수의 헥스코드로 돼 있다.

이더스캔에서는 다음과 같이 NFT를 발행한 공식 홈페이지를 볼 수 있

BAYC의 Contract Address

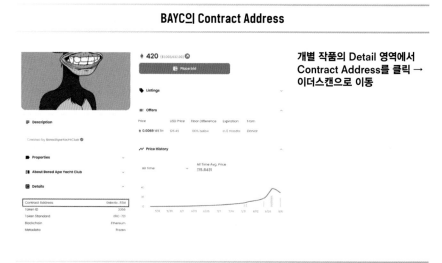

자료: 오픈씨

BAYC의 컨트랙트 이더스캔 페이지

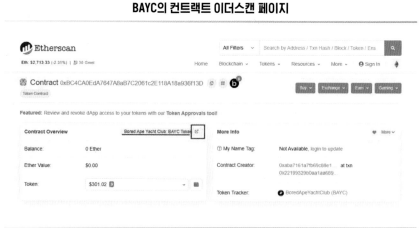

자료: 이더스캔

이더스캔에 나온 Contract Address와 BAYC의 Contract Address를 비교

이더스캔에 있는 Contract Address와 공식 홈페이지에 있는 Contract Address가 동일한지 확인

자료: 이더스캔, BAYC

는 아이콘이 있다. 그 아이콘을 클릭하면 공식 홈페이지로 연결된다. 컨트 랙트 주소 16진수 헥스코드는 스캠에서 원천적으로 위·변조를 할 수 없는 부분이므로 컨트랙트 주소를 확인하는 방법이 스캠을 피하는 가장 확실한 방법이다.

다만, PFP가 아니거나 공식 홍보 사이트가 없거나 공식 홍보 사이트에 컨트랙트 주소를 표기하지 않는 경우에는 발행자의 컨트랙트 주소가 원작 자의 컨트랙트 주소와 일치하는지 확인할 방법이 없다.

랭킹에서 원작자 찾기: 또는 다음에서처럼 오픈씨의 랭킹 페이지에 들어 가서 직접 컬렉션을 클릭해 구입하는 방법도 있다. 이것은 진품으로 접근하 는 가장 확실한 방법 중의 하나이다. 단, 스캠 사기 컬렉션도 같은 랭킹에 올라가 있는 경우가 있으니 동일한 유명 컬렉션이 랭킹에 여러 개가 있다면

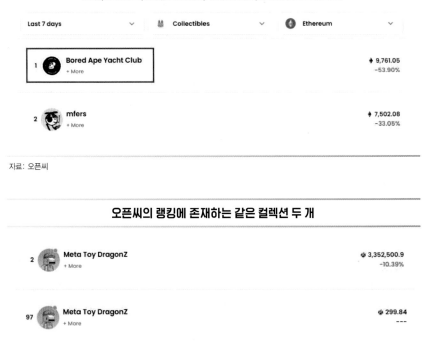

오픈씨의 랭킹 화면

Top NFTs

The top NFTs on OpenSea, ranked by volume, floor price and other statistics.

Last 7 days ∨	🐰 Collectibles ∨	◆ Ethereum ∨

1	**Bored Ape Yacht Club** + More	◆ 9,761.05 −53.90%
2	**mfers** + More	◆ 7,502.08 −33.05%

자료: 오픈씨

오픈씨의 랭킹에 존재하는 같은 컬렉션 두 개

2	**Meta Toy DragonZ** + More	◈ 3,352,500.9 −10.39%
97	**Meta Toy DragonZ** + More	◈ 299.84 ---

자료: 오픈씨

가장 상위의 컬렉션이 진품일 확률이 높다.

위는 오픈씨의 클레이튼 NFT 판매 랭킹이다. 동일한 컬렉션이 각각 2위와 97위에 랭크돼 있다. 이럴 경우에는 위의 것이 진품일 확률이 높다. 그렇다고 하더라도 각각의 컬렉션에 진입해서 보다 확실하게 확인을 해야 한다.

만약 다음 페이지와 같이 바로 컬렉션으로 진입했을 때 완전히 동일해 보이도록 만들어두었다면 진품을 구별하기가 쉽지 않다. 이럴 때는

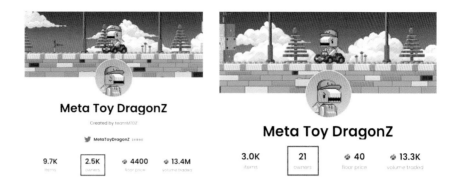

랭킹에 존재하는 같은 컬렉션의 비교

자료: 오픈씨

owners(소유자) 숫자를 서로 비교해본다. 진품(왼쪽) 컬렉션은 오른쪽 스캠 컬렉션에 비해서 owner 숫자가 월등하게 많다. 이것은 당연한 이치이다. 완전히 동일한 컬렉션이 있다면 owner 숫자가 많은 쪽이 진품이다.

오퍼(Offer) 사기 유의하기(소수점 사기): 앞서 NFT 작품을 구입하는 방법에는 가격 제안이 있다고 설명했다. 내가 판매로 내놓은 NFT 작품에 가격 제안이 들어왔을 때 금액의 단위에 쓰이는 쉼표(,)와 소수점에 쓰이는 점(.)을 착각해서 당하는 사기가 있다. 잠깐 보면 쉼표와 점이 비슷해 보이기에 제안 가격을 착각해서 얼른 승인하는 경우가 있다. 대부분의 소수점 사기는 지정가보다 더 높은 제안가를 써 올리는 경우가 많다. 그러기에 얼씨구나 하고 금방 승인해버리는 것이다.

- **판매 가격:** 75,000 = 칠만오천
- **제안 들어온 가격:** 85.000 = 팔십오쩜영영영 = 85

예에서 보면 쉼표와 점을 착각해서 85,000(팔십오쩜영영영)을 85,000(팔만오천)으로 착각할 수 있다. 그렇게 착각하고 오퍼에 대한 승인을 덜컥해버리는 경우가 생각보다 많다. 그렇게 하면 75,000−85= 74,915를 손해 보게 되는 것이다. 쉼표와 소수점의 차이에 유의하기를 바란다.

히든(Hidden)에 나도 모르는 NFT는 조심하기: NFT 무료 선물을 받게 되면 나의 프로필 Hidden에 NFT가 들어오게 된다. 어느 날 나의 Hidden에 나도 모르는 NFT가 들어와 있는 경우가 있다. 요즘 들어 이런 현상이 빈번하다. 이렇게 들어온 NFT는 누군가가 나의 지갑 주소로 스팸 해킹 NFT를 보낸 것이다. 당신의 메타마스크 주소를 알고 있다면 해킹 NFT를 전송하는 것은 비교적 쉬운 일이다. 그 NFT를 클릭하는 순간 내 메타마스크 지갑이 털리게 된다. Hidden에 들어와 있는 NFT를 절대 클릭해서는 안 된다. 단, 내가 알고 있는 NFT 선물이 Hidden으로 들어오는 경우도 있으니 들어와 있는 NFT가 모두 해킹은 아니다. 나도 모르는 낯선 NFT를 조심해야 한다.

Hidden에 NFT 선물이 1개 들어와 있는 상태

자료: 오픈씨

더 알아보기

콜드 월렛
(cold wallet)

가상화폐를 보관하고 거래하기 위한 지갑은 크게 '핫 월렛'과 '콜드 월렛'으로 나누는데, 그중 콜드 월렛은 오프라인에서 동작하는 지갑으로 하드웨어 지갑과 USB 보관 형태 등이 있으며 인터넷에 연결되어 있지 않기 때문에 해킹이 거의 불가능하다.

그 밖에 가상지갑 스캠 사례: NFT 스캠뿐 아니라 메타마스크 등 가상지갑 스캠이나 해킹 사례도 많다. 가상자산 거래가 많아짐에 따라 개인 가상지갑을 누구나 갖고 있고 그 안에는 많은 코인을 가지고 있을 수도 있다. 아래와 같은 경우는 당신의 지갑을 노리는 스캠 해킹일 경우가 많으므로 절대 주의해야 한다. 방심하는 순간 당신의 지갑이 털린다. 이런 일은 너무도 빈번하게 발생하고 있다.

- 평소 지갑으로 로그인하던 사이트를 완전 동일하게 위장해서 로그인 시 시드 구문 입력을 요구.
- 나도 모르는 NFT 선물이 오픈씨 Hidden 메뉴에 들어와 있고 클릭을 유도.
- 디스코드에 DM 메시지가 들어와 혜택을 준다며 특정 url 클릭을 유도.
- 이메일로 오픈씨 공지를 가장한 내용으로 특정 url 클릭을 유도.
- 그 외 어떤 사이트든 어떤 상황이든 시드 구문 입력을 요구한다면 주의.
- 보다 더 안전한 USB 형태의 하드웨어 콜드월렛 사용을 권장.

콜드월렛의 예

자료: 렛저

CHAPTER 5

NFT 수익화 세 번째
'NFT 크리에이터 되기'

01 NFT 크리에이터란?

NFT로 수익화를 하는 방법에 대해 작품을 만들어 파는 방법과 작품에 투자하는 방법까지 알아보았다. 개인적으로 예술 작품을 만들어 파는 직군을 'NFT 아티스트'라고 칭하고 메타버스나 게임에서 쓰이는 디지털 재화를 만들어 파는 직군을 'NFT 크리에이터'라고 칭하고 있다. NFT 아티스트의 대표적인 예는 작가 비플을 들 수 있겠다. NFT 크리에이터로 아직까지 널리 알려진 인물은 없으나 NFT 크리에이터는 메타버스나 P2E 게임에 사용되는 건물이나 아이템, 캐릭터 등을 창작해서 NFT로 발행해 수익화를 하는 부류를 일컫는다. 예술보다는 실용에 가까운 디지털 재화를 생산해서 수익을 창출하는 일을 한다. 일종의 NFT 디자이너인 셈이다.

NFT 크리에이터가 만든 재화는 메타버스 내에 월드를 꾸미는 용도로 사용되거나 P2E 게임에서 활동하는 캐릭터가 되기도 하는 등 그 쓰임새가 분명하다. 단순히 감상용 작품이 아닌 실용으로 사용되는 사용처가 분명하

NFT 아트(왼쪽)와 NFT 크리에이터의 작품(오른쪽) 비교

자료: 크리스티 / bongpop_voxel 인스타그램

게 있는 것이다. NFT 크리에이터가 만든 NFT들은 메타버스나 P2E게임 플랫폼 내에 있는 전용 마켓에서 전용 코인으로 거래되며 그렇게 벌어들인 코인은 업비트와 같은 거래소에서 현금화할 수 있다.

이전에 알려진 크리에이터로는 유튜브 크리에이터 정도가 있었지만 그 뒤를 이을 크리에이터로 NFT 크리에이터가 점쳐지고 있다. 현재 유튜브 크리에이터는 이미 포화 상태로 경쟁도 심하고 광고 수익을 얻기까지 힘든 과정을 겪어야 한다. 그러나 NFT 크리에이터는 아직 초기의 형태로 지금부터 미리 선점한다면 유튜브 시장 초기 선점 효과와 같은 혜택을 누릴 수도 있다.

NFT 크리에이터는 NFT 아티스트와는 다르게 예술 작품을 만드는 것이 아닌 실용적으로 쓰이는 것들을 만든다는 점에서 어쩌면 NFT 아티스트보다 더 현실적이며 거품이 덜하다고 볼 수 있다.

02 P2E 게임 이해하기

　　NFT 크리에이터의 가치를 알기 위해서는 P2E_{Play to Earn}(돈 버는 게임) 게임에 대해 이해해야 한다. 이전의 게임들은 돈을 지불하며 아이템을 뽑고 강화를 하며 플레이를 했었다. 그러나 P2E 게임은 게임 안에서 코인을 채굴하고 미션을 클리어해서 코인으로 보상받고 게임에 쓰이는 NFT를 만들어 또 다른 코인을 번다. 이렇게 벌어들인 코인은 거래소에서 현금화할 수 있다. 게임을 하며 돈을 벌 수 있게 된 것이다.

　　이렇게 게임이 진화하면서 단순히 시간 때우기였던 과거의 게임들이 이제는 생계의 수단으로까지 확장되었다. 그 예로 몇 가지를 알아본다.

　　엑시인피니티: 엑시인피니티는 베트남의 스카이마비스사에서 만든 P2E 게임으로 P2E 게임 최초의 성공 역사를 써냈다. 필리핀에서는 본 게임에서 벌어들이는 소득이 국민 월 평균 수입보다 많아지는 사례들로 선풍적인 인

엑시인피니티 플레이 화면

자료: 엑시인피니티

기를 얻으며 국민게임으로까지 불렸다. 그 이후로 게임 제작사와 유저들은 P2E 게임에 관심을 갖게 되고 국내 게임사들도 P2E 게임을 개발하기에 이른다. 엑시인피니티 내에 일부 재화들은 NFT화되어 거래된다. 엑시인피니티의 게임 방법을 간단하게 알아보자.

엑시인피니티 게임을 진행하기 위해서는 다른 유저로부터 한 마리당 약 30만 원 가치의 이더리움으로 엑시 캐릭터 3마리를 구입해야 한다. 그 캐릭터들로 전투를 하는 것이 게임의 핵심이며 전투 방식은 턴제로 돼 있다. 그 전투에는 아래와 같이 두 가지로 나뉜다.

- **PVE(플레이어 vs. 컴퓨터) 대전:** 승리하면 SLP코인 획득. 하루 50개 제한
- **PVP(플레이어 vs. 플레이어) 대전:** 승리하면 SLP코인 획득. 무제한

두 가지 방식 중에 선택해서 전투를 하며 SLP코인(엑시인피니티 전용 코인)을 획득하게 되고 그 SLP는 바이낸스 거래소에서 현금화할 수 있다. 이렇게 벌어들이는 한 달 수입이 월급보다 많아서 동남아에서는 국민게임이 되기에 이르렀다. 엑시인피니티의 흥행으로 제작사 스카이마비스는 한때 전 세계 게임사 시총 5위를 기록하기도 한다.

대표적인 P2E 게임으로 엑시인피니티를 들었지만 한국의 미르4와 같은 국산 P2E 게임도 있다. 이제는 셀 수 없이 많은 P2E 게임들이 쏟아져 나오고 있는 상황이다. 출시를 대기하고 있는 P2E 게임들도 무수히 많고 앞으로는 P2E가 아니면 게임 시장에 발을 들여놓기 힘든 분위기가 되었다.

더 샌드박스: 더 샌드박스는 세계 유일의 진정한 탈중앙 NFT 활용 메타버스 게임 플랫폼이다. 메타버스, 게임, NFT 등 가장 트렌디한 이슈들이 총망라되어 있다고 봐도 무방하다. 유저가 게임을 직접 만들어 서비스하며 샌드SAND 코인(더 샌드박스 전용 코인)을 벌 수도 있고, NFT 아이템을 만들어 전용 마켓에 팔아서 샌드 코인을 벌 수도 있다. 이렇게 얻은 샌드 코인은 업비트 같은 거래소에서 현금화할 수 있다.

아직은 정식 오픈되지 않았지만 얼마 전 열린 알파오픈에서 반응이 뜨거웠다. 그로 인해 아직 오픈도 안 한 더 샌드박스의 샌드 코인이 한때 폭등하기도 했었다. 더 샌드박스는 게임을 하면서 돈도 벌고 NFT 아이템을 만들어서 수익화를 할 수 있는 가장 현실적이고 유일한 메타버스 플랫폼이다. 그렇기에 더 샌드박스 크리에이터가 되기 위한 지원이 줄을 잇고 있다. 지금으로서는 더 샌드박스의 테스트를 통과한 자만이 크리에이터가 될 수

더 샌드박스 타이틀

자료: 더 샌드박스

있고 NFT 재화를 만들 자격이 주어진다. 이후 더 샌드박스 정식 서비스가 시작된다면 누구에게나 크리에이터의 길을 열어준다는 것이 더 샌드박스의 계획이다.

　더 샌드박스의 공식 크리에이터는 전 세계적으로 약 200~300명 정도가 있으며 한국의 크리에이터들도 점점 늘어나고 있는 추세다.

가장 현실적인
NFT 크리에이터의 일터는?

더 샌드박스에 대해 설명을 더 하고자 한다. 가장 유력하고 유일한 NFT 크리에이터의 일터가 될 것이기 때문이다. 그전에 다른 메타버스나 그 외 플랫폼에서 활동하는 다른 종류의 크리에이터들을 살펴보겠다.

- 유튜브 크리에이터: 레드오션의 극치
- 로블록스 크리에이터: 단순 UGC로 NFT가 아님
- 제페토 크리에이터: 단순 UGC로 NFT가 아님

유튜브 크리에이터는 극한의 직업이다. 현실적인 수익을 얻기 위해서는 동영상 한 편당 광고를 3개 이상 붙여야 하는데 그렇게 하기 위해서는 영상 길이가 적어도 10분을 넘겨야 한다. 10분짜리 영상을 만들기 위해서는 촬영만 3시간에 편집만 6시간 정도가 걸리며 그렇게 만든 영상을 일주일에 최소 3개 이상 업로드해야 알고리즘에 노출될 확률이 높아진다. 그것도 처음부터 그렇게 할 수 있는 것이 아니다. 구독자 1,000명에 시청 시간 4,000시간이라는 조건을 달성해야 광고 수익 자격이 부여된다. 그전에는 아무리 정성 들여 영상을 만들어 올려도 10원 한 푼 들어오지 않는다. 이제 더 이상 유튜브는 노다지의 땅이 아니다. 초등학생, 할아버지, 할머니들도 경쟁 상대로 나선 상황이다.

로블록스는 가장 널리 알려진 메타버스 게임 플랫폼으로 주식 시장에 상장까지 돼 있지만 로블록스 내에서 아이템을 만들어 공급하는 크리에이터들은 NFT를 만드는 것이 아니다. 단순히 UGCUser Generated Contents(사용자 제작 콘텐츠)일 뿐이다. NFT가 아니라면 어떤 문제가 발생할까? 게임 서비스를 종료하고 서버를 내려버리면 내가 가지고 있는 아이템들은 공중 분해가 된다. 아무도 보상해주지 않는다. 그러나 게임 아이템이 NFT화되어 있다면 내 가상지갑에 저장되어 영구 보존된다. 호환이 가능하다면 다른 게임에서 사용할 수도 있고 오픈씨와 같은 2차 마켓에서 계속 거래할 수도 있다. NFT로 제작된 디지털 재화만이 그 가치가 영구 보존된다. 더구나 로블록스는 거래소에 상장된 전용 코인도 없다. 게임 안에서만 통용되는 로벅스라는 화폐만 있을 뿐이다. 당연하게도 오픈씨에는 로블록스 관련 NFT가 없다. NFT 기술 지원 자체가 안 되기 때문이다.

제페토는 네이버의 계열사인 네이버Z에서 만든 성공적인 국산 메타버스 플랫폼이지만 제페토 역시 단순한 UGC일 뿐 NFT가 아니다. 그리고 제페토의 UGC는 대부분이 캐릭터에 장착하는 의상들로 그 다양성이 폭넓다고는 볼 수는 없다. 마치 인형놀이에서 인형 옷 만들기의 느낌이 전부이다. 제페토 역시 NFT는 없으며 거래소에 상장된 전용 코인도 없다. 게임 안에서만 통용되는 젬만 있을 뿐이다. 제페토도 역시 오픈씨에서 NFT 상품을 찾아볼 수는 없다.

> • **더 샌드박스:** 메타버스 + 게임 + NFT + 상장 코인 SAND

반면, 더 샌드박스는 메타버스와 게임과 NFT와 거래소에 상장된 코인까지 모두 결합된 유일한 플랫폼이다. NFT 크리에이터가 활동할 최적의 장소이며 가장 적합한 일터가 바로 더 샌드박스라고 단언하는 이유다. 짐작해보면 더 샌드박스는 유튜브 크리에이터의 황금기를 이을 노다지 중의 노다지, 미래의 보물섬이라고도 할 수 있겠다.

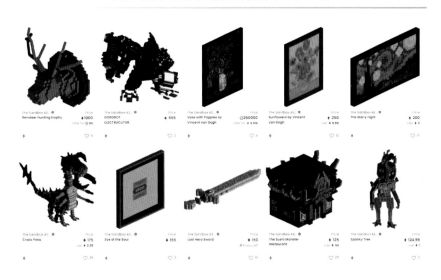

오픈씨에서 거래되고 있는 더 샌드박스의 NFT들

자료: 오픈씨

앞의 이미지에서 오픈씨에서 거래되고 있는 더 샌드박스 NFT 아이템들의 어마어마한 가격을 볼 수 있다. 아직 정식 서비스 오픈 전임에도 이러한 분위기가 이미 형성돼 있다. 2023년에 정식으로 서비스가 오픈된다면 신흥 갑부가 여기서 탄생할 것으로 예상되기도 한다. 이는 유튜브 크리에이터가 밟아왔던 성공 사례와도 유사함을 느낄 수가 있다. 몇 년 전 9시 뉴스에서 유튜버로 활동하는 '보람튜브'의 6세 어린이가 청담동 건물을 95억 원에 매입했다는 소식이 알려지면서 화제가 됐다. 아마도 그 뉴스를 접한 계기로 유튜브를 시작한 사람들도 많았을 것이다. 필자도 조금은 흔들렸었다. 그러나 유튜브를 시작한 사람들은 생각보다 힘들고 어려운 현실에 실망도 많이 했을 것이다.

무엇이든 시장 초기에 진입하는 것이 경쟁을 피하는 가장 쉬운 방법이다. 위에서 언급한 보람튜브의 채널 정보를 보면 2012년 2월에 유튜브를 시작했음을 알 수 있다. 2012년은 유튜브가 이렇게 뜨거워지기 이전이다. 지금처럼 너도나도 채널을 운영하지 않았고 국민 대다수가 유튜브를 시청하지도 않았었다. 보람튜브는 운이 좋아서 큰 성공을 거둔 것이 아니라 초반에 진입했기 때문에 경쟁자가 지금보다 월등히 적을 때 비교적 쉽게 기반을 다질 수 있었던 것이다. 과연 지금처럼 어린이 채널이 포화된 상태에서 보람튜브가 시작됐다면 지금만큼의 성공을 거둘 수 있었을까? 보람튜브의 사례에서 생각해보면 지금 NFT 크리에이터를 시작한다는 것은 미래의 신생 시장에 쉽게 기반을 다지는 행운의 기회인 것이다. 어쩌면 유튜브 크리에이터의 뒤를 이어 NFT 크리에이터가 건물을 매입하는 시대가 도래할지도 모를 일이다. 지금 NFT 크리에이터가 될 수 있는 기회는 누구에게나 열려 있다.

'더 샌드박스' 크리에이터
지원 방법

앞서 이야기했듯이 더 샌드박스 크리에이터가 되기 위해서는 일련의 시험을 통과해야만 가능하다. 이는 더 샌드박스가 원하는 일관된 스타일과 NFT의 질을 관리하기 위함이다.

더 샌드박스는 메타버스와 게임과 NFT가 합쳐진 종합 플랫폼이다. 현존하는 유사 플랫폼 중 가장 완성도가 높으며 기업들의 참여가 활발한 플랫폼이다. 본 플랫폼에서는 유저가 직접 창작하는 UGC를 NFT화하여 자체 마켓플레이스에서 판매가 가능하며 2차 마켓인 오픈씨에서도 판매가 가능하다.

더 샌드박스는 아직 정식 서비스 전이며 2023년도 중에 정식 서비스가 시작될 것으로 예상하고 있다. 더 샌드박스에서는 넓고 광활한 월드를 고품질의 콘텐츠들로 채우기 위해 크리에이터를 모집하고 양성하고 있다. 현재 전 세계 더 샌드박스 크리에이터는 약 200~300명 정도가 되며 국내에서도 관심이 뜨겁다.

더 샌드박스 마켓플레이스에서 NFT를 판매하기 위해서는 본사의 테스트를 통과한 크리에이터만이 가능하다. 그런 크리에이터들을 선별해서 지원을 해주기 위한 프로그램을 CF_{Creator Fund}라고 하며, 더 샌드박스 내에서는 크리에이터를 역시 CF라고 부른다. CF가 되기 위한 경쟁은 매우 치열해서 무려 4,000명이 넘게 지원하는 등 국내에서도 관심이 뜨겁다.

지금은 더 샌드박스가 정식 오픈 되기 전에 미리 크리에이터가 되어 전용 마켓을 선점할 수 있는 좋은 기회다. 이것은 마치 이미 레드오션이 된 유튜브 크리에이터를 선점하지 못했던 후회를 보상해줄 절호의 찬스와도 같다. 새로운 시장이 열리게 되면 그 시장을 선점만 해도 이후에 많은 돈을 벌 수 있는 가능성이 매우 커진다. 그 가능성을 눈치챈 사람들은 더 샌드박스 CF 지원에 서둘러 줄을 서고 있다.

더 샌드박스 CF에 지원하기 위해서는 정해진 양식의 웹페이지에 내용을 입력하고 제출해야 한다. 이것이 더 샌드박스 크리에이터가 되는 첫 단추다. 그 방법을 하나씩 알아보자.

바로 가기

더 샌드박스
크리에이터
지원 접수 페이지

더 샌드박스
공식 카페

① 더 샌드박스 코리아가 진행하는 크리에이터 펀드 한국 지원 접수 공식 페이지에 접속한다. 이전에는 더 샌드박스 본사 공식 사이트에서 접수를 받았으나 현재는 한국지사가 접수를 받고 있다. 본사에서 총괄 운영하던 CF 업무를 한국지사가 독립 운영하는 과정에 있으므로 접수 페이지의 url 변경이나 정책에 약간의 변동이 있을 수도 있다. 만약 지원 접수 페이지에 접속이 안 된다면 더 샌드박스 코리아 공식 카페에서 CF 지원 정보를 찾아본다. 더불어, 더 샌드박스의 CF 모집 정책은 언제든지 변경될

수 있음을 미리 밝힌다.

② CF 지원 페이지에 접속하면 아래와 같은 내용이 나온다. 더 샌드박스 CF 운영을 본사에서 한국지사로 이전하는 과정에서 이제는 한국에서 한글로 CF 지원 접수를 받고 있다. 예전에 영어로만 돼 있던 지원 페이지가 이제는 모두 한글로 돼 있기 때문에 훨씬 쉽게 지원할 수 있다.

더 샌드박스 CF 지원 페이지의 모습

크리에이터 펀드 한국

지원 양식

더 샌드박스의 크리에이터 펀드 한국은 국내 복셀 아티스트를 지원하는 펀드입니다.

더 샌드박스 재단에서 지원하는 이 프로그램은 마켓플레이스에 고품질 Voxel NFT를 공급하는 것을 목적으로 합니다. 더 샌드박스에서는 이를 위해, 선택된 아티스트들을 지원하고 복셀아트를 제공받습니다.

이 양식을 제출하시면 크리에이터 펀드 담당자가 지원서를 평가하고 승인합니다. 승인되신 분들께는 크리에이터 펀드팀에서 따로 연락 드리게 됩니다.

크리에이터 펀드에 대해 자세히 알아보려면 여기를 확인해 주세요.

이 지원양식은 복셀 아티스트가 크리에이터 펀드에 신청할 수 있는 전용 양식입니다.
더 샌드박스와 보다 다양한 파트너쉽을 원하신다면
partnership_korea@sandbox.game으로 연락 부탁드립니다.

더 샌드박스 컨텐츠개발에 지원 원하시는 경우 게임메이커펀드를 찾아 주십시오.

*깃북 페이지는 국문 번역 중입니다. 번역 완료 시 한국어 페이지로 교체 예정입니다.

자료: 더 샌드박스 공식 카페

③ 아래 양식의 빈 칸에 하나씩 입력한다. 중요한 것은 구글 지메일Gmail을 사용해야 한다는 것이다. 글로벌 프로젝트인 만큼 CF 업무 폼은 구글드라이브와 구글 문서 양식을 주로 사용한다. 지메일을 사용하지 않으면 CF 업무에 혼선이 발생할 수도 있다. 양식 입력 전에 지메일 계정을 먼저 만들어야 한다.

더 샌드박스 CF 지원서 양식

성명 *

실명만 사용해 주세요!

이메일 주소 *

*구글 이메일을 선호합니다.

출생년도 *

예) 1991

성별

거주 지역

예)경기도 광주 / 서울시 서초구

복셀아트 포트폴리오 URL (링크) *

복셀 아트 포트폴리오가 없다면 신청을 할 수 없습니다. *인스타그램, 아트스테이션을 통해 포트폴리오를 제출해 주세요.

추가 정보

Type here...

복셀아트와 관련된 간단한 자기소개 부탁 드립니다.

자료: 더 샌드박스 공식 카페

복셀아트 포트폴리오의 예

자료: bongpop_voxel의 인스타그램

더 알아보기

복셀아트(Voxel Art)

3D 픽셀로 만들어진 3D 오브젝트로 더 샌드박스에서는 복셀아트 제작을 위한 무료 툴을 제공하고 있다.

바로 가기

복셀에디트 다운로드하기(무료)

④ 그다음에 중요한 것은 복셀아트Voxel Art 포트폴리오 인스타그램 URL이다. 사실상 이 포트폴리오가 1차 합격 여부를 가리게 된다. 포트폴리오가 통과되면 2차 실기 시험을 치르게 된다. 1차 포트폴리오가 통과될 정도라면 웬만하면 2차도 통과될 가능성이 높다. 2차 실기 시험을 통과할 만한 사람을 1차에서 합격시키기 때문이다. 그만큼 포트폴리오를 잘 만들어야 한다는 이야기다.

이해를 돕기 위해 복셀아트에 대해 조금 더 설명한다. 복셀아트를 쉽게 설명하자면 흡사 레고 블록을 떠올리면 된다. 더 샌드박스에서는 복셀아트를 만들기 위한 무료 전용 툴 '복스에디트VoxEdit'를 지원하기 때문에 복셀아트 작업에 대해 걱정하지 않아도 된다. 단, 복스에디트 공부는 따로 필요하다.

⑤ 복셀에디트를 이용해서 자신이 만든 복셀아트 이미지를 인스타그램에 업로드하고 그 URL을 지원서에 입력하면 된다. 인스타그램 포트폴리오 계정은 앞에서 만들어놓은 지메일로 따로 하나 만들어서 사용하기를 권한다. 더 샌드박스와의 소통 메일, 인스타그램 계정, 더 샌드박스 사이트 가입 이메일을 지메일 하나로 통일해서 사용해야 혼동되지 않는다.

⑥ 미루어 생각해보면 지원 양식 기입 전에 사실상 인스타그램 포트폴리오가 먼저 준비돼 있어야 한다. 포트폴리오 URL을 입력했으면 다음에는 자기소개를 작성한다. '복셀아트를 왜 좋아하게 됐는지?' 더 샌드박스 CF 지원 동기, 자신의 자랑할 만한 이력 사항 등을 입력한다.

입력을 모두 마쳤으면 약관 동의에 체크하고 제출하면 지원서 작성이 끝이 난다. 제출한 내용에 대한 1차 합격 여부는 지원서에 입력된 이메일로 오게 된다. 물론 불합격 시에도 회신은 온다.

'더 샌드박스' 크리에이터
시험 과정

더 샌드박스 CF 지원에 대한 시험 과정은 아래와 같이 크게 두 단계다.

- 1차 포트폴리오 심사
- 2차 복셀아트 실기 시험

1차 포트폴리오 심사에서는 작품의 독창성과 아름다움, 다양성, 게임 적용 가능 여부, 완성도, 더 샌드박스 스타일 등에 적합한지 정도를 본다. 포트폴리오를 만들기 위해서는 더 샌드박스에서 제공하는 복셀아트 전용 툴인 복스에디트를 사용해야 한다.

인스타그램 포트폴리오 작품 개수는 보통 25~30개 정도면 적당하다. 다만, 비슷비슷해 보이는 작품들보다 다양한 작품으로 선보이는 것이 유리하다. 다양한 테마와 다양한 크기, 작품마다 구별되는 색감으로 구분해서 최

복스에디트 제작 화면

자료: 복스에디트

대한 다채로운 작품으로 중복 없게 솜씨를 보여주는 것이 핵심이다.

1차 포트폴리오 심사를 통과했다면 2차 테스트 진행 여부를 묻는 이메일이 오게 된다. 그에 동의하면 2차 테스트 과제가 이메일로 오게 된다. 단, 2차 테스트의 구체적인 내용은 NDA(기밀유지 협약)로 외부 유출이 안 되므로 자세한 설명은 할 수가 없음을 양해 바란다. 다만, 2차 테스트를 통과할 만한 사람들을 1차 포트폴리오에서 가려내기 때문에 1차 포트폴리오를 통과한 실력을 가지고 테스트 주제와 맞게 완성도 높은 작품을 제출한다면 2차도 통과할 수 있는 가능성이 높다.

처음 해보는 실기 시험이겠지만 긴장할 필요는 없다. 긴장보다는 노력을 더 많이 하자. 테스트 제출 기한보다 조금 더 일찍 결과물을 제출하면 수정사항을 피드백해주기도 한다. 그 내용을 잘 보고 다시 수정해서 제출하면 합격에 가까워진다. 한 번에서 두 번 정도의 수정 기회를 받게 되는데, 제출 기한보다 일찍 제출해야 피드백을 여러 번 받을 수 있어서 그만큼 더 유리하다. 더 샌드박스에서는 CF 지원 테스트를 거쳐 많은 CF를 양성하는 것이 목적이기에 합격에 도움이 되도록 적극적으로 수정사항을 알려주고 있다. 시험에 떨어뜨리는 게 목적이 아닌 보다 많은 사람들을 합격시키는 게 목적이다. 모든 과정은 친절하고 상세하게 진행된다.

그렇게 2차 테스트까지 통과하게 되면 CF 계약서 이메일이 오고 잘 읽은 후 서명해서 회신하면 합격 절차는 끝나게 된다. 합격 이후에는 더 샌드박스와 같이 일하기 위한 온보딩 절차를 밟게 된다. 본격적으로 공식 CF들과 작업을 할 수 있게 된 것이다.

'더 샌드박스' 크리에이터 합격 비밀 노하우

더 샌드박스 CF 지원의 합격 비밀 노하우는 크게 심미적인 면과, 기능적인 면 등이 있다. 합격 비밀 노하우는 그 어디에도 공개되지 않은 내용으로 CF 합격자인 필자가 직접 알려주는 내용이다. 본 책값의 본전을 수십 배로 뽑고도 남을 고급 정보가 되겠다. 그 내용들을 하나씩 살펴보자. 잘 보고 유의해서 작업한다면 높은 확률로 합격할 수 있다.

다양한 포트폴리오 구성: 더 샌드박스는 몇 개의 세계관을 규정하고 있다. 그 테마는 '원시, 중세, 좀비, 메카닉Mechanic(기계적인)'이다. 조금 더 확장해 본다면 메타버스의 세계도 구현해야 하기에 현대의 일상까지도 포함되겠다. 포트폴리오로 만들 것들의 테마는 더 샌드박스가 원하는 테마 안에 있어야 한다. 다른 테마를 결합한 형태도 추천된다. 예를 들어 '좀비+메카닉'으로 믹스된 형태도 좋다. 이와 같은 주제로 작품들을 만들고 약 25~30개 정도를 인스타그램에 업로드한다.

각각의 테마 주제로 개수를 나눠서 작업하면 다양하게 보일 수도 있고 많은 것을 보여줄 수 있다. 그리고 사람, 동물, 기계, 사물, 탈것, 아이템 등으로 세분화해서 좀 더 다양하게 보일 수 있도록 작품들을 구성한다. 사이즈도 대형 사이즈부터 중간 사이즈, 작고 귀여운 사이즈까지 다양하게 작업한다.

완전하게 창작된 작품도 괜찮고 복스에디트에서 제공하는 템플릿을 사용해도 좋다. 사실 템플릿을 사용하게 되면 적은 노력으로 꽤나 잘 만든 작품처럼 보일 수도 있고 템플릿 사용 능력까지 검증받을 수도 있다. 포트폴리오 작품 중 일정 비율은 템플릿을 사용하지 말고 또 일정 비율은 템플릿을 사용해보기를 바란다. 좀 더 다양하게 보일 수 있다.

여기서 템플릿이란, 더 샌드박스 게임 안에서 구동되기 위해 사이즈와

복스에디트의 템플릿 화면

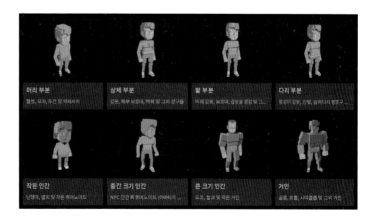

자료: 복스에디트

애니메이션 등을 규격화한 인간형 아바타나 동물 등을 말한다. 규격화가 돼 있지 않다면 건물이나 계단 등의 크기와 게임의 룰 등 전체 규약을 만들기 어렵다. 제공되는 템플릿은 사람, 동물, 무기, 문 등이 있으며 마치 미리 준비된 하얀 마네킹에 그림을 그리듯 쉽게 창작할 수 있는 기반이 되어준다. 단, 주의할 점은 템플릿을 사용해서 작업할 경우 단순히 컬러만 바꾸는 정도는 감점 요인이 된다. 템플릿에 어떤 요소라도 추가로 변화를 줘야 한다. 가령 인간 템플릿을 사용하는 경우 옷도 입혀야 되겠지만 모자나 백팩 등을 추가로 덧대어 작업해야 좋은 반응을 얻을 수 있다.

인스타그램 포트폴리오 구성의 예로 27개를 살펴보자. 다음 페이지에 인스타그램 레이아웃과 동일하게 가로열을 3칸으로 구성해서 만들어보았다. 포트폴리오 구성의 예를 잘 보고 자신과 적합한 구성을 따로 만들어보기를 바란다.

규정에 따른 작업: 1차 포트폴리오를 통과하고 2차 테스트를 시작하게 되면 더 샌드박스는 복셀아트 작업 규정에 대한 문서를 제공한다. 그 안에 여러 가지 자세한 작업 규정들이 있다. 이 또한 NDA이기 때문에 여기서 공개할 수는 없다. 모두가 시험에서 공정해야 하기 때문이다.

주 내용은 사이즈에 대한 규정, 컬러에 대한 규정, 애니메이션에 대한 규정, 기능의 오류, 시각적 오류 등등이 있다. 그러한 규정들을 반드시 지켜야 한다. 더 샌드박스에서 제공하는 복셀아트 규정에 대한 내용을 허투루 보면 절대 안 된다. 꼼꼼하게 모든 것을 체크하고 외워야 한다. 2차 테스트 결과물 제출 후에 받게 되는 대부분의 피드백이 규정에 어긋난 내용들에 해

아바타 (템플릿)	드래곤 (템플릿)	상어 (템플릿)
컴퓨터 책상	자동차	조류 (템플릿)
로봇 인간 (템플릿)	로봇 개 (템플릿)	중형 가전
대형 박쥐	좀비 (템플릿)	좀비 개 (템플릿)
마녀 (템플릿)	호러 나무	할로윈 장식품
중세 용 (템플릿)	중세 고성	중세 기사 (템플릿)
중세 투구	중세 방패	중세 칼
원시 탈것	원시인 (템플릿)	원시 공룡 (템플릿)
원시 늑대 (템플릿)	원시 돌도끼	원시 칼

당된다.

제출 후 1~2번의 수정 기회가 있지만 모든 규정을 잘 지켜서 제출한다면 한번에 합격할 수도 있다. 2차 테스트 시 제공되는 문서를 반드시 꼼꼼하게 모두 숙지해야 한다. 더 샌드박스 심사는 생각보다 깐깐하고 치밀하다는 것을 알아야 한다. '이 정도면 되겠지?'라는 생각은 불합격의 지름길임을 명심하자.

미술적인 측면:

a. 비례: 전체 쉐입의 비례가 중요하다. 이는 템플릿을 사용하지 않은 작업에 해당된다. 3D도 2D와 마찬가지로 전체 구도에서 면적과 무게에서 느

가상의 선을 그어보면 비례를 감안할 수 있다

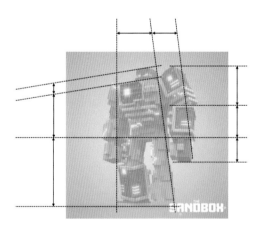

자료: bongpop_voxel 인스타그램

껴지는 균형감이 있어야 한다. 가상의 선을 그어보고 황금 비율에 준한다면 성공이다. 그러한 비율은 보기에도 균형 잡혀 보이고 좋은 느낌을 준다. 만들어놓은 작품이 어딘가 어설프게 보인다면 대부분 비례가 맞지 않은 것이다. 전체 비례를 맞춰 놓은 다음에 컬러를 신경 써야 한다. 비례보다 컬러가 먼저일 수는 없다.

b. 통일: 컬러를 사용할 때는 계통색으로 통일감을 갖추는 것이 기본이다. 서로 어울리지 않는 컬러를 사용하게 되면 조잡하고 어수선하며 좋은 느낌을 줄 수 없다. 컬러만 통일해서 잘 사용해도 전체적인 분위기가 만들어지고 완성도가 높아진다. 과격하게 서로 충돌하는 컬러 텍스처는 눈살을 찌푸리게 한다. 결코 좋은 점수를 받을 수 없다.

c. 변화: 변화 없는 통일은 자칫 밋밋해지고 완성도가 떨어져 보일 수 있

통일된 컬러와 통일되지 않은 컬러의 비교

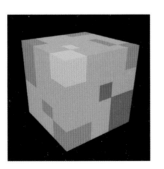 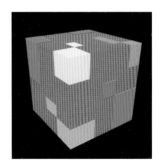

통일된 컬러   어수선한 컬러

변화 요소를 적용한 예

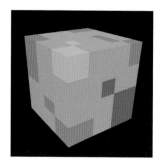 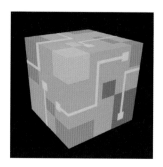

변화 없음   변화 요소 적용

다. 컬러의 통일은 기본으로 갖추고 변화의 요소를 넣어야 비로소 중간 단계의 완성도에 이른다. 단, 마구잡이식 변화보다는 어느 정도 규칙이 있는 변화가 좋다. 어울리지 않는 어색한 변화는 불편함을 준다.

d. 강조: 통일과 변화만 있으면 60%의 완성이다. 그 안에는 강조되는 주인공이 있어야 한다. 보기 좋은 그림과 사진에는 그 안에 반드시 주인공이 있다. 어떻게 보면 이 주인공을 위해서 통일과 변화 요소를 미리 깔아 놓은 것이기도 하다. 강조 요소까지 적용하게 되면 비로소 완성도를 높일 수 있다.

거의 모든 미술 작품에서 그것이 좋아 보이기 위한 요소는 구도, 통일, 변화, 강조이다. 이런 기초적인 요소를 잘 지켜가며 작업한다면 초보자라도 수준 있는 작품을 만들 수 있다.

주인공인 강조의 요소를 넣은 예

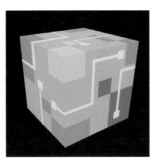

강조 없음

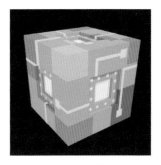

강조 요소 적용

기능적인 측면: 아직 게임에 적용될 작품들은 아니기 때문에 기능을 따지기란 이르지만 규약을 따르고 미술적인 요소까지 완벽하다면 그다음은 기능적인 측면에서 애니메이션을 넣어야 한다. 여기서 애니메이션이란, 가령 박쥐를 만들었다면 적어도 날갯짓하는 애니메이션 정도는 넣어야 후한 점수를 받을 수 있다는 것이다.

단, 템플릿을 사용한 작품에는 이미 애니메이션이 포함돼 있기 때문에 따로 애니메이션을 만들 필요까지는 없다. 혹자는 템플릿에 없던 애니메이션까지 추가하기도 하는데 물론 가능한 기술이지만 초보자에게는 고난이도의 테크닉에 해당된다. 물론 그것이 가능하다면 그렇게 해도 좋다. 높은 점수를 받을 수 있다.

여기서 애니메이션을 넣어야 한다는 의미는 템플릿을 사용하지 않은 작품에 해당된다. 애니메이션이 필요 없는 작품을 만들었다고 해도 애니메이션을 넣을 곳을 집요하게 찾아서 넣어야 한다. 애니메이션이 없는 작품으로는 합격을 기대하기 힘들다.

예를 들어 동물을 만들었다면 움직일 수 있는 곳이 많지만 움직일 만한 것이 없는 책상 등을 만들었다면 책상 위에 무엇이라도 움직일 만한 것을 추가해서 애니메이션을 넣어야 한다. 지구본이든, 모빌이든, 깜박이는 조명이든 말이다.

완성도: 완성도는 사실 위에 있는 모든 내용의 합이 된다. 완성도를 한 번 더 강조하는 이유는 '완성도=노력'이라는 것을 거듭 당부하기 위해서다. 미술적인 재능이나 3D 모델링 기술이 조금 미흡하더라도 '노력 점수'라는 것이 있다. 본인이 미흡한 부분이 있다면 적어도 노력하는 모습은 보여줘야 한다. 그 모습에서 심사자는 지원자의 미래 가능성을 찾을 수도 있다.

기본 완성도조차 안 되는 지원자도 무수히 많다. 던져보기 식의 지원은 지양해야 한다. 본인의 작품을 몇 시간 동안 바라보고 연구하자. 집요할 정도로 파고 들어서 디테일을 만들고 도저히 인간이 해낼 수 없는 경지의 작품을 만들어야 한다. 한 번 더 강조하지만, '이 정도면 되겠지?'라는 생각은 '그 정도면 탈락이다'라는 것을 두고두고 명심해야 한다. 지원자들은 생각보다 만만하지 않다. 그들은 더 샌드박스 크리에이터가 되기 위해 지금 이 시간에도 어디선가 칼을 갈고 있다.

더 샌드박스 크리에이터 시험에서 합격한 실제 CF들의 작품을 몇 개 감상해보자. 다음의 인스타그램들은 더 샌드박스에서 활동 중인 CF들의 작품이다. 그들이 표현하는 감각적인 재치와 시각적인 즐거움을 느껴보자.

바로 가기

bongpop_voxel
작품 보기

더 샌드박스 CF bongpop_voxel의 인스타그램

bongpop_voxel   프로필 편집 ⚙

게시물 45   팔로워 187   팔로우 14

shin-bongkoo
Voxel artist / TheSandBox Creator
#Voxel #VoxelArt #VoxelArtist #MagicaVoxel #VoxEdit #TheSandBox
#TheSandBoxGame #Lego

⊞ 게시물   ▷ 동영상   🔖 저장됨   🏷 태그됨

자료: bongpop_voxel 인스타그램

바로 가기

s7efavoxel
작품 보기

더 샌드박스 CF s7efavoxel의 인스타그램

s7efavoxel   메시지 보내기 👤✓ ∨ ⋯

게시물 214   팔로워 724   팔로우 143

S7efan0 🎮 IT
◆ @thesandboxgame Creator Fund Voxel Artist ◆
twitter.com/s7efavoxel
infinindy.ig, thesandboxgame uu.r_voxel님 외 6명이 팔로우합니다

⊞ 게시물   ▷ 동영상   🏷 태그됨

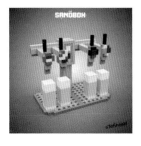  

자료: s7efavoxel 인스타그램

바로 가기

infinindy.ig
작품 보기

더 샌드박스 CF infinindy.ig의 인스타그램

infinindy.ig   메시지 보내기

게시물 85   팔로워 543   팔로우 1,012

INFININDY | ILLUSTRATOR
예술가
I'm a designer who lived by dogs and a cup of coffee.
opensea.io/collection/beckoningdoll

apoorvab89, ally v voxel, s7efavoxel님 외 4명이 팔로우합니다

▦ 게시물   ▷ 동영상   ▣ 태그됨

자료: infinindy.ig 인스타그램

바로 가기

eslaeles
작품 보기

더 샌드박스 CF eslaeles의 인스타그램

eslaeles   메시지 보내기

게시물 44   팔로워 405   팔로우 140

Laele
Voxel Artist at @thesandboxgame Creators Fund.
youtu.be/TpgvkiH5jiU

infinindy.ig, uu.r_voxel, apoorvab89님 외 3명이 팔로우합니다

▦ 게시물   ▷ 동영상   ▣ 태그됨

자료: eslaeles 인스타그램

NFT 크리에이터가 하는 일과
수익 구조

더 샌드박스 CF가 하는 일: 더 샌드박스 크리에이터 CF가 되면 몇 가지 자신의 정보를 이메일로 회신하고 CF 전용 디스코드 등에 초청받게 된다. 디스코드에서 CF 작업에 대한 공지와 이벤트 등의 정보를 얻을 수 있으며 한국에서는 공식 단체 카카오톡방에 초청되어 교류하고 작업에 대한 도움을 받는다. 이런 일련의 과정을 '온보딩On-Boarding'이라고 한다.

CF는 의무적으로 1달에 약 10개의 에셋Asset을 만들어 제출해야 한다. 만들어야 하는 에셋의 주제는 본사에서 제시한다. 때에 따라서는 자유 주제도 포함된다.

이렇게 월별로 제출한 에셋들은 CF 관리자가 검토 후 오류 등을 체크해서 승인을 하게 된다. 승인된 에셋은 마켓플레이스에 등록(판매 아님)되고 인보이스(청구서)를 제출하게 된다. 인보이스 검토 후 소정의 지원금인 샌드코인을 본인의 메타마스크 지갑으로 받게 된다.

더 알아보기

디스코드(Discord)

음성, 채팅, 화상통화 등을 지원하는 인스턴트 메신저로, 초창기에는 게이머들의 커뮤니케이션을 위해 개발되었으나 현재는 2,500만 이상의 사용자들이 자유롭게 이용하고 있다.

에셋(Asset)

'자산'이라는 뜻이지만 더 샌드박스에서는 복스에디트VoxEdit로 만들어진 재화를 말한다.

마켓플레이스에 등록된 에셋 중 본사에서 선정한 우수한 에셋은 판매 가능 상태로도 등록된다. 더 샌드박스 정식 서비스 이전에는 CF가 직접 마켓에 판매할 수는 없지만 추후 정식 서비스가 시작되면 본인이 만든 에셋을 마켓에서 직접 팔 수 있게 된다. 2차 마켓인 오픈씨에서도 판매가 가능해진다.

다시 한 번 시험 과정과 온보딩, 그리고 CF의 작업 과정을 나열해보면 아래와 같다.

> 1차 포트폴리오 합격 → 2차 테스트 합격 → 계약서 서명 → 온보딩 → 월 단위 에셋 작업 제출 → CF 관리자 검토 및 승인 → 마켓플레이스 등록 → 월 단위 인보이스 제출 → 인보이스 검토 및 승인 → 지원금 입금

NFT 크리에이터의 수익 구조: 더 샌드박스에서 NFT 크리에이터는 에셋을 만들어서 자체 마켓이나 2차 시장인 오픈씨에서 팔 수 있다. 자체 마켓에서는 샌드 코인으로 거래하고 오픈씨에서는 이더리움 등으로 거래된다. 그렇게 벌어들인 코인은 업비트 등의 거래소에서 현금화할 수 있다.

에셋을 구입한 유저들은 자신의 랜드나 게임 또는 아바타에 적용한다. 자신의 랜드에 게임을 활성하기 위해서는 고품질의 에셋을 다수 구입해야 하는 것이다. 이러한 순환 구조로 NFT 크리에이터는 수익을 얻게 된다.

에셋의 종류에는 건물, 설치물, 자연물, 탈것, 아바타, 무기, 동물 등이 있다. 더 샌드박스는 추후 약 5,000개의 게임을 공급할 예정이므로 그에 따라 매우 많은 개수의 에셋들이 필요하게 된다. 더 샌드박스에서 에셋은 반드시 필요하고 저렴한 소품부터 대형 사이즈의 유니크한 에셋까지 그 종류와 가

더 샌드박스 CF의 수익 구조

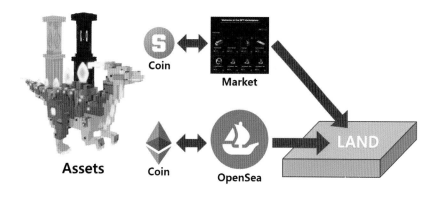

격이 다양하다.

더 샌드박스 크리에이터의 보상과 혜택: 앞서 설명한 대로 작업한 에셋에 대해서 그 우수함을 평가해 그에 맞는 소정의 지원금이 샌드 코인으로 지급된다. 이것이 CF에 대한 가장 기본의 보상이다.

그 외로 더 샌드박스는 정식 서비스 전까지 일종의 테스트 오픈인 알파오픈 행사를 진행한다. 알파오픈은 보통 분기별로 진행되며 행사 때마다 일종의 입장권인 '알파패스'를 CF들에게 지급한다. 알파패스를 소지한 유저는 알파오픈 월드 맵에서 클리어한 퀘스트에 따라 레어(희소성 있는) NFT 아이템과 코인 등을 무상으로 지급받는 혜택을 누린다. 이것은 오직 알파패스를 소유한 자만이 가능하다. 그렇기에 알파패스는 오픈씨에서 고가에 거래되기도 했다. 알파오픈에서 리워드로 지급받는 코인의 최대 규모는 보통

알파오픈 1에서 받은 리워드

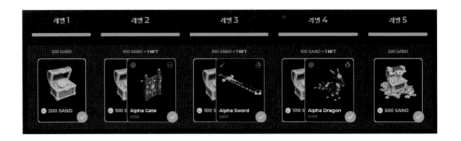

자료: 더 샌드박스

1,000SAND로 1SAND가 한화 약 6,000원이라고 가정했을 때, 600만 원의 지급을 받게 되는 것이다. 필자도 이미 알파오픈1에서 1,000SAND를 지급받았고 알파오픈2에서 1,000SAND를 또 지급받았다. 당시 시세로 환산하면 모두 한화 약 1,000만 원의 금액을 받게 된 것이다. 그 가치는 시세와 같이 반영되므로 앞으로도 계속 가격 상승을 기대할 수 있겠다. 그리고 당시 코인과 같이 지급받았던 레어 NFT 아이템 3개는 지금 당장이라도 오픈씨에서 판매할 수 있고 정식 오픈 뒤에는 그 가격이 고가로 형성될 것으로 예상된다.

알파패스 보상으로 지급받은 코인들은 현금화하지 않았으므로 상황이 좋다면 그 가치는 계속 오를 것이다. 지극히 개인적인 생각으로 적어도 10배는 오를 것으로 희망하기에 당시에 받은 코인과 레어 NFT 아이템 3개의 가치를 감안하면 높은 수익을 예상해볼 수도 있겠다. 더구나 앞으로 추가 알파오픈을 예고하고 있어서 그 보상을 여러 번 더 받을 수 있다.

그 외에도 더 샌드박스가 정식 서비스를 시작하게 되면 CF들에게 마켓

알파오픈 2에서 받은 리워드

LEVEL	1	2	3	4	5
TICKET **Raffle Tickets**	Raffle Ticket x30 **TICKET**	Raffle Ticket x50 **TICKET**	Raffle Ticket x80 **TICKET**	Raffle Ticket x120 **TICKET**	Raffle Ticket x220 **TICKET** + Memorabilia
Alpha Pass	120 SAND	60 SAND	60 SAND	60 SAND	200 SAND

자료: 더 샌드박스

더 샌드박스에서 크리에이터들에게 지급한 굿즈

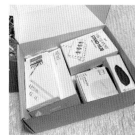

플레이스 판매 우선 혜택을 준다는 그림을 그리고 있다. 마켓을 우선 선점할 수 있는 절호의 기회인 것이다. 아마도 CF에 대한 혜택과 특장점 중의 하나가 선점일 것이다. 대부분의 CF 지원 동기와 목적은 시장 선점이다. 선점 외에도 후발 주자들에 비해 지금의 CF들은 초기부터 에셋 제작 노하우

를 이미 습득하였기에 그만큼의 경쟁력을 확보한 것이 된다. 유튜브 크리에이터의 성공 사례를 보면 초기부터 선점한 경우가 많다. 새로운 먹거리는 빠르게 선점만 해도 큰돈을 얻게 된다라는 것이 요즘 'N잡'의 세계에서 학습화된 공식이다.

그리고 CF 관리가 글로벌에서 한국으로 이전되면서 더 샌드박스 월드에 입점을 희망하는 기업이나 인플루언서, 연예 기획사 등의 월드 구현 작업이나 에셋 작업의 기회도 주어진다. 그 금전적 보상은 월별 지급 보상의 수준을 넘어 큰 단위의 보상이 이루어진다. 이러한 작업을 소수의 CF들이 자발적으로 모여서 자체 스튜디오를 구성하고 작업하기도 한다. 작업물의 수준에 따라서는 에셋당 200만~300만 원을 받기도 한다. 실제로 한 달 월급을 하루에 벌고 있는 CF들이 많이 있다.

반드시 CF가 되어서 본인의 미래를 적극적으로 개척해보기를 바란다.

NFT 크리에이터 향후 전망

지극히 개인적인 예상으로는 2023년 중에 더 샌드박스가 정식 오픈을 할 것으로 보이는데 정식 오픈 이후에는 그 광활한 월드를 모두 채울 에셋들이 무수히 많이 필요하게 된다. 따라서 더 샌드박스는 크리에이터 양성에 적극 나서고 있다. 지금의 CF 인원으로는 그 월드를 모두 채우기에 턱없이 부족하다. 따라서 CF들의 할 일이 많아진다는 것이고 이는 수익을 창출할 기회가 널려 있다는 뜻이 된다. 정식 서비스 이후에 CF들의 대부분의 할 일은 멋지고 잘 팔릴 만한 에셋들을 만들어서 마켓에 파는 일이다. 이 부분에서 대부분의 수익이 날 것이다. 베이직한 의자를 1만 원에 1,000개 팔아도 좋겠고 대형 항공모함을 1,000만 원에 1개 팔아봐도 좋겠다.

CF 스튜디오 공동 작업: CF가 더 샌드박스를 통해 돈을 버는 방법은 크게 두 가지가 있다. 하나는 앞서 설명한 것처럼 1인 개인이 에셋을 만들어 파는 일이고 또 하나는 몇몇의 CF들이 모여서 스튜디오를 만들고 공동 작업을 하는 것이다. 제페토의 사례를 보면 제페토에서 활동하는 상위 크리에이터는 스튜디오 규모로 운영하고 있다. 분업이라는 시스템으로 고품질의 결과물을 대량 생산하기 위함이다. 다만, 더 샌드박스는 탈중앙이라는 분위기를 가지고 있어서 DAO_{Decentralized Autonomous Organization}라는 운영 형태를 지향한다. 모두가 사장이고 모두가 직원인 민주화된 운영 조직이라고 생각하면 된다. 하지만 DAO는 지금의 기업 시스템 실정에서 해결해야 할 과제가 많기 때문에 스튜디오 구성원들을 친숙한 크루_{Crew}(하나의 팀으로 활동하는 다수의 인원) 정도로 서로를 호칭하며 활동한다. 적어도 옛날의 권위적 구시대 기업 문화는 아니라는 점이 긍정적으로 보이며, 원한다면 100% 재택근무가 가능하다.

더 알아보기

DAO
(Decentralized Autonomous Organization)

블록체인 시스템으로 운영되는 탈중앙 자율 조직.

더 샌드박스의 NFT 크리에이터 스튜디오 구성원들은 크게 몇 가지로 구분된다. 랜드 소유자, 게임 메이커, 복스에디트 활용자 등이다. 많은 개수의 랜드를 보유하고 있다면 그 안에서 여러 가지 이벤트로 수익을 창출할 수 있다. 그 랜드에 지형을 만들고 건물을 세우고 게임의 룰의 적용하기 위해서는 게임 메이커가 필요하다. 더 샌드박스에서는 이러한 것들을 구현할 수 있는 무료 툴인 '게임 메이커_{GameMaker}'를 제공하고 있다. 그리고 그 랜드 안을 채울 많은 에셋들이 필요하다 이 작업을 복스에디트 활용자들이 메우게 된다. 내부의 프로젝트이든, 외부에서 들어온 프로젝트이든 이러한 것들을 수행하고 그 결과로 수익을 나눠 갖게 된다.

크리에이터 스튜디오에서 주로 하는 일은 보통 외부에서 의뢰가 들어온 프로젝트를 수행하는 일이 될 것이다. 가령 현대자동차에서 의뢰가 들어왔다고 가정해보자. 더 샌드박스 메타버스의 세계에 현대자동차가 그들의 기업과 자동차를 홍보할 수 있는 홍보관을 만들고 방문한 유저들이 체험할 수 있도록 하는 프로젝트를 의뢰했을 때 스튜디오 구성원들은 그에 맞는 월드를 만들고 대형 설치물과 체험할 수 있는 에셋들을 만들게 된다. 그 월드 안에 구현될 건물, 대형 설치물, 에셋들에 대한 단가를 책정하고 수주하게 된다. 대기업 프로젝트 수주는 그 금액 규모가 상상을 초월한다. 단 몇 명으로 구성된 스튜디오 크루가 전부 가져가게 되는 것이다.

빌더 스튜디오 파트너로 참여: 더 샌드박스는 본사와 스튜디오가 파트너십을 맺는 빌더 스튜디오 프로그램을 운영하고 있다. 몇 가지의 조건을 검토하고 조건에 맞는다면 파트너가 된다. 그 혜택으로는 더 샌드박스의 공식 파트너로 인정되며 더 샌드박스의 다양한 파트너 IP를 바탕으로 기획 콘텐츠 제작의 기회가 주어지고 공식 채널을 통해 홍보와 마케팅을 지원받게 된다. 더 샌드박스는 SM엔터테인먼트, 큐브엔터테인먼트, 뽀로로, 시프트업, 케이리그, 메타콩즈 등과 같은 국내의 유명 기업들과 파트너십을 맺고 있다.

바로 가기

더 샌드박스 빌더
스튜디오 지원 안내

더 샌드박스는 가장 기대되는 글로벌 메타버스 플랫폼이기에 지금도 많은 기업들이 입점을 희망하며 대기하고 있다. 이렇게 기업의 입점을 도와주는 스튜디오에서는 1인당 한 달 수익이 1년 연봉에 가깝기도 하다. 메타버스가 활성되면 참여 기업과 자본들이 한꺼번에 몰려들 것으로 예상되며 더 샌드박스 입점 대행 스튜디오도 크게 번창할 것으로 생각된다. 그 일들을 모두 처리하기에는 지금의 스튜디오 개수로는 턱없이 부족하다. 기회는 열려 있다. CF가 되어 스튜디오에 지원해보자.

CHAPTER 6

NFT 수익화 네 번째 'NFT 대장주 투자'

NFT 관련주가
뜨는 이유와 전망

'NFT는 스치기만 해도 오른다'라는 말이 있다. NFT는 메타버스와 더불어 주가 상승에 마법 같은 단어가 됐다. 영국 콜린스 사전은 지난 2021년을 상징하는 단어로 NFT를 선정하기도 했다. 그야말로 NFT는 메타버스와 함께 핫한 키워드가 된 것이다. 반도체와 전기자동차 등 신성장 동력이 주춤하고 경쟁이 포화되는 시대에 NFT는 미래의 먹거리로 주목되고 있으며, 주요 국내외 대기업들은 NFT 사업 진출을 선언하고 나섰다. 그중에서도 엔터계와 게임계은 NFT의 봇물이 되고 있다.

이렇게 기업들이 NFT 신사업을 추진하는 이유는 NFT의 핵심 기술과 특징이 그들의 사업과 맞물려 수익 창출의 효과를 기대할 수 있기 때문이다.

그동안은 디지털 재화의 소유자가 불분명했었다. 인터넷에 떠도는 이미지나 그 외 동영상이나 오디오 파일의 소유자를 기술적으로 특정할 근거가 없던 것이다. 그러나 NFT의 등장으로 디지털 재화의 소유자를 기술적으로 특정할 수 있게 되었다. 이러한 NFT의 기술적 특징으로 각 분야에서는 NFT 기술을 접목하기 시작했다. NFT 신사업을 추진하고 있는 계열들을 하나씩 살펴보자.

> • **NFT를 활용한 예술계:** 작품 판매의 새로운 판로, 신인 작가의 등장
> • **NFT를 활용한 엔터계:** 음원과 아이돌 굿즈 등 판매, 기술적 팬덤 관리
> • **NFT를 활용한 게임계:** 유저 직접 개입 경제활동, 코인 보상 현금화

미술계와 NFT: 미술계를 살펴보면 완전한 순수예술이 아니라면 대부분의 미술 전공자들은 회사에 속해 윗선에서 내려오는 지시대로 작업하는 게 일상일 것이다. 그림을 그리는 사람들은 특별한 자아가 있다. 회사에 다니면서 창작의 영혼이 털리고 있는 고달픈 인생에 NFT 시장은 새로운 돌파구를 열어주었다. 미술 전공자는 NFT의 날개를 달고 나 홀로 항해를 떠날 수 있게 된 것이다. 이것은 순수예술을 비롯해서 디자인의 영역까지 모두 포함되며 오히려 순수예술보다 디자인 전공자들의 NFT 진출이 더 왕성하다. 이제 내가 그리고 싶은 그림만으로 생계를 꾸릴 수 있는 길이 마련된 것이다. 이것은 그림을 그리는 사람들에게는 꿈만 같은 일이다. 따라서 다양하고 많은 디지털 아트가 NFT 시장에 나올 것이고 그것을 수용할 NFT 마켓이 많이 필요하게 된 상황이 온 것이다. 작품 공급도 많아지고 수요도 많아지면서 서울옥션 등 오프라인에서 미술품 전시, 판매, 경매를 하던 업체들이 NFT 기술을 달고 온라인 마켓으로 진출을 선언하고 있다.

연예계와 NFT: 엔터계를 살펴보면 엔터계는 비교적 NFT 기술을 바로 접

목하고 바로 수익을 노릴 수 있는 업계이기도 하다. 그 이유는 그들이 보유하고 있는 IP에 NFT만 붙여도 바로 상품성이 발생하기 때문이다. 또한 그들이 보유하고 있는 메가톤급 팬덤은 마르지 않는 바다로 거의 무한대의 고수익을 잠재하고 있다. 그동안의 연예 기획사는 주 수입이 음원에서 발생했었지만 음원 외의 빅 캐쉬카우를 NFT로 인해 확보한 셈이다. NFT는 메타버스 공연과도 시너지가 있어서 메타버스 공연을 하며 NFT 상품을 같이 팔 수도 있다. 따라서 거의 모든 국내 4대 엔터사가 NFT로의 진출을 선언했다. 한편으로는 그들만의 잔치일 뿐, 인디 음악계에는 아무런 낙수 효과를 기대할 수 없어 이런 점은 아쉬움으로 남는다.

게임계와 NFT: 무엇보다 NFT의 최고 수혜주는 게임이다. 메타버스를 비롯해 NFT는 게임과 찰떡 궁합이다. P2E 돈 버는 게임을 구현하기 위해서는 게임 아이템 소유자를 분명하게 해야 하고 그러기 위해서는 NFT 기술을 이식해야 한다. 게임 안에서 NFT 아이템이 거래되며 유저는 코인을 벌게 되고 경제활동이 가능해지는 것이다. 적극적인 유저 개입 경제활동으로 NFT를 창작하고, 판매하고, 소비하게 될 것이다. 이렇게 구현하기 위해서는 자체 코인을 만들어 발행해야 하고 거래소에 상장시켜야 한다. 공부 안 하고 게임만 한다고 꾸중을 들었던 청소년들은 이제 게임을 즐기고 창작하며 획득한 코인을 현금화하면서 새로운 부의 세대 청소년 갑부로 올라설 수도 있다. NFT 예술품은 그 가치를 측정하기가 추상적이지만 NFT 게임 아이템은 현실이고 현재 진행형이다. 더구나 게임계의 기술력은 메타버스 제작과 NFT 기술을 구현하는 데 최적의 실력을 갖췄다. 별도의 외부 협력관계가 없어도 자체 구현이 가능하다.

메타버스와 NFT의 결합으로 빅뱅을 예상할 수 있다. 게임과 엔터테인먼트는 메타버스와 NFT의 결합에 최적화돼 있다. 그 시장에서 창작하며 소비하는 2030은 NFT가 주머니의 원천이 될 것이다. 고된 일을 하고 있는 플랫폼 노동자들의 NFT 대거 유입도 예상된다. 재능 여부에 따라서는 플랫폼 노동자에서 NFT 창작자로 나설 수도 있는 기회가 온 셈이다.

이러한 분위기 속에서 역시 정부의 P2E 게임 규제는 아쉬움으로 남는다. 그러나 요즘 게임 서비스는 출시와 동시에 글로벌 서비스를 하기 때문에 조금은 위안이 되기도 한다. NFT는 이제 막 시작되었다. 아직은 대부분이 그 개념조차 모르고 있으며, 모두가 아는 시기가 온다면 NFT는 생활 밀착형 기술이 될 것이다. NFT의 뜨거운 관심으로 춘추 전국 시대를 앞두고 있다. 아직은 옥석이 가려지지 않았지만 세월이 지나 결국 최고로 빛나는 옥석은 가려지게 될 것이다.

다만, NFT 아트는 다소 추상적인 가치 측정 때문에 거품이 보이기도 한다. 그러나 작품을 NFT화하고 유통하는 마켓은 호황을 누릴 것이다. 엔터테인먼트와 NFT의 결합은 필수이고 게임과 NFT 결합은 현실이다. 결국 시장에 나오게 될 NFT 콘텐츠의 양과 질에서, 그리고 메타버스와 혼합된 형태에서 옥석이 가려지게 될 것이다. 승자 독식의 길로 마무리가 되겠지만 지금은 모두에게 그 가능성이 열려 있다.

발 빠른 기업들과는 달리 따라오지 못하는 정부 규제가 다소 아쉬움으로 남는다.

02 NFT 게임주

그동안의 게임계는 확률을 알 수 없는 '가챠(뽑기)'와 어둡고 칙칙한 분위기에서 이유를 알 수 없는 칼질로 시작해 칼질로 끝나는 양산형 게임을 벗어날 수 없었고 그런 이유에서 많은 유저들이 등을 돌리고 있는 상황이었다.

그러나 P2E 돈 버는 게임의 등장으로 게임계가 다시 기사회생을 하게 된다. 돈 버는 게임은 모두가 반기는 게임으로 메이저 게임사 모두가 돈 버는 게임으로의 진출을 한목소리로 내고 있다. 다만, 아쉬운 점은 돈 버는 게임의 기능에만 충실한 나머지 본연의 게임성이 결여될까 걱정되기도 하며 게임계를 압박하고 시대를 못 따라오는 정부의 규제도 우려된다.

돈 버는 게임에 앞서서 본연의 게임성이 먼저이며 그것은 어려운 숙제로 계속 남을 것이다. 또한 정부의 규제도 게임을 오락이 아닌 첨단 산업으로 보는 시각으로 바꾸고 미래지향적인 정책을 펴야 하겠다. P2E, 메타버스,

NFT와 관련된 몇 가지의 게임사 종목들을 살펴보겠다.

국산 P2E 게임 최초 대장주 위메이드(112040): 위메이드는 국내 제작 P2E 게임 서비스 1호로 미르4라는 게임을 론칭했다. 동시 접속자가 100만 명 이상이 몰리며 성공적인 글로벌 론칭으로 한때 단번에 코스닥 시총 5위에 올라서기도 했다. 한국 최초의 P2E 게임의 성공으로 창사 이래 최고의 신고가를 올렸다. 위메이드가 쏘아올린 P2E 게임의 성공의 신호탄은 계속 다른 게임사들로 이어질 것으로 보인다. 또한 위메이드는 자체 플랫폼 위믹스 WEMIX에 게임 100개를 모아 토큰 이코노미를 구축한다는 큰 그림을 그리고 있다. 위메이드는 연속된 호재가 기대되기도 하지만 아쉽게도 미르4에 메타버스 기능은 포함하고 있지 않다.

위메이드 제공 미르4에서 돈을 버는 방법은 게임 내에 채굴이나 미션을 달성해서 흑철을 획득하고 흑철을 드레이코 코인으로 전환한다. 그리고 드레이코 코인을 위믹스 코인으로 전환해서 거래소인 빗썸에서 현금화하는 것이다. 그러나 흑철을 획득하기 위해서는 레벨 제한이 있고 흑철 10만 개를 모아야 1드레이코로 전환이 가능하다. 단, 흑철을 드레이코로 전환하기 위해서는 흑철 50만 개부터 전환이 가능하다. 미르4는 돈 버는 게임이라고는 하지만 그 과정의 스트레스가 만만치 않다. 다소 스트레스가 쌓이는 게임이지만 게임 정책은 언제든지 변경될 수도 있음을 알린다.

위메이드가 성공하기 위해서는 100여 개의 게임을 코인 생태계로 묶은 플랫폼 위믹스를 잘 정착시키고 유저들의 긍정적인 평가가 이어져야 한다. 결국에는 유저가 반길 만한 게임성이 문제다. P2E 게임의 대명사로 알려진

위메이드가 론칭한 '미르4'

선(善)을 지키는 건 어렵지 않다. 악(惡)을 물리치는 것 또한 어렵지 않다

하지만, 무엇이 선이고 무엇이 악인지 당신은 확신할 수 있는가?

당신과 뜻을 같이 하는 영웅들과 함께 새로운 세상을 만들어 가세요
성장 그 이상의 권력, 친투 그 이상의 전쟁
모바일 MMORPG 그 이상의 세계, 미르4

자료: 위메이드

엑시인피니티는 한때 최고의 가치로 평가받기도 했지만 유저들이 획득한 코인을 게임 안에서 순환시키지 않고 거래소에서 현금화만 시키면서 코인 매물이 쏟아져 나오고 거래는 안 되는 상황까지 이르러 코인 가격이 바닥을 쳤었다. 돈만 벌고 빠져나가는 유저들을 게임에 고착시키기 위해서는 결국 탄탄한 게임성이 기본으로 깔려 있어야 한다. 코인 획득 스트레스를 적당하게 느끼면서 궁극의 재미를 선사하는 게임성을 설계하기란 쉬운 일이 아니다. P2E 게임을 표방하는 모든 게임사는 이런 문제에 다다를 것이고 결국 그 산을 넘어야 비로소 진정한 뉴 게임으로 거듭날 것이다.

미르4는 분명히 잘 만든 대작 게임이지만 장르의 쏠림도 문제다. 위메이드는 중소 게임사들의 M&A로 부족한 장르를 충당하려는 계획을 하고 있으며 그 일환으로 캐주얼 게임 애니팡을 만든 선데이토즈를 인수하기도 한다. 그러나 인수 대금을 마련하기 위해 자사 코인을 대량 매도한 것으로 추

바로 가기

위메이드
주가 보기

측되는 사건은 주주들에게 큰 실망을 안겨주었다. 위메이드는 국내 P2E 게임의 1호 주자이며 그 노하우를 앞서 축적한 만큼 다른 게임사보다 크게 한발 앞서 있으며 미르4는 국산 P2E 게임의 롤모델로 자리 잡았다. 그렇지만 위메이드가 발행한 위믹스 토큰은 유통량 위반과 투자자들에 대한 미흡한 정보 제공 등의 이유로 디지털 자산 거래소 공동협의체 닥사DAXA에 의해 국내 거래소의 상장 폐지 결정을 맞이하게 된다. 위메이드 측은 강력한 가처분 신청을 예고하고 있지만 과거의 사례를 보면 쉽지는 않아 보인다. 위믹스의 상장 폐지 사태는 한껏 기대에 부푼 국내 블록체인 게임사들에게 찬물을 끼얹는 결과를 초래했다. 그래도 위메이드는 국내 P2E 게임의 시초라는 역사적인 가치가 있기에 슬기로운 정상화를 기대하며 앞으로의 행보를 예의 주시해야 하겠다. 한편으로는 이번 사태로 인해 암호화폐의 신뢰성과 안정성이 대두된 만큼 투명한 공시 등으로 투자자들에게 신뢰를 확보할 수 있는 업체가 차기 대표 업체로의 경쟁이 이루어질 수도 있다는 의견이 나오고 있는 상황이다.

P2E 게임 종합 대장주 컴투스홀딩스(063080): 컴투스홀딩스는 20여 년의 게임 개발 역사를 지닌 모바일 게임의 명가 '게임빌'에서 변경된 사명이다. 흔히 P2E 게임으로 위메이드의 뒤를 이을 기대주로 보고 있다.

컴투스홀딩스는 가상화폐 거래소 코인원의 지분 38.43%를 확보하며 코인원의 2대 주주로 등극했고 코인원과의 업무·기술적 협업으로 P2E 게임을 출시한다는 계획을 지난 2021년에 발표하며 신고가를 갱신하기도 했다. 히트작 프로야구 IP와 정식 라이선스를 확보한 미국 NBA 농구 IP에 P2E

와 NFT를 도입한다면 대단한 성과가 나올 것으로 기대되기도 한다.

이어 컴투스홀딩스는 P2E 게임과 더불어 메타버스의 영역까지도 사업계획에 포함하고 있다. 타사 대비 상대적으로 많은 게임 IP를 확보하고 있는 컴투스홀딩스는 자사의 IP를 적극 활용한다면 게임과 메타버스 분야에서 1등 대장주로 나설 가능성이 많아 보인다.

이렇게 국내에서는 유일하게 게임에서 메타버스 영역까지 품고 있는 컴투스홀딩스는 자회사 컴투스에서 개발하고 있는 컴투버스에 기대를 걸고 있다. 컴투버스는 게임을 넘어서 업무 등 다양한 용도로 사용 가능한 메타버스 플랫폼이다. 또한 컴투스는 영화 〈승리호〉의 CG를 맡은 VFX(비디오효과) 업체 위지윅스튜디오에 투자를 하고 배우 이정재와 정우성이 소속된 연예 기획사 아티스트컴퍼니도 인수하기에 이른다. 이렇게 공격적인 투자와 M&A로 엔터테인먼트+VFX+거래소 모두를 지니고 있다. 종합 메타버스

메타버스의 세계 '컴투버스' 트레일러 영상

자료: Com2Verse 유튜브 채널

게임 플랫폼으로서의 포부를 볼 수 있는 대목이다. 그리고 그 행보에서 타사 대비 한 발 앞선 주자라고 하겠다.

얼마 전 자회사 컴투스의 메타버스 컴투버스를 공개하면서 큰 반향을 일으켰다. 그 비주얼과 완성도는 국내는 물론 글로벌에 견주어도 손색이 없었으며, 최근 사명을 '메타'로 변경한 페이스북이 지향하는 그 것과도 일치해 보였다. 컴투버스 맛보기 동영상만큼이나 실제로 서비스가 구축된다면 아마도 국내에서는 제일 잘 만든 메타버스 플랫폼이 될 것이다.

다만, 컴투스홀딩스에 호재만 있었던 것만은 아니다. 최근에 당면했던 가장 큰 위기는 그들이 발행한 게임 코인 C2X에 큰 문제가 터진 것이다. 뉴스에 크게 보도된 테라, 루나 코인 사태가 그것이다. 얼핏 보면 C2X 코인이 그것들과 무슨 관계인가 싶기도 하겠지만 C2X 코인은 테라를 메인넷으로 기술적으로 의존하고 있다. 테라는 대표적인 스테이블 코인으로 C2X가 테라의 기술에 의존하게 된 이유는 게임 내에 통용될 C2X의 가치 변동을 최소화하겠다는 의지로 추측된다. 가령 게임 샵에서 1코인 시세 1만 원으로 구입할 수 있었던 칼 한 자루가 내일 10만 원의 시세가 된다면 게임 생태계가 흔들릴 수도 있기 때문에 자사 게임의 유저를 적극 배려한 고마운 정책이라고 하겠다. 그러나 스테이블 코인의 기술적 결함이 발견되면서 테라의 신뢰는 무너지고 그 기술에 의존했던 C2X 코인마저 위기에 놓인 것이다. 컴투스홀딩스는 신속하게 진화에 나섰으며 C2X는 테라와 기술적 연관만 있을 뿐 코인 보유자들에게 어떠한 경제적 손실이 없다는 점을 강조했다. 일반인들은 마치 C2X까지 큰일이 날까 걱정도 되겠지만 코인 전문가들은 큰 걱정을 하지 않는다. C2X는 테라와 시세 가치를 공유하는 것이 아

바로 가기

컴투버스
동영상 보기

더 알아보기

스테이블 코인
(Stablecoin)

가격 변동성을 최소화하도록 설계된 암호 화폐.

닌 단지 기술적인 환경만 빌려 쓴 것이기 때문이다. 고로 테라와는 전혀 경제적인 얽힘 없이 깨끗하다. 그러나 컴투스홀딩스는 C2X 코인의 운용을 위해서 다른 메인넷Mainnet을 사용하거나 직접 메인넷을 구축해야 하는 상황에 이른다. 최신 뉴스에 따르면 컴투스홀딩스는 자체 메인넷을 구축하고 서비스할 것을 공지했다. 테라 사태를 비교적 초기에 겪은 것이 천만다행이라고 생각된다. 아찔한 해프닝은 있었지만 이번을 계기로 자체 메인넷을 구축하게 되는 등 완전히 독자적인 시스템으로 메타버스와 P2E 게임과 NFT 서비스를 하게 된다는 점은 더욱 컴투스홀딩스를 강하게 만들고 외부의 영향을 받지 않는 그들만의 가치를 형성하게 될 것으로 본다.

이렇게 자체 메인넷까지 보유하게 되면서 컴투스홀딩스는 국내 게임사 중 유일하게 거래소, 엔터테인먼트, VFX, 독자적 암호화폐 블록체인 기술까지 갖고 있는 회사가 되었다. 이러한 유닛들을 모두 갖고 있으면서 메타버스, P2E 게임, NFT까지 서비스하는 회사로는 컴투스홀딩스가 유일하다.

신선한 게임 도깨비의 펄어비스(263750): 펄어비스는 2010년 게임어바웃 윤재민 대표와 김대일 사단이 공동 설립한 회사로 첫 작품 '검은사막'은 펄어비스를 대표하는 게임이 되었다. 이후 2017년 코스닥에 상장하게 되면서 그 이름을 알린다.

펄어비스는 개발력이 뛰어난 게임사로 알려져 있다. 그 이유는 자체 게임 엔진Game Engine을 갖고 있기 때문이다. 다른 상용화 게임 엔진에 비해 접근성이 좋아서 신입 개발자들도 빠르게 적응할 수 있는 특장점을 가졌다고 알려져 있다.

더 알아보기

메인넷(Mainnet)

블록체인을 운영하는 독립적인 플랫폼을 말함.

바로 가기

컴투스홀딩스 주가 보기

더 알아보기

게임 엔진 (Game Engine)

게임 개발의 구성 요소들을 갖춘 소프트웨어.

펄어비스의 기대작 '도깨비' 타이틀

자료: 펄어비스

검은사막의 큰 성공 이후 펄어비스는 '도깨비'라는 신작을 예고하게 되는 데 여기서 한 번 더 큰 주목을 받게 된다. 도깨비라는 게임 덕분에 기대되는 게임 대장주의 반열로 오르게 된 것이다.

도깨비 게임이 주목받게 된 이유는 그동안 볼 수 없었던 비주얼과 세계관 때문이다. 그 느낌을 글로 설명할 수는 없으므로 기회가 된다면 반드시 도깨비 트레일러 영상을 감상해보기를 권한다.

바로 가기

도깨비 게임
트레일러 영상 보기

그동안의 게임들은 대부분의 세계관이 외국산 판타지 세계관을 그리고 있었다. 게임에 있어서 유저의 거부감이 없고 가장 익숙하며 성공적인 모델이 판타지 세계관이기 때문이다. 그렇기에 대부분의 게임사들은 판타지라는 안전한 선택을 해왔었다. 그러나 도깨비 게임은 다르다. 우리가 흔히 봐왔던 한국의 익숙한 명소를 담은 세계관으로 만들었다. 다른 게임사들은 왜 이런 선택을 그동안 못해왔었는지 의문이 든다. 물론 의도한 세계관을 도깨비 게임 안에 훌륭하게 성공적으로 담아냈기에 드는 생각일 테다. 도깨비의 느낌은 건전하고 청명하다. 도깨비의 그래픽은 선명하게 날이 서 있으며 분명한 채도와 콘트라스트로 매우 쾌적한 느낌을 준다. 그것은 마치 미세먼지가 한국을 덮치기 이전의 청명했던 한국의 하늘을 보면서 마스크를 내던지고 큰 숨으로 공기를 들이마시는 기분과도 같다. 트레일러 영상에 깔려 K-팝 같이 들리는 노래도 그 느낌에 한몫한다. 이러한 콘셉트로 도깨비 게임은 그동안의 양산형 판타지 게임에 지쳐왔던 유저들에게 신선한 충격을 주었다.

도깨비 게임은 처음 기획 의도에서 지금의 유행인 메타버스나 P2E 게임, NFT를 고려하지 않은 듯하다. 이후 그런 것들을 반영할 수도 있음을 드러냈는데, 당시 연일 주가가 신고가를 갱신하기도 했다. 처음부터 메타버스, P2E 게임, NFT 등을 전면으로 드러내지는 않았지만 시대적 분위기를 고려한다면 그런 것들을 도입할 가능성이 농후하고 꼭 그렇게 되기를 바란다.

게임 내 기능과 시스템을 추가하고 변경한다는 점을 고려하면 기존 2023년 출시 계획에서 더 늦어질 것으로 예상되기도 한다. 다소 늦어지더라도 출시를 기다리고 있는 유저와 주주들의 바람인 메타버스와 P2E, NFT 등의 기능을 고스란히 담아내기를 바라본다.

도깨비 게임은 유저들이 그토록 외면하던 양산형 게임이 아닌 역대급 탈 양산형 게임이기에 그 기대가 높다. 다만, 선반영된 높은 밸류에이션은 도깨비 게임의 성패에 따라 크게 흔들릴 수도 있기 때문에 주의 깊게 살펴보아야 하겠다. 양산형 게임을 벗어나 'K-게임'으로의 흥행을 기대해본다.

몇 개의 게임 대장주를 살펴보았다. 이 외에도 엔씨소프트는 대표적인 양산형 게임 주자에서 P2E 게임으로의 전환을 선언하며 기사회생하는 분

바로 가기

**펄어비스
주가 보기**

위기다. 카카오게임즈도 물론 그 분위기에 올라탄다. 카카오는 자회사 그라운드X가 발행한 클레이튼 코인으로 NFT 시장에 일찍 뛰어든 만큼 NFT를 활용한 게임에서 기술적인 우위를 미리 선점한 것으로 여겨진다. 거의 모든 대형 게임사들이 메타버스와 P2E, NFT 적용을 위해 바쁘게 움직이고 있다. 이것은 마치 피처폰 게임에서 스마트폰 게임으로 넘어갈 때와 비슷한 분위기로 느껴지며, 지금 게임계는 제2의 물결을 맞이했다고 봐도 과언이 아니다. 다만, 핵심 인력들이 팀 단위로 빠져나가 독자적인 메타버스 플랫폼을 개발하고 있는 등 인력 유출이 심각한 상황이다. 신규 개발자를 채용하는 과정에도 난황을 겪고 있다. 필요한 인력에 비해 능력 있는 개발자는 턱없이 부족하고 더구나 능력이 된다면 따로 창업을 하기 때문이다. 이제 막 시작된 메타버스나 P2E 게임, 블록체인과 관련해서 경력 기획자나 개발자가 없다는 것도 큰 문제로 다가온다. 메타버스를 구현하기 위해서는 유저 참여 시스템이 필수이고 유저가 UGC를 창작하기 위한 전용 툴까지도 필요하게 되는데 아마도 그것들의 구현을 쉽게 해낼 수 있는 개발자는 드문 것으로 안다. 거창한 계획이 있다고 하더라도 구현의 과정이 험난하다.

장기적인 안목에서 투자 포인트는 자체 코인 운용의 도덕성과 블록체인의 무결점 기술, 메타버스와 P2E, NFT와의 접목, 유저의 이탈을 막고 게임 내에서 코인이 순환하도록 하는 본연의 게임성에 있다. 이 모든 것들의 조건을 만족시킬 수 있는 게임사라면 향후 1등 대장주로 꼽힐 것이다. 단순히 기존에 만들어왔던 게임에 P2E나 NFT를 붙인다는 생각은 지양하고 그것들을 하기 위해서는 처음부터 새로운 발상으로 접근해야 한다는 것을 각인해야 하겠다.

03 NFT 엔터주

　엔터주는 그야말로 NFT 덕분에 물 만난 분위기다. 엔터사들은 소속된 연예인들의 IP를 보유했기에 그것에 NFT를 붙이기만 해도 무한대 콘텐츠 생산이 가능하기 때문이다. 그동안의 단순했던 전통적 연예 사업에서 또 한 번의 모멘텀을 앞두게 된 것이다.

　NFT 콘텐츠는 인지도가 매우 중요한데 소속된 연예인의 유명세를 NFT로 상품화하는 것이 다른 분야에 비해서 매우 수월하다. 그렇게 만들어진 NFT 상품들은 비싼 가격임에도 가격 저항 없는 팬덤으로 인해 불티나게 팔릴 것이 뻔하다. 또한 메타버스 환경에서 콘서트를 진행하고 그곳에서 관련된 NFT 상품까지도 팔 수 있어서 사업화 방법은 응용하기 나름이다.

　빅! 대장주 하이브(352820): 하이브는 빅히트 엔터테인먼트에서 바뀐 사명으로 글로벌 아티스트 BTS(방탄소년단)가 소속되어 있다. 또한 지난 2021년

포트나이트 메타버스에서 공연하고 있는 래퍼 트래비스 스캇

자료: 포트나이트

에는 유상증자를 하며 자본을 확보하고 팝스타 저스틴 비버Justin Bieber와 아리아나 그란데Ariana Grande가 소속된 이타카홀딩스Ithaca Holdings를 한화 약 1조 원에 인수하기에 이른다.

이어 하이브는 자사의 IP 자산을 이용한 지적 재산권과 세계관의 확장이라는 명목으로 가상자산 거래소 업비트의 두나무 861,004주 주식을 취득했다. 장기적 파트너십 구축으로 NFT를 포함한 신규 사업을 공동 추진한다는 장기적인 계획이다.

하이브는 엔터계에서 가장 강력한 플랫폼인 위버스Weverse를 자회사로 두고 있는데 이타카홀딩스에 소속된 해외 스타를 포함하고 추후 모든 소속 연예인들을 이 플랫폼으로 모아 NFT 사업을 펼치겠다는 목표로 플랫

바로 가기

하이브
주가 보기

폼 운영에 집중하고 있는 모습이다. 위버스 플랫폼은 팬 커뮤니티를 주로 하는 기능을 탑재하고 공연 티켓, 음반, 기획 상품 등을 판매하기도 한다. 엔터테인먼트와 관련된 플랫폼 중에서는 가장 활성돼 있다고 볼 수 있다. 혹자들은 위버스 단독 상장을 기대하기도 하며 하이브와의 시너지에 관심을 두고 있다.

엔터테인먼트주는 물건이나 제품이 아닌 인적 IP가 주요한 요소로 작용하기 때문에 소속 연예인이 빌보드 1위를 하더라도 일신상의 이유가 발생한다면 큰 리스크로 작용한다. 기업의 제품은 시스템으로 관리가 가능하지만 사람 자체를 관리한다는 것은 처음부터 있을 수도 없고 되지도 않는 발상이다. 그렇지만 대중에게 가깝고 팬심까지 얹어진 엔터주에 매력이 있는 것은 분명하다. 하이브의 선전을 기대해본다.

엔터계의 전통 대장주 SM엔터테인먼트(041510): '이수만 사단'이라고도 불리는 SM엔터테인먼트는 국내에 체계적인 아이돌 육성을 최초로 시스템화한 엔터테인먼트사다. 이런 시스템은 이후 다른 엔터사들에게 롤모델이 되어 여기 저기서 차용하기에 이른다. SM엔터테인먼트는 엔터계의 삼성이라고도 불리는데 그만큼 선진화된 시스템을 갖추고 있는 대표적인 국내 엔터테인먼트사다. 다만, 자로 잰 듯한 획일화된 음악과 창법은 SM엔터테인먼트사의 일관된 아이덴티티이기도 하겠지만 역으로는 스스로의 한계와 제한을 둔 것이기도 하기에 시스템화된 것이 대중 예술에 있어서 반드시 옳다고는 볼 수 없겠다. 엔터사마다 지향하는 방향과 문화가 다르고 그것이 개성과 장점으로 발휘되므로 투자에 앞서 본인의 취향을 고려해 옥석을 가

바로 가기

SM엔터테인먼트
주가 보기

려내면 되겠다. 주주들에게는 엔터사 운영의 고도화된 시스템이 변수가 많은 연예계의 리스크를 줄일 수도 있는 것이기에 안심할 수 있는 요건이기도 하다. 또한 균일한 품질의 결과물을 연속적으로 만들어낼 수 있는 기반이 된다.

SM엔터테인먼트는 하이브와 마찬가지로 자회사 디어유DearU라는 플랫폼을 지니고 있다. 그곳에서는 팬들과의 채팅, 노래방, 팬 관리 등의 기능을 한다. 이른바 팬더스트리Fan + Industry를 구현한 것이라고 볼 수 있겠다. 엔터사들은 IT 사업에 익숙하지 않다. 그래서 저마다 플랫폼을 운용하는 자회사를 따로 두고 있다. SM엔터테인먼트 역시 자사의 플랫폼에 NFT 기술을 사용할 것이 예상되기에 관련주로 기대를 모으고 있다. 다른 점이 있다면 SM엔터테인먼트는 두나무 등 NFT 기술을 가진 회사와 손을 잡고 있지는 않다. 그런 배경에서 두나무와 연관이 있는 하이브, YG엔터테인먼트, JYP엔터테인먼트와는 다르게 인수합병으로 이어졌을 때 다른 기획사를 견제할 수 있는 깨끗한 포지션이 된다. 이는 최근 추진되고 있는 카카오의 SM엔터테인먼트 인수설과 무관하지 않다. 그러나 카카오의 행보가 지지부진하면서 CJ ENM 인수설로 무게가 이동하기도 했다. 여기에 네이버까지 끼어들면서 3파전으로 번지는 양상이었지만 지금은 네이버가 발을 뺀 모습이다. 향후 SM엔터테인먼트 인수 결과에 따라 엔터계의 균형은 재편될 것으로 보인다. 그에 따라 NFT 기술을 활용한 서비스도 빨라질 것으로 예상된다. 인수 결과를 기다려보며 조심스러운 접근을 해봐야 하겠다.

힙한 대장주 YG엔터테인먼트(122870): YG엔터테인먼트는 빅뱅과 블랙핑크

바로 가기

YG엔터테인먼트
주가 보기

등의 트렌디한 아이콘을 지닌 기획사다. 하이브를 제외하고 경쟁력 있는 핫한 IP를 보유한 모습이다. 기획사의 컬러 또한 가장 힙Hip(개성 있는 멋)하다. 호불호는 있겠지만 확실하고 강렬한 특색이 있다. YG엔터테인먼트는 그러한 자사의 IP를 활용해서 자회사 YG Plus를 통해 NFT 사업으로 진출한다는 계획이다.

YG Plus는 하이브와 두나무가 합작한 법인과도 협력 관계로 있다. 이곳을 통해서 소속 아티스트들의 굿즈를 제작하고 유통한다는 계획을 갖고 있다. 그러나 그 이후에 뚜렷한 움직임은 보이지 않고 있으며 빅뱅의 해체설과 대표의 공판 출석 등으로 다소 어수선한 모습이다.

그렇지만 이런 리스크에도 네이버나 하이브의 투자를 받으면서 체질 개선이 이루어질 것으로 예상해본다. 다만, 그만큼 네이버와 하이브에 대한 의존도가 커질 수 있음은 감안해야 할 것이다. YG엔터테인먼트는 개성과 실력을 겸비한 아티스트가 많은 만큼 빠른 수습으로 과거의 영광을 되찾기를 기대해본다.

친근한 대장주 JYP엔터테인먼트(035900): JYP엔터테인먼트는 트와이스와 ITZY 등의 IP를 보유한 연예 기획사다. 지난 2021년 7월 박진영의 지분 2.5%, 약 365억 원을 두나무에 매각했다. 이는 자사의 IP를 활용한 NFT 사업을 목적으로 합작법인을 설립하기 위해서다. 그리고 상대적으로 부족한 플랫폼 역량을 메우기 위해 지난 2021년 6월 SM엔터테인먼트의 자회사 디어유의 일부 지분을 214억 원에 23.3% 인수하고 2대 주주가 된다.

JYP엔터테인먼트의 디어유 투자는 단순 투자가 아닌 디어유의 버블

바로 가기

JYP엔터테인먼트
주가 보기

Bubble 서비스에 자사의 IP를 속하게 함으로 자체 플랫폼 구축의 부담을 덜어낸 것이다. 이는 신의 한 수였다. 타 기획사들이 자회사 방식으로 사업을 확장한 것과 달리 JYP엔터테인먼트는 지분 인수 방식으로 사업 확장의 힘을 아꼈고 기획사 매니지먼트 본업에 열중했다는 것이다. 이는 2022년 한 해 국내 4대 엔터사 중 유일하게 30%에 이르는 압도적인 영업이익률을 보여주기에 이른다.

또한 2022년 5월 19일 종가 기준으로 JYP엔터테인먼트의 시가총액은 2조 원에 육박하며 당시 SM엔터테인먼트 1조 6,000여억 원, YG엔터테인먼트 1조 90여억 원을 넘어서게 된다. 이러한 점에서 미루어 보아 JYP엔터테인먼트는 겉모습은 작아 보이지만 실제로는 알짜 기업일 수도 있겠다는 생각을 해본다. 소속사 아티스트의 노래 또한 누구나 좋아할 만한 친근한 대중성을 띠고 있다.

국내 4대 엔터사들은 NFT 신사업과 관련해서 거미줄 같은 공생 관계를 맺고 있다. BTS 소속사인 하이브는 자체 플랫폼인 위버스를 지니고 두나무의 지분을 인수해 협력 관계를 맺는다. YG엔터테인먼트는 자회사 YG Plus를 지니고 하이브와 두나무가 합작한 법인과 협력 관계를 맺는다. JYP엔터테인먼트는 두나무에 지분을 매각하며 합작 법인을 설립 중이며 SM엔터테인먼트의 자회사 디어유의 지분을 사들이며 협력 관계가 된다.

이렇듯 국내 4대 엔터사들은 자체 자회사 플랫폼을 지니거나 거래소 업비트의 두나무와 서로 얽혀 협력과 공생 관계로 돼 있다. 특히 업비트의 두나무와 관계가 잦은 것은 한국을 대표하는 암호화폐 거래소로 NFT 관련 기술과 기반을 갖고 있기 때문이다.

4대 엔터사 관계도에서 특이한 점은 두나무와의 협력에서 SM엔터테인 먼트만 빠져 있다는 것이고 모두가 자회사 플랫폼을 가지고 있지만 JYP엔 터테인먼트만 없다는 것이다. JYP엔터테인먼트는 플랫폼이 없는 대신 SM 엔터테인먼트의 디어유에 의존해서 플랫폼의 빈자리를 메우고 매니지먼트 에 집중한다. 더구나 SM엔터테인먼트가 카카오에 매각되었을 경우 SM 엔 터테인먼트와 플랫폼을 공유하는 JYP엔터테인먼트는 그 힘을 공유할 수 있어서 호재가 된다.

아직은 엔터사들의 NFT 사업이 본격화되지는 않는 분위기다. 가장 최근 에 엔터사의 NFT 신사업 행보로 성공적이었던 사례는 어비스컴퍼니ABYSS Company 소속의 아티스트 선미를 PFP로 발행한 '선미야 PFP 프로젝트' 정 도이다. 엔터사의 NFT 사업 진출은 그 쓰임새와 기술을 고도화한다면 앞 으로의 가능성이 충분히 열려 있다. 그렇기에 향후 그들의 행보가 크게 기

국내 4대 엔터사들의 협력 관계도

대된다. NFT 사업화에 앞서서 무엇보다 중요한 것은 콘텐츠의 힘이다. 그 콘텐츠의 중심에 엔터테인먼트가 있기 때문에 다른 사업 분야와 비교했을 때 엔터사들의 NFT 사업 진출은 수월할 것으로 예상된다. 다만, 엔터사들은 IT 기술의 활용과 이해에 한계가 있고 예측할 수 없는 인적인 리스크는 부담으로 작용된다. 장기적인 안목에서 투자 포인트는 인적인 리스크를 적절한 시스템으로 사전 관리하면서 균일하고 신선한 콘텐츠를 연달아 생산하고 암호화폐 기술 관련사들과의 긴밀한 협업으로 선진화된 미래 엔터 시장을 먼저 구축하는 기획사에게 1등 대장주의 트로피가 주어질 것으로 보인다.

NFT 기술주 그 외

04

게임과 엔터를 제외한 NFT 관련주를 살펴보겠다. 그것에는 코인이나 결제 시스템과 관련된 기술주나 미술품 유통과 관련된 종목들이 있다. 간추려보면 몇 개가 되지 않는다. 나열해보면 NFT와 관련된 사소한 종목들은 수도 없이 많겠지만 이렇다 할 굵직한 대장주는 몇 개가 되지 않는다. 그러나 앞으로도 더 늘어날 전망이며 이후 등장할 다양한 NFT 관련주들을 계속 기대해보겠다.

NFT의 선두 주자 카카오(035720): 카카오는 네이버를 비롯한 빅테크 기업 중 유일하고 빠르게 NFT 사업에 뛰어든 기업이다. 카카오는 자회사 그라운드X를 통해 클레이튼KLAY 코인을 내놓았다. 최근 이더리움의 가스비 상승 등으로 클레이튼 메인넷 이용자가 늘고 있고 이는 국산 PFP 프로젝트의 대부분을 수용하기에 이른다. 그리고 카카오 NFT 마켓플레이스인 클립드롭

바로 가기

**카카오
주가 보기**

스Klip Drops에서 유명 작품들이 연일 품절되는 등 국내에서는 가장 활발한 NFT 거래를 보이고 있다. 국민 플랫폼 카카오를 통해 NFT가 대중화되고 있다는 평가를 받고 있으며 주가가 신고가로 올랐다가 미국을 비롯한 전 세계가 당면한 경제 불안감으로 인해 많이 꺾인 모양새다.

카카오는 여기에 머물지 않고 게임으로 블록체인 사업을 더 키워 나간다. 자사의 클레이튼 메인넷을 중심으로 하는 클레이튼게임즈를 구축한 것이다. 이곳에서는 P2E 게임들의 공급사와 유저들을 연결시켜주는 역할을 하며 P2E 게임들에 사용되는 코인들을 수용한다. 앞으로 P2E 게임들이 많이 출시될 것이 불을 보듯 뻔한 상황에서 몇몇 대형 게임사를 제외하고는 자체 메인넷 개발과 코인 관리가 쉽지 않을 것이 충분히 예상되기에 그 역할을 대신 하기 위한 클레이튼게임즈가 구축된 것이다. P2E 게임 개발에 관심이 있거나 P2E 게임 서비스나 운영에 어려움이 있을 중소 개발사들이 클레이튼게임즈로 몰릴 것으로 예상된다.

그러나 카카오는 카카오 모빌리티 매각설에 노조와 마찰을 빚고 있고 한때 200만 명의 개미들이 몰린 국민주로 시가총액이 3위까지 올랐었지만 불과 1년 사이에 시가총액이 10위까지 밀리게 된다. 이는 미국 중앙은행의 긴축 움직임과 최고 실적 대비 8% 낮아진 성장세 등이 영향을 미친 것으로 보인다. 카카오의 목표 주가를 일제히 하향 조정한 가운데 카카오가 뿌려 놓은 자회사들의 영업이익이 현실적으로 반영되어 좋은 그래프를 보여주기를 기대해본다.

역사와 전통의 서울옥션(063170): 서울옥션은 한국을 대표하는 미술품 경

바로 가기

서울옥션
주가 보기

매사로 지난 2021년 업비트의 두나무와 NFT 관련 업무협약_{MOU}을 맺으며 10년 만에 최고 신고가로 한때 주가가 59%나 뛰었었다. 이는 두나무의 자회사인 람다256의 블록체인 기술을 서울옥션의 미술품들에 도입하기 위해서다. 두나무의 가상화폐 거래 기술과 서울옥션의 미술품 거래 노하우가 결합되면 큰 시너지를 이룰 것으로 예상된다.

서울옥션은 관계사 서울옥션블루를 통해 소투_{Sotwo}라는 미술품 공동구매 서비스를 제공하고 있고 서울옥션블루의 자회사인 엑스엑스블루_{XXBlue}를 통해 NFT 사업을 진행하고 있다.

그리고 최근 서울옥션은 미술품 오픈마켓인 블랙랏_{blacklot}을 출시하고 신진 작가들의 등용문으로 미술의 대중화를 시도했다. 이는 추후 NFT와의 결합 가능성이 있어서 투자자들의 마음을 설레게 하는 분위기다.

한편 신세계는 코로나19에도 불구하고 최대 실적을 올리며 미술 사업 확장에 대한 의지를 드러냈는데 미술품 경매 업체를 인수해 미술 시장을 노리는 것으로 전해지고 있다. 그 일순위가 서울옥션으로 점쳐지면서 서울옥션 인수설에 무게가 쏠리는 분위기다. 다만, 서울옥션 인수에 있어서 신세계 외에도 해외 경매 업체가 경쟁사로 있는 만큼 그 결과는 지켜봐야 하겠다.

결제시스템 솔루션 기업 다날(064260): 다날은 세계 최초의 휴대폰 결제 시스템을 서비스하면서 결제 시스템 솔루션을 대표하는 기업으로 떠오른다. 다날은 계열사 다날핀테크를 통해 자체 가상화폐 페이코인_{PCI}을 개발한다. 페이코인은 한때 관심을 한 몸에 받으며 2일 만에 194원에서 5,310원까지

바로 가기

다날
주가 보기

27배 이상 오르기도 한다. 페이코인은 암호화폐 기술을 기반으로 하는 결제 서비스로 6만 개 이상의 온·오프라인 가맹점과 90만 명 이상의 사용자를 지녔으며 전용 앱을 통해 편의점 등에서 사용할 수 있도록 서비스를 하고 있다. 암호화폐 사용의 실생활화를 이뤄낸 것이다.

이어 다날은 페이코인 앱을 통해 이더리움을 실생활에서 사용 가능하게 한다는 계획도 내놓는다. 이는 가맹점의 이더리움 수용 여부와 관계없이 기술적으로 앱 내에서 이더리움을 페이코인으로 변환해서 사용하게 한다는 것이다. 다날은 페이코인의 성공에 대한 보상과 직원들의 사기 진작을 위해 2년 연속으로 114만 주의 스톡옵션을 뿌리기도 했다.

이후 다날은 플레이댑PlayDapp과의 제휴로 플레이댑 내의 NFT 구입에 자사의 페이코인을 추가하기로 한다. 플레이댑은 2019년 8월에 시작된 한국 서비스로 플레이댑 코인PLA이 한국 코인으로는 최초로 미국 1위 암호화폐 거래소 코인베이스에 상장되는 등 주목받는 플랫폼이자 코인이다.

더 알아보기

플레이댑(PlayDapp)

게임 유저 간 아이템 거래를 위한 플랫폼.

다날은 여기에 멈추지 않고 페이코인을 활용한 NFT 거래 사업 진출까지도 선언하기에 이른다. 과거 인터넷 쇼핑몰 등에서 결제 대행 시스템을 제공해주던 핀테크 기업 다날이 암호화폐와 NFT 기업으로 도약하는 모습에서 핀테크 기업으로는 최초로 미래 시장을 선점한 모습이다. 이후에는 대표적인 VFX 회사인 덱스터스튜디오와 MOU를 체결하며 메타버스로의 진출까지 선언하기에 이른다.

종합 금융 플랫폼 갤럭시아머니트리(094480): 갤럭시아머니트리는 휴대폰이나 신용카드 등의 결제 대행을 제공하는 핀테크 기업으로 자회사 메타갤

바로 가기

메타갤럭시아
사이트

럭시아를 오픈하면서 그곳을 아트, 스포츠, 엔터 등의 NFT 콘텐츠 큐레이션 마켓으로 활용하겠다는 발표를 한다. NFT로의 사업을 선언하면서 지난 2021년 11월에는 장중 52주 최고가로 2만 원을 찍기도 했다. 당시 갤럭시아 머니트리의 시가총액은 3,943억 원으로 1년 만에 2.5배 증가한 것이 된다. 더구나 협력사인 스포츠 마케팅 전문사 갤럭시아에스엠까지 덩달아 한때 강세를 보이기도 했다.

갤럭시아머니트리는 NFT로의 진출을 선언한 타 기업들과 달리 그 실행 속도가 비교적 빠른 편이다. NFT 마켓 구축을 선보이겠다고 했던 메타갤럭시아는 현재 활발하게 구동되고 있으며 아트, 스타, 브랜드 등 다양한 카테고리로 작품들을 만나볼 수 있다. 신인 작가들의 작품들이 다수 올라오고

메타갤럭시아 사이트의 모습

MetaGalaxia 카테고리 ▾ 판매등록 NFT 멤버 로그인 · 회원가입

공지사항 | 2022.06.07 | [공지] Marketplace 이용 ...

SOLD OUT

브랜드 폴햄 판매종료

ALLBLACK LEO
~ polham

50,000원

170 KLAY 0.036 ETH

SOLD OUT

카테고리 전체보기 ＞

아트 스타 브랜드 럭셔리

자료: 메타갤럭시아

바로 가기

갤럭시아머니트리
주가 보기

있고 다른 NFT 마켓플레이스와는 다르게 현실적인 가격으로 실거래가 이루어지고 있는 모습이다. 웹으로 구현된 국산 NFT 마켓플레이스 중에서는 가장 활성화되고 갖춰진 모습을 볼 수 있다. 종목에 대한 이야기를 하고 있지만 NFT 작품 판매에 관심이 있는 독자라면 이곳을 살펴보는 것도 작품 판매에 현실적인 방법이 되겠다.

휴대폰이나 신용카드 등 결제 시스템을 제공하는 핀테크 기업들은 코인이나 NFT 기술 적용이 타 기업들과 달리 비교적 수월하고 암호화폐나 NFT 신사업으로의 진출이 어느 정도 예상되기도 했던 분야다. 갤럭시아머니트리도 다날과 마찬가지로 핀테크 기업에서 NFT 기업으로 확장하고 있는 모습이다. 다만, 다날은 자사의 코인으로 결제를 대신하는 솔루션에 무게를 두었고 갤럭시아머니트리는 NFT 작품 유통에 무게를 두었다. 둘 다 암호화폐나 NFT로의 신사업 진출이 순조롭게 보인다.

미술품 경매 업체 케이옥션(102370): 케이옥션은 2022년 1월 24일에 상장했으며 공모주 청약에 1,408:1의 경쟁률로 그 증거금만 해도 5조 6,000억 원이 모이는 기염을 토했다. 케이옥션은 상장 첫날 이른바 '따상(시초가가 공모가의 두 배로 결정됨)'을 기록했는데, 2022년 상장한 16개 기업 중에 첫날 따상을 기록한 기업으로는 케이옥션이 유일하다. 3, 4월에 들어서는 공모가 대비 약 50%의 수익률을 보이며 비교적 좋은 주가 흐름을 보이고 있다. 케이옥션은 업계 최초로 K-Office(미술품 종합 관리 시스템)를 구축하며 미술품 유통 관리 표준화 경매를 이룬 회사이기도 하다.

바로 가기

케이옥션
주가 보기

케이옥션은 상장 이후 글로벌 모바일 메신저 플랫폼인 라인LINE의 자회사 '라인 넥스트'와 NFT 기반 미술품 유통 생태계 구축을 위한 파트너십을 맺었다. 케이옥션은 그동안의 미술품 유통 노하우를 글로벌 NFT 플랫폼인 라인 넥스트의 도시DOSI에 적용해서 사업 모델을 구상한다는 계획이다. 케이옥션 또한 이렇게 NFT로의 사업 진출을 예고했으므로 그 행보를 주목해봐야 하겠다.

핀테크 관련 주나 미술품 경매 관련 주는 NFT로의 신사업 진출이 뻔하게 예상되던 분야이다. 다만, 핀테크사는 그동안의 개발 노하우가 있기에 그것들을 구현하는 데 있어서 전혀 어려움이 없겠지만 미술품 경매사는 미술품 유통에 대한 노하우만 있을 뿐 개발 경험이 전혀 없다는 데에 서로 다른 점이 있다. 물론 개발력만 있다고 해서 NFT 시장에서 유리한 것만은 아니다. NFT 작품을 유통하는 데 있어서는 큐레이션 감각도 지대하게 작용하기 때문이다. 그래서 보통은 파트너십을 맺거나 업무 협약으로 서로의 부족한 점을 메우기도 한다. 이런 면에서 본다면 다날은 그 기술력을 바탕으로 독자적인 암호화폐 결제 솔루션을 구축하면서 암호화폐의 실생활화라는 포지션으로 우리에게 깊숙하게 다가올 것이고 서울옥션과 케이옥션은 국산화된 NFT 미술품 시장에서 서로 각축전을 벌일 것으로 생각된다. 그 중간에는 갤럭시아머니트리가 자리 잡을 것으로 보인다. 장기적인 안목에서 각 종목들의 서로 다른 기술과 노하우를 바탕으로 실효성 있는 NFT 사업을 누가 먼저 선점하는가에 투자 포인트가 있다고 하겠다.

> **WARNING!**
> 본 책에서는 특정 종목을 추천하거나 매매를 유도하지 않으며 종목에 대한 투자 판단은 독자 본인의 몫으로 그 손실의 책임도 독자 본인에게 있다.

CHAPTER 7

NFT 수익화 다섯 번째
'NFT 코인 투자'

'디센트럴랜드(MANA)' 코인
살펴보기

디센트럴랜드는 아르헨티나의 아리 메이리치Ari Meilich와 에스테반 오르다노Esteban Ordano가 2015년도부터 개발을 시작해서 2017년도에 출시된 메타버스 플랫폼이다. 디센트럴랜드에서 통용되는 전용 코인은 이더리움 체인을 기반으로 하는 마나MANA 코인이고 코인의 주 사용처는 랜드 구입이다. 그렇게 구매한 랜드는 NFT화돼 있으며 오픈씨에서도 거래가 가능하다. 이렇게 구매한 랜드에는 다양한 콘텐츠를 구축해서 방문자들에게서 수익을 얻을 수도 있다. 특히 주목할 만한 점은 콘텐츠로 들어오는 수익에 대한 수수료가 전혀 없다는 것이다.

디센트럴랜드는 초기에 주목을 받지 못하다가 메타버스의 부상으로 관심을 한 몸에 받으며 마나 코인이 급등하게 된다. 흔히 메타버스와 NFT 관련 코인으로 디샌트럴렌드와 더 샌드박스가 꼽히며 이 둘의 시세는 거의 비슷한 그래프로 움직인다.

바로 가기

디센트럴랜드
사이트

디센트럴랜드는 랜드나 아이템에 NFT 기술을 사용하는 탈중앙화 플랫폼이다. 아래와 같이 랜드 위에 콘텐츠를 창작해서 적용할 수 있으며 수익을 창출할 수 있다.

디센트럴랜드 전용 코인 마나의 연계

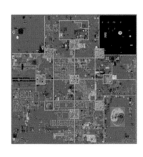

자료: 디센트럴랜드

디센트럴랜드 메타버스 화면의 예

자료: 디센트럴랜드

디센트럴랜드(MANA) 향후 전망은?: 디센트럴랜드의 장점은 메타버스 시장에서 비교적 오래된 역사를 가지고 있고 가상화폐 시장을 꾸준히 지켜온 플랫폼이라는 점이다. 마나 코인은 업계에서 가장 있기 있는 코인 중의 하나이고 가상 공간에서의 진정한 자유경제 시장을 초기에 재현한 모델이다.

디센트럴랜드는 진정한 탈중앙 플랫폼으로 탈중앙이 지녀야 할 거버넌스Governance(공동의 목표를 달성하기 위해 투명하게 의사 결정을 수행할 수 있게 하는 제반 장치)를 갖고 있다. 거버넌스를 통해서 디센트럴랜드 운영의 정책 제안과 결정을 민주적으로 할 수 있다.

그러나 장점만 있는 것은 아니다. 디센트럴랜드는 비교적 역사가 오래된 플랫폼이지만 아직도 여전히 콘텐츠 접속 참여자가 많지는 않다. 또한 디센트럴랜드의 랜드는 지형이 다양하지 않다. 그만큼 특색 있는 콘텐츠를 만들기에는 다소 부족한 점으로 작용된다.

가상 공간 콘텐츠에 참여한 유저들과의 상호 작용 기능이 부족한 점도 단점으로 꼽힌다. 메타버스 플랫폼은 많은 사람들의 활발한 참여가 무엇보다 중요하다는 점에서 유저 간 소통 기능 부족은 다소 불안한 요소로 생각된다. 디센트럴랜드의 앞으로 비전은 그동안 다소 낯설었던 메타버스에 대해 꾸준한 수요가 발생하면서 그동안의 결실을 맺을 것으로 기대된다. 하지만 유저 참여가 활발하지 않다는 점은 해결해야 할 과제다.

디센트럴랜드에 접속하면 별도의 설치 프로그램 없이 바로 체험이 가능하다. 한국의 콘텐츠로는 삼성 기업의 가상 상점인 837X가 있다. 투자를 생각한다면 적어도 디센트럴랜드에 방문해서 최소한의 체험을 해보는 것을 추천한다.

바로 가기

**삼성 가상 상점
837X 보러 가기**

바로 가기

디센트럴랜드
(MANA) 시세 보기

디센트럴랜드 코인 정보

디센트럴랜드 MANA/KRW ▼

시세   정보

Decentraland

| | | 웹사이트 | 블록조회 | 원문백서 |

최초발행	2017.09.	총 발행한도	2,193,488,927 (코인게코 제공)
	시가총액	현재 유통량	
프로젝트팀 제공	미제공	프로젝트팀 제공	미제공
코인마켓캡 제공	1.7조원 (22.10.18. 기준)	코인마켓캡 제공	1,855,084,192 (22.10.18. 기준)
코인게코 제공	1.7조원 (22.10.18. 기준)	코인게코 제공	1,813,311,573 (22.10.18. 기준)
프로젝트팀 유통량 계획	미제공	프로젝트 연락처	hello@decentraland.org

@decentraland 님의 트윗

🔁 Decentraland 님이 리트윗했습니다

Sean Ellul
@SeanEllul · 16시간

38 Reasons to Be Excited for Decentraland in 2023:

@decentraland's disruptive nature is often grossly overlooked.

Here are 38 reasons (in no particular order) to be excited about Decentraland's development in 2023; one reason for each DLC DAU ;)

연관 인덱스

UBMI 30	로우볼 Top 5	대체불가능 토큰
-0.34%	-0.78%	-1.45%

자료: 업비트

'더 샌드박스(SAND)' 코인 살펴보기

더 샌드박스는 2012년 5월 픽스올Pixowl에서 출시한 모바일 게임이다. 이후 2015년 6월에는 스팀Steam PC 게임으로도 출시되었다. 2018년에 이르러서는 애니모카 브랜즈Animoca Brands에 인수되고 2021년 11월에 비로소 3D 블록체인 게임으로 탈바꿈하여 지금의 모습을 갖춘다.

더 샌드박스에서는 이더리움을 기반으로 하는 자체 코인 샌드SAND가 있고 이 코인으로 랜드 및 에셋 등을 거래할 수 있으며 거버넌스 코인으로도 활용된다. 더 샌드박스는 크게 랜드 소유자, 게임 메이커, 에셋크리에이터, 플레이어로 나뉘고 랜드를 구입하거나 임대받아 그 안에 게임을 만들고 에셋들을 설치하여 플레이어들을 맞이한다. 이런 순환 구조에서 샌드 코인을 획득하거나 에셋을 팔아 샌드 코인을 벌 수도 있다. 이렇게 얻은 코인은 거래소에서 현금화할 수 있다.

더 샌드박스는 디센트럴랜드와 마찬가지로 NFT를 사용하는 탈중앙 플

더 알아보기

애니모카 브랜즈
(Animoca Brands)

홍콩에 소재한 블록체인 전문 투자사.

더 샌드박스 '샌드 코인'의 연계

자료: 더 샌드박스

랫폼으로 거버넌스를 지원하며 랜드 위에 다양한 게임이나 콘텐츠들을 올려 수익을 창출할 수 있다. 더 샌드박스는 디센트럴랜드에 비해 참여자가 보다 더 활발한 모습을 보인다. 마치 레고와 같은 비주얼에 견고한 게임 시스템을 갖추고 흥미롭고 다양한 콘텐츠를 제공한다는 점에서 그 이유를 찾아볼 수 있겠다.

다음 페이지의 이미지는 더 샌드박스의 전용 마켓플레이스의 모습이다. 유저들이 만든 다양한 NFT 아이템들을 전용 마켓에서 샌드 코인을 통해 거래할 수 있으며 수익화할 수도 있다. NFT 수익화를 생각하는 사람들에게는 이 부분이 가장 큰 매력일 것이다.

더 샌드박스 향후 전망은?: 더 샌드박스의 장점으로는 탈중앙, 메타버스, 게임, NFT 등 모두가 혼합된 가장 진보되고 견고한 시스템을 지닌 플랫폼이라는 점이다. 이는 흡사 디센트럴랜드, 로블록스, 마인크래프트를 섞어

> **더 알아보기**
>
> **마인크래프트**
> **(Minecraft)**
>
> 샌드박스 형식의 비디오 게임으로, 유저들이 자유롭게 채광Mine과 제작Craft을 하며 '나만의 세상'을 만들 수 있도록 했다.

더 샌드박스 전용 마켓의 모습

자료: 더 샌드박스

놓은 듯한 모습이다. 각각의 장점들이 모두 혼합됐다고 보면 되겠다.

더 샌드박스는 정식 출시 전이며 얼마 전 선보인 알파오픈에서 생각보다 높은 완성도와 퀄리티를 보여주었다. 아직은 실감이 안되는 메타버스는 '소문난 잔치에 먹을 것 없다'로 여겨지기도 하지만 더 샌드박스의 메타버스는 다양한 콘텐츠로 가득 찬 모습을 볼 수 있었다. 가장 현실적이며 완성도 높은 메타버스 플랫폼이라고 여겨진다.

더 샌드박스는 몇 안되는 진정한 탈중앙 메타버스 게임 플랫폼이다. 그런 의미와 유명세에 해외 대기업들과 인플루언서 팝스타들의 협업과 참여가 매우 활발하고 소프트뱅크 손정의가 NFT 분야로는 최초로 더 샌드박스에 1,100억 원을 투자하기도 했다. 이어 국내 게임사 컴투스도 더 샌드박스에 시리즈 B 투자를 하기에 이른다.

그러나 더 샌드박스에 장점만 있는 것은 아니다. 다른 플랫폼에 비해서 상대적으로 견고한 시스템을 갖추고 콘텐츠도 풍부하지만 랜드 소유자에게 권력이 너무 집중돼 있다는 점은 다소 우려되기도 한다. 그 이유는 더 샌드박스에서 게임을 만들기 위해서는 최우선 조건으로 랜드가 있어야 한다. 그 랜드의 매매가는 최소 몇 백만 원에서 몇 천만 원, 수억 원에도 이르므로 창작에 흥미가 있는 청소년들이 접근하기에는 현실성이 많이 떨어진다. 물론 그 랜드를 임대받아서 게임을 만들 수도 있겠지만 창작자들은 임대료를 지불해야 하기에 그것도 부담으로 다가온다. 반면 더 샌드박스와 유사한 로블록스 게임에서는 단순히 계정만 새로 만들면 바로 게임을 만들 수 있기 때문에 랜드 구매나 임대료에 대한 부담이 없다.

얼마 전 넷플릭스에서 상영한 인기 시리즈 〈오징어 게임〉이 있었다. 그 시류에 맞춰 로블록스 유저들은 오징어 게임 콘텐츠를 민첩하게 만들어내는 대응을 보여주었다. 랜드 임대 등의 과정이 없기 때문이다. 반면 더 샌드박스의 경우 게임이나 콘텐츠를 만들기 위해서는 처음부터 랜드가 있어야 하기 때문에 창작 의지가 꺾이고 창작물의 양도 많이 나올 수 없는 구조다. 더구나 시류에 따른 트렌디한 콘텐츠를 민첩하게 만들 수 없다는 점도 큰 단점으로 다가온다. 메타버스는 풍부한 콘텐츠로 넘쳐나야 한다. 그러나 랜드라는 걸림돌은 콘텐츠 수급 부족으로 이어질 수도 있는 요소로 작용한다. 이는 마찬가지로 랜드를 기반으로 하는 디센트럴랜드처럼 유저 참여 유도에 안 좋은 영향을 끼칠 수도 있겠다. 그러나 더 샌드박스의 시스템은 현

바로 가기

더 샌드박스(SAND)
시세 보기

더 샌드박스 코인 정보

🅢 **샌드박스** SAND/KRW ▼

| | | | | 시세 | 정보 |

The Sandbox

웹사이트 블록조회 국문백서 원문백서

최초발행	2019.10.	총 발행한도	3,000,000,000 (코인마켓캡 제공)
	시가총액	현재 유통량	
프로젝트팀 제공	미제공	프로젝트팀 제공	미제공
코인마켓캡 제공	1.7조원 (22.10.18. 기준)	코인마켓캡 제공	1,499,470,108 (22.10.18. 기준)
코인게코 제공	1.7조원 (22.10.18. 기준)	코인게코 제공	1,504,170,208 (22.10.18. 기준)
프로젝트팀 유통량 계획	SAND 팀 유통량 계획	프로젝트 연락처	contact@sandbox.game

연관 인덱스

| UBMI 30 -0.33% | | 대체불가능 토큰 -1.37% |

@TheSandboxGame 님의 트윗

🅢 **The Sandbox** ✔
@TheSandbo... · 1시간

🖼️ @Deadfellaz Avatars ➡️ The Sandbox

19th October 💀 Get ready...
opensea.io/collection/dea...

THE SANDBOX

💬 29 ♡ 224 ⓘ

↑↓ The Sandbox 님이 리트윗했습니다

자료: 업비트

존하는 유사 플랫폼 중에 단연 최고의 완성도를 지녔고 콘텐츠 또한 풍부하며 기업들과의 협업도 매우 활발하다는 점에서 미래가 밝다고 본다. 단점이 없는 완전 무결한 순환 시스템은 그 어디에도 없다. 랜드 구입이나 임대의 부담은 있지만 랜드는 메타버스에서 필수적으로 있어야 할 구성이므로 랜드를 무리 없이 시스템에 잘 녹여 넣는다면 좋은 결과를 예상할 수 있겠다.

'엑시인피니티(SLP, AXS)' 코인 살펴보기

엑시인피니티는 베트남의 스카이마비스사가 개발한 P2E 게임이다. 엑시인피니티 게임은 포켓몬스터에서 영감을 받아 만들어졌다고 하며 캐릭터 기반의 수집, 번식, 전투, 거래를 주로 이루는 게임이다. 엑시인피니티 게임의 폭발적인 인기로 스카이마비스사는 한때 전 세계 게임사 시총 5위까지 오르기도 했다.

엑시인피니티의 게임 방법은 다른 플레이어에게 엑시 캐릭터를 구입해서 진행하게 되며 엑시 3마리의 조합으로 턴제 전투를 벌이게 된다. 전투에서 승리하면 SLP 코인을 획득하게 되고 이 코인은 바이낸스 거래소에서 현금화할 수 있다. 플레이어들은 게임 내에서 사용되는 가상의 토지나 게임 요소들을 NFT로 거래할 수도 있다.

엑시인피니티가 우리에게 준 교훈: 엑시인피니티는 P2E 게임의 성공적인 시

P2E게임 엑시인피니티

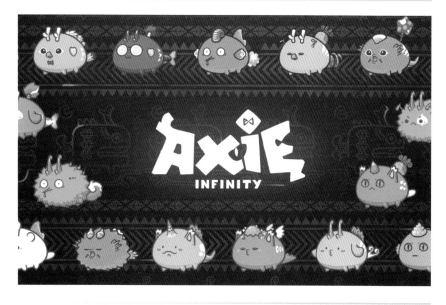

자료: 스카이마비스

초이며 실질적으로 진짜 돈이 벌리는 게임으로 평가된다. 단, 한국에서는 P2E 게임이 사행성으로 분류되어 서비스가 되지는 않는다. 엑시인피니티로 유저들이 한 달에 벌어가는 평균 액수는 한화 약 40만 원 전후가 된다. 이후 게임의 성공으로 삼성이 1,800억 원을 투자하기도 했다.

그러나 그 인기는 오래가지 못했다. 전투로 획득한 SLP 코인을 게임 내에서 순환시켜야 하지만 유저들이 돈만 벌기 급급한 나머지 SLP 코인을 획득하자마자 모두 거래소에서 현금화를 해버린다. 유저들은 돈만 버는 게 목적일 뿐 게임에는 별다른 흥미가 없었다. 그렇게 쏟아져 나온 코인들은 거래소에 점점 쌓여가며 그 가치가 하락하고 이제는 바닥까지 떨어지기에 이르

바로 가기

엑시인피니티(SLP)
시세 보기

엑시인피니티(AXS)
시세 보기

렀다. 이후에는 6억 2,000만 달러 가치의 코인이 해킹되는 사건까지 벌어지게 되며 암호화폐 사상 가장 최악의 해킹 사건으로 남게 되었다.

엑시인피니티 게임의 몰락에서 우리가 배워야 할 교훈은 결국 게임은 재미있어야 하고 시스템이 탄탄해야 한다는 것이다. 엑시인피니티가 돈 버는 게임으로의 가능성은 충분하게 보여줬지만 게임성 자체로는 실패했기 때문이다. 이로써 P2E 게임 무용론까지 언급되는 상황에 이르게 되었다. 게임 시스템이 견고하고 본연의 게임성으로 재미를 제공해야 유저들은 그 게임 안에 머물며 획득한 코인을 게임 안에서 다시 순환시키게 된다. 기존의 게임에 P2E 기능만 붙이는 것이 아닌 P2E 게임만을 위한 전혀 새로운 기획이 필요하다는 것이다.

엑시인피니티 코인 정보

자료: 업비트

엑시인피니티는 절반의 성공으로 우리에게 교훈을 남겼다. 지금 시세는 안 좋은 상황이지만 여기에 소개하는 이유는 P2E 게임에 대해 지금의 상황을 파악하고 냉정함을 갖기 위함이다. 더불어 게임 개발사들은 이런 상황을 인식하고 P2E 게임 만들기에 있어서 새로운 접근 방식으로 기획하고 구현하기를 바라본다.

04 '엔진코인(ENJ)' 살펴보기

엔진코인Enjin Coin은 엔진사의 창업자 맥심 블라고프Maxim Blagov가 2017년
도에 창시한 플랫폼이다. 엔진코인은 주로 게임 아이템을 거래하기 위한 플
랫폼으로 이더리움 기반의 NFT 아이템 등을 모바일 암호화폐 지갑에 보관
하고 관리할 수 있는 기능을 제공한다. 또한 전용 코인인 엔진ENJ으로 아이

엔진코인의 쓰임새

자료: 엔진코인, 마인크래프트, 월드 오브 워크래프트

템 거래도 가능하다.

엔진코인 플랫폼은 단순 게임 아이템 거래만 지원하는 것이 아니라 게임 아이템을 NFT화해서 그 아이템을 다른 게임에도 호환되게 해놓았다. 물론 아이템 호환은 엔진코인과 연합 관계를 맺은 게임들에서만 가능하다. 그 게임들은 크립토파이트Cryto Fights, 워 오브 크립토War of Crypto, 포레스트 나이트Forest Nights 등 10여 개에 이른다.

엔진코인은 게임 종합 플랫폼으로 게임 내에서 획득한 아이템이 엔진 지갑에 안전하게 보관된다. 이는 게임 서버가 아닌 개인 지갑에 보관하는 것이므로 게임 서비스 종료와 상관없이 영구적으로 아이템을 보관할 수 있다는 장점을 갖는다. 엔진코인은 아이템 보관, 관리, 거래뿐 아니라 추가로 커

엔진코인 정보

자료: 업비트

바로 가기

엔진코인
사이트

뮤니티나 길드 활동 기능도 지원하고 있다. 때문에 엔진코인을 게임 종합 플랫폼으로 보고 있다.

엔진코인의 장점은 아이템 거래나 커뮤니티 지원을 해주는 유일한 암호화 플랫폼이라는 점이다. 글로벌 사용자가 약 1,900만 명에 이르며 유저들은 엔진 지갑을 사용해서 아이템 거래를 보다 쉽고 안전하게 할 수 있다. 또한 QR코드까지 지원하므로 간편하게 아이템을 모바일 엔진 지갑으로 전송할 수도 있다.

엔진코인의 향후 전망은?: 엔진코인 플랫폼의 비전은 아이템 거래 시 발생하는 사기나 수수료 발생, 느린 전송 속도 등의 문제를 해결해주고 게임 개

GTA RP 타이틀

자료: GTA

바로 가기

엔진코인(ENJ)
시세 보기

발사가 자체로 구축하기 힘든 NFT 게임 아이템 유통 솔루션을 제공해준다는 점에 있다. 대형 게임사를 비롯해서 중소 게임사까지 NFT와 P2E 게임에 진출을 하고 있어서 그들을 수용하게 된다면 엔진코인의 미래는 밝다고 볼 수 있다. 지난 2019년에는 삼성 갤럭시 S10 모델에 엔진코인 암호화폐 지갑을 제휴하게 되면서 한때 시세가 급등하기도 했었다. 이어 세계적인 게임 GTA_{Grand Theft Auto}의 메타버스 버전인 GTA RP에 엔진코인을 사용하기로 제휴하기도 했다.

'플레이댑(PLA)' 코인 살펴보기

플레이댑PlayDapp은 2019년 8월에 시작된 한국의 블록체인 게임 서비스 플랫폼이다. 플레이댑 플랫폼은 이더리움 네트워크를 기반으로 하며 모바

플레이댑이 서비스하는 게임들

자료: 플레이댑

플레이댑 코인 정보

자료: 업비트

일 게임을 서비스하고 게임 간 아이템 연동이나 C2C(유저 간 거래), 랭킹 등을 제공한다. 이뿐만 아니라 게임 내에서 획득한 아이템을 NFT화해서 거래하는 자체 마켓플레이스를 지난 2020년 6월에 오픈했다. 이후 플레이댑은 지난 2021년 한국 코인으로는 최초로 미국 1위 거래소인 코인베이스에 상장하게 된다.

플레이댑은 엔진코인과 유사한 플랫폼으로 보이지만 엔진코인과는 다른 점이 있다. 플레이댑은 자체 게임을 보유하고 있으며 퍼블리싱까지 한다는 점이다. 반면 엔진코인은 자체 서비스 게임이 없고 단지 제휴된 게임에 엔진 지갑만을 연결해줄 뿐이다.

바로 가기

플레이댑
사이트

바로 가기

플레이댑(PLA)
시세 보기

플레이댑 향후 전망은?: 플레이댑의 장점은 게임 개발사가 독자적으로 만들기 힘든 블록체인 기반 NFT 솔루션을 제공해준다는 점이다. 중소 게임 개발사가 자체적으로 블록체인 기반을 구축한다는 것은 쉬운 일이 아니다. 플레이댑은 이를 모바일 게임에 간편하게 이식할 수 있도록 플랫폼을 제공해준다. 추가로 게임 서비스 포털도 같이 운영하고 있으며 개인 간 아이템 거래를 지원하는 마켓플레이스도 갖추고 있다.

플레이댑의 비전으로는 그들의 신작 플레이댑 랜드PlayDepp Land 게임을 지난 2021년 로블록스에 출시했고 유저들은 그 안에서 커뮤니티 기반의 소셜로 메타버스를 경험할 수 있다. 플레이댑 랜드에서는 다양한 직업으로 활동하면서 게임 아이템을 거래하는 등 경제 활동까지도 가능하다. 플레이댑 코인은 위믹스, 보라 코인과 함께 국내 3대 코인으로 불리우며 코인 발행량도 약 7억 개로 상대적으로 적은 편이라 상승 여력이 여전히 있다.

WARNING!

본 책에서는 특정 코인을 추천하거나 매매를 유도하지 않으며 코인에 대한 투자 판단은 독자 본인의 몫으로 그 손실의 책임도 독자 본인에게 있다.

P2E 게임과 메타버스의
성공 조건

더 알아보기

백서

코인이나 토큰을 거래소에 상장할 때 취지나 현황, 로드맵 등을 담은 문서를 발간하는 것.

NFT 관련 코인들을 앞서 살펴보았다. 주식과 달리 코인은 기업의 상황이나 비전 등을 쉽게 알아보기 힘들다. 제공되는 백서에 의존하기에는 그 정보가 너무 부족하다. 코인도 주식과 마찬가지로 기업의 상황이나 비전 등을 체크하기를 바란다. 대부분의 NFT 코인들은 메타버스나 P2E 게임과도 관련이 있으므로 메타버스나 P2E 게임이 성공하기 위한 요소를 미리 알고 있다면 코인의 미래 가치를 측정함에 있어서 객관적인 판단에 도움이 된다.

첫째로 P2E나 메타버스를 표방하고 있는 게임들에 대해서는 월드 안에 담길 콘텐츠의 양과 질을 측정해야 한다. 메타버스의 광활한 월드를 건물이나 캐릭터 등으로 모두 채우기엔 게임사 직원의 업무량으로는 턱없이 부족하다. 그래서 게임사들은 게임 메이커나 크리에이터로 유저들을 끌어들이고 코인으로 보상을 해주며 콘텐츠 생산을 장려하고 있다. 이렇게 순환되는 구조에서 과연 콘텐츠 수급과 그 질을 보장할 수 있는가? 장기적인 서비스 계획으로 로드맵이 확고한가? 외부 대기업이나 엔터테인먼트사 등과의 협업이 활발한가? 등을 살펴봐야 한다. 중요한 점 몇 가지를 정리해보면 아래와 같다.

- 과거에 유사 서비스 경험이 있는가?
- 진정한 탈중앙화 서비스인가?
- 무한한 확장성과 자유도를 지녔는가?
- 유명 기업과의 협업이 활발한가?
- 외부 투자 유치가 원활한가?
- 서비스 평판은 어떠한가?
- 경제 순환 시스템이 유연하고 견고한가?
- 풍부한 양과 질로 콘텐츠가 채워지고 있는가?
- 장기 계획 로드맵이 있는가?
- 서비스의 완성도가 있는가?

대부분의 메타버스 플랫폼이나 P2E 게임들은 과거부터 게임을 만들어 오던 회사들이 구현하고 있다. 그것이 아니라면 게임사를 인수해서 지금의 입맛에 맞게 플랫폼을 만들기도 한다. 메타버스와 P2E, NFT 등을 구현함에 있어서 가장 빨리 잘 만들 수 있는 업계는 단연 게임계이다. 신규 메타버스 플랫폼 등에서 그것을 구현한 핵심 회사가 게임회사의 DNA를 갖추고 있는지 살펴보아야 한다.

이미 출시해서 서비스를 하고 있다면 관련 커뮤니티 등을 통해서 서비스 평판을 알아보아야 한다. 기술적인 오류에서 불만은 없는지? 콘텐츠가 부족하지 않은지? 재미가 있는지? 등 분위기를 살펴보면 어느 정도 답을 얻을 수 있다. 물론 약간의 서비스 불만이 있더라도 그에 대한 본사의 대응이 빠르고 친절하다면 나쁘지는 않다.

메타버스 플랫폼에 있어서 진정한 탈중앙은 몇 개가 되지 않는다. 예를 들어 널리 알려진 로블록스나 포트나이트 등은 탈중앙이 아닌 본사에서 모든 것을 결정한다. 갑자기 서비스를 종료한다고 해도 이에 대해 이의를 제기할 수 없다. 반면 탈중앙 서비스는 거버넌스를 통해서 민주적인 결정으로 서비스된다. 탈중앙으로 알려진 대표적인 메타버스 플랫폼은 디센트럴랜드와 더 샌드박스 정도가 있다.

메타버스나 P2E 게임들은 유저들이 그 안에서 경제활동이 가능하게 하고 수익 창출까지 할 수 있도록 해준다. 어쩌면 이런 이유로 우리가 기대하는 바가 크다고 할 수 있겠다. 이것은 단순히 재화를 팔고 사는 문제가 아니라 더 나아가 견고한 시장 시스템으로 구현돼야 한다는 것이다. 재화를 구매하고자 하는 유저는 재화를 구매할 당위나 욕구가 있어야 하는 것이고 그런 당위를 만들기 위해서는 전체 시스템이 잘 설계돼야 하는 것이다. 이런 시스템 안에서 재화와 코인이 돌고 돌아 플랫폼의 가치와 코인의 가치를 형성하게 된다. 이렇게 형성된 가치는 시세에도 영향을 미치므로 매우 중요한 요소라고 하겠다.

경제 순환을 일으키기에 충분한 시스템이 마련돼 있다면 그 안에 다양하고 풍부한 콘텐츠가 있어야 한다. 콘텐츠가 있어야 사람들이 몰리고 그 사람들은 콘텐츠와 관련된 생산과 소비를 하게 된다. 시스템이 집이라면 콘텐츠는 그 안의 물건들이나 시나리오 등의 상황이라고 보면 쉽게 이해가 된다. 한마디로, 할 거리가 많아야 한다는 것이다. 디센트럴랜드와 더 샌드박스의 예에서 보면 더 샌드박스는 디센트럴랜드에 비해서 할 거리가 더 많은 사례이다.

대부분의 메타버스는 오픈월드와 샌드박스 게임을 표방하고 있다. 오픈월드란, 정해진 수순 없이 완전히 개방된 상태에서 자유롭게 즐길 수 있는 형태를 말한다. 샌드박스 게임이란, 유저가 자유롭게 게임의 룰이나 아이템 등을 창작해서 게임에 적용할 수 있게 해주는 기반을 이야기한다. 마치 모래 놀이를 하듯 자유롭게 무엇이든 만들 수 있기 때문에 '샌드'라고 한다. 메타버스나 P2E 게임에서는 유저 참여의 자유도가 중요하다. 자유가 보장된다면 본사에서 따로 룰을 만들어 놓지 않아도 유저들이 알아서 콘텐츠를 양산해내기 때문이다.

요즘에는 기업의 홍보나 마케팅 채널이 오프라인에서 온라인으로, 그리고 메타버스로 옮겨가고 있는 모습을 보인다. 이런 이유에서 메타버스를 대표하는 로블록스나 제페토 등을 살펴보면 기업과의 협업이 매우 활발한 것을 볼 수 있다. 기업들이 특정 메타버스 플랫폼으로 몰린다는 것은 그 플랫폼의 효용성이 어느 정도 검증받았다는 것이 되기도 하므로 가치 측정의 요소가 된다. 특정 메타버스 플랫폼의 성공 여부를 판단함에 있어서 기업과 인플루언서들의 협업이 얼마나 활발한지 체크하는 것도 도움이 된다.

기업은 유지하는 것이 아닌 진화해야 하는 것이다. 마찬가지로 메타버스나 P2E 게임에 있어서 장기적인 로드맵이 있는지? 그리고 그것들을 지켜내고 있는지도 살펴보아야 한다. 이것은 위에서 설명한 PFP에서도 볼 수 있는 로드맵이다. 탈중앙 암호화 환경에서는 어느 정도 민주적인 분위기가 있기 때문에 유저들의 감시와 지지가 이어진다. 로드맵은 표면으로 보이는 최소한의 약속이다.

기존 게임사가 메타버스나 P2E 게임으로 진출하더라도 이것은 완전히 새로운 분야이기 때문에 스타트업의 성격을 띠기도 한다. 실제로 이런 분야에서 새롭게 시작하는 스타트업이 많기도 하다. 이런 이유에서 외부 투자 유치가 얼마나 활발하고 그 규모가 어떤지도 체크해봐야 한다. 투자사는 투자를 결정하기 앞서서 충분한 검증을 하게 되므로 큰 규모의 투자를 받아냈다면 어느 정도 미래 가치가 검증된 것이기도 하다.

NFT 관련 코인에 투자를 결정하기 전에 최소한 그 서비스에 가입을 하고 플레이해보기를 적극 권한다. 물건도 안 보고 구입을 한다는 것은 말이 안 되기 때문이다. 몸소 체험을 해본다면 그 서비스의 완성도를 체감할 수 있다. 메타버스나 게임을 잘 몰라도 직접 경험을 해본다면 서비스나 기술의 유연함, 흥미 등을 바로 알아볼 수 있다. 유명세에 비해 다소 어설프게 구현돼 있다면 좀 더 지켜보는 것이 좋겠다.

NFT나 P2E, 메타버스 관련 코인들에서는 신기술이라는 껍질만을 쓰고 상승 분위기를 타려는 것들도 분명히 있다. 또는 정말 잘 만든 노력과 정성이 보이지만 시스템이 유연하지 못하고 견고하지 못해서 콘텐츠가 빈약한 사례도 있다. 메타버스와 P2E 게임, NFT 등은 이제 태동기이기 때문에 아무도 그 미래의 성공에 대해 장담하지는 못한다. 첨단의 기술을 바탕으로 하는 서비스라고 해도 그것을 이용하는 것은 결국 사람이라는 것을 잊으면 안된다. 우리는 그 안에서 유희나 정보 등 무엇이든 얻어 가기를 원하고 있다. 서비스의 방법이나 과정이 미래지향적이라고 해도 무엇보다 제일 중요한 것은 바로 콘텐츠의 힘이다.

메타버스, P2E, NFT 등의 성공 요소를 하나로 요약해보면 콘텐츠의 양과 질이다. 그것을 채우는 사람들은 서비스에 참여하는 유저들이기 때문에 그들을 수용하는 시스템 생태계가 무엇보다 중요하다. 투자 전에 해당되는 서비스의 시스템 완성도를 미리 살펴봐야 하는 것이 핵심이다.

- P2E 게임과 메타버스의 성공 요건 일순위는 시스템의 완성도다.

수익을 배로 만드는
실전 Tip

CHAPTER 8

책 속의 Tip
'가스비 제로 NFT 만들기'

01 폴리곤 체인이란?

블록체인의 세계에서 ○○○ 메인넷, ○○○ 체인, ○○○ 네트워크 등의 용어를 자주 접하게 된다. 모두 같은 뜻으로 사용한다. 암호화폐와 NFT, 토큰 등이 통용되기 위해서는 규약을 갖는 기술적 기반이 필요하다. 그것을 메인넷 또는 체인 또는 네트워크라고 한다. 예를 들어 이더리움 메인넷과 NFT와의 연관을 살펴본다면 이더리움의 기술적 특징을 기반으로 NFT가 생성되고 거래되는 연관이 있다. 이더리움은 비트코인과는 다르게 스마트 컨트랙트 기능을 갖고 있다. 바로 이 기술을 바탕으로 우리가 NFT로 민팅을 할 수 있는 것이다. 거래소에 상장된 코인들은 이런 식으로 저마다 그 코인이 통용되기 위한 기술적 기반인 메인넷을 가지고 있다. 그리고 그 메인넷은 다시 Layer-1, Layer-2로 나뉜다.

Layer-1 개념과 원리: Layer-1은 독자적인 기술을 바탕으로 처음 만들어

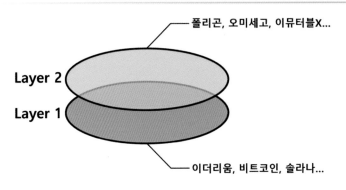

Layer-1 vs. Layer-2

폴리곤, 오미세고, 이뮤터블X…

Layer 2

Layer 1

이더리움, 비트코인, 솔라나…

더 알아보기

트랜잭션
(Transaction)

데이터 베이스의 상
태를 변환시키기 위
한 연산 작업.

진 메인넷을 말한다. 대표적으로 이더리움이나 비트코인, 솔라나 등이 있다. 바로 그 메인넷 안에서 트랜잭션Transaction을 수행하게 되는데, 쉽게 얘기해서 코인 거래의 기술적 변동 기록이 일어나게 되는 것이다. 반면 Layer-2는 Layer-1과 같은 기능을 수행하는 서브나 보조 개념의 Layer로 이해하면 된다. Layer-2는 Layer-1의 단점을 개선하기 위해 주로 개발되었다. 이것은 교통 정체의 상황에서 길을 하나 더 터주는 것과 비슷하다. Layer-1인 이더리움 메인넷은 NFT 민팅과 거래 건수가 점점 늘어나게 되면서 트래픽이 대폭 증가되었다. 이로 인해 그 많은 트래픽을 처리하기 위한 일종의 트랜잭션 수수료인 가스비가 점점 비싸지는 결과가 초래됐다. 그렇기 때문에 Layer-1 이더리움 메인넷의 수고를 덜어주기 위한 Layer-2가 대안으로 등장하게 된 것이다.

대표적인 메인넷 이더리움에서는 NFT의 폭발적인 인기와 활성으로 하루 약 114만 건의 트랜잭션을 처리하고 있다. 그러나 이더리움 메인넷의 1초당 처리 건수는 약 15~30건으로 그 처리 속도가 매우 느리고 그에 따른 수수료인 가스비 또한 점점 비싸져서 우리를 괴롭히고 있는 실정이다. 가스비가 비쌀 때는 1만 원짜리 NFT를 구입하는 데 가스비가 10만 원이 넘기도 한다. 반면 오픈씨에서 폴리곤Polygon 체인을 기반으로 하는 NFT 리스팅 가스비는 0원으로 가스비가 전혀 들지 않는다.

- Layer-1 이더리움 체인 NFT 리스팅 가스비: 0.02067532ETH(한화 32,853원)
- Layer-2 폴리곤 체인 NFT 리스팅 가스비: 0MATIC(한화 0원)(2022년 7월 10일 기준)

Layer-2의 등장: 이더리움 메인넷의 비싼 가스비와 느린 처리 속도를 개선하기 위해서 개발자들은 대안을 만들게 된다. 그 대안이 Layer-2다. Layer-2는 보조 사이드 체인으로 느린 처리 속도와 비싼 가스비를 해결하기 위해 개발된 솔루션이다. 탈중앙화와 보안 기술 등은 Layer-1에 위탁하지만 트랜잭션 처리만은 Layer-2에서 이루어지기 때문에 보다 빠르고 저렴한 가스비로 처리가 가능해졌다. Layer-2는 주로 느리고 비싼 이더리움 메인넷의 문제점을 해결하기 위해 개발되었으며 그 대표적인 Layer-2가 바로 폴리곤 네트워크다.

폴리곤의 경쟁력: 폴리곤은 3명의 인도 개발자가 개발하였으며 3가지 특장점으로 주목받고 있다. 첫 번째는 이더리움 메인넷에 대응한다는 것이고, 두 번째는 더 안전한 시스템이며, 세 번째는 보다 개방적이며 그 처리 속도가 빠르고 강력하다는 것이다. 이런 이유로 세계 최대의 NFT 마켓플레이스

폴리곤을 만든 개발자들

Humans of Polygon

Jaynti Kanani
Co-Founder

Sandeep Nailwal
Co-Founder

Anurag Arjun
Co-Founder

Mihailo Bjelic
Co-Founder

Mentors of Polygon

자료: 폴리곤

오픈씨에서는 이더리움의 단점을 극복하기 위한 폴리곤 네트워크를 도입하게 된다. 이는 다른 마켓플레이스와의 경쟁을 위한 것이기도 하다.

이더리움 메인넷은 그 영향력에 비해 점점 비싸지고 있는 가스비와 느린 처리 속도 때문에 외면받게 되는 것이 아닌가 하는 분위기에 있다. 그 대안으로 폴리곤 네트워크가 큰 주목을 받게 되자 그 기술의 효용성으로 폴리곤은 많은 투자를 유치하고 있다. 소프트뱅크, 타이거 글로벌, 갤럭시 디지털 등에서 4억 5,000만 달러의 투자를 유치했다. 이 외에도 억만장자의 개인 투자자들도 투자를 하고 있는 상황이다. 자주 언급했던 더 샌드박스도 폴리곤 네트워크를 사용하기에 이른다. 더 샌드박스가 본격 서비스에 돌입하게 되면 크리에이터들의 잦은 민팅이 일어나게 되는데 기존 이더리움 메인넷으로 민팅하기에는 그 가스비를 크리에이터들이 감당하지 못할 것이 뻔하기 때문이다. 그렇게 된다면 크리에이터들의 콘텐츠 공급에 문제가 발생하게 되고 플랫폼 운영에도 차질을 빚게 된다. 더 샌드박스에서 디지털 재화를 민팅하는 데 있어서 크리에이터들의 가스비를 줄여주기 위해 폴리곤 네트워크를 선택한 것이다. 이더리움 메인넷 대비 훨씬 저렴한 가스비와 더욱 빠른 처리 속도를 가진 폴리곤은 이러한 분위기로 봤을 때 그 사용이 점점 더 늘어날 것으로 전망된다.

메타마스크에 폴리곤 체인 등록하기

오픈씨 등에서 이더리움 메인넷이 아닌 폴리곤 네트워크로 민팅이나 거래를 하기 위해서는 메타마스크 지갑에 폴리곤 네트워크를 추가해야 한다. 그 네트워크 안에서 폴리곤용 이더리움으로 거래를 하게 된다. 그 방법을 하나씩 알아본다.

참고로, 폴리곤 네트워크의 이름은 폴리곤의 옛 이름인 메틱Matic을 따서 메틱 메인넷Matic Mainnet이다.

① 메타마스크 지갑을 실행하고 로그인을 한다. 상단에 ○○○○ 메인넷을 클릭한다.

② 팝업이 열리면 하단에 네트워크 추가를 클릭한다.

③ 아래의 이미지와 같이 빈 칸에 아래 내용을 하나씩 입력한 후 저장 버튼을 클릭한다.

a. **Network Name :** Matic Mainnet

b. **New RPC URL :** https://polygon-rpc.com

c. **ChainID :** 137

d. **Symbol :** MATIC

e. **Block Explorer URL :** https://polygonscan.com

④ 메타마스크 지갑 상단에 Matic Mainnet이 추가된 모습을 볼 수 있다. 이제 이 환경에서 폴리곤 네트워크를 기반으로 NFT를 민팅하고 거래할 수 있다.

폴리곤 이더리움으로
변환하는 방법 (1)

오픈씨 등에서 폴리곤 네트워크를 기반으로 판매하고 있는 NFT를 구매하기 위해서는 폴리곤용 이더리움이 필요하다. 기존 이더리움과 동일한 가치를 지닌 이더리움이지만 단지 폴리곤 네트워크 기반에서 통용시키기 위해 만들어진 폴리곤용 이더리움을 사용하는 것이다.

기존 이더리움 vs. 폴리곤 이더리움

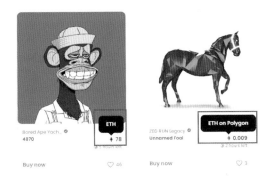

자료: 오픈씨

이더리움 메인넷 기반 이더ETH는 앞 페이지 그림의 왼쪽과 같이 아이콘이 검은색이며 그곳에 마우스 포인터를 올리면 'ETH'라고 나온다. 반면 폴리곤 네트워크 기반 이더는 오른쪽 그림과 같이 아이콘이 보라색이며 그곳에 마우스 포인터를 올리면 'ETH on Polygon'이라고 나온다. 오른쪽과 같은 경우의 작품을 구입하기 위해서는 폴리곤 이더가 있어야 하기 때문에 기존에 갖고 있던 일반 이더리움을 폴리곤 이더리움으로 바꾸는 작업이 필요하다. 그 과정은 아래와 같다. 오픈씨에서 권장하는 기본 방법이다.

- 업비트에서 이더리움을 구매 → 구매한 이더리움을 메타마스크로 이체(수수료 발생) → 메타마스크에 들어온 이더리움을 오픈씨 메뉴에서 폴리곤용 이더리움으로 전환 (가스비 발생)

업비트에서 이더리움을 메타마스크로 보내는 방법은 이전에 설명했으므로 여기서는 생략하고 오픈씨에서 폴리곤용 이더리움으로 전환하는 방법을 알아본다.

① 메타마스크 지갑에 들어온 이더리움을 확인한 후 오픈씨의 오른쪽 상단에 있는 지갑 모양 아이콘을 클릭한다. 아래로 팝업이 열리면 MetaMask를 클릭한다.

② 오른쪽 점 세 개를 클릭하고 하단에 Bridge to Polygon을 클릭한다. 만약 Bridge to Polygon이 비활성화되어 있다면 메타마스크 지갑 상단의 메인넷을 이더리움 메인넷으로 바꾼다.

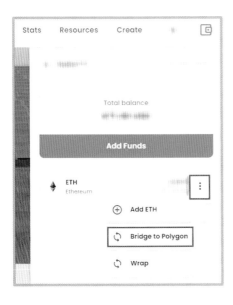

③ 상단의 Amount에 보유하고 있는 이더리움 중 전환하고 싶은 이더리움 개수를 입력하고 하단의 Convert tokens 버튼을 클릭하면 일련의 인증 과정과 가스비 지불 과정 후 폴리곤용 이더리움으로 변환된다.

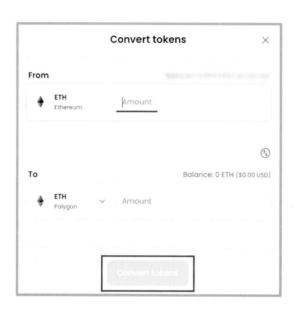

이렇게 전환한 폴리곤 이더리움으로 폴리곤 네트워크 기반에서 판매하는 NFT를 구매할 수 있다. 폴리곤 네트워크 기반의 NFT는 구입과 민팅, 판매, 선물 그 어떤 과정에서도 가스비가 발생하지 않거나 소량의 가스비만 발생한다. 단, 폴리곤용 이더리움으로 전환하는 과정에서 가스비가 발생하므로 작품을 구입할 때마다 전환하지 말고 미리 충분하게 전환해놓는 게 좋다.

폴리곤 이더리움으로
변환하는 방법 (2)

위의 방법은 업비트에서 이더리움을 메타마스크로 이체하는 과정에서 많은 수수료가 발생하고 오픈씨에서 폴리곤 이더리움으로 전환하는 과정에서 많은 가스비가 발생된다. 이번 방법은 그 이체 수수료와 가스비를 조금이라도 아껴보는 과정이다. 다만, 이 과정은 미국 바이낸스 거래소를 거쳐야 하기 때문에 조금 복잡하다. 그 과정은 아래와 같다. 단, 오픈씨에서 권장하는 방법은 아니다.

> **더 알아보기**
>
> **리플(Ripple, XRP)**
>
> 2013년에 만들어진 프로토콜 겸 암호화폐로 비트코인, 이더리움과 함께 3대장 암호화폐로 불렸다.
>
> **메틱(MATIC)**
>
> 이더리움 기반 코인으로, 레이어2 코인 중 대표 주자로 꼽힌다.

- 업비트에서 리플(XRP)을 구입한 후 바이낸스로 이체 → 바이낸스에서 리플을 메틱(MATIC)으로 컨버트 → 메틱을 메타마스크로 이체(보다 저렴한 이체 수수료 발생) → 퀵스왑(Quickswap) 사이트에서 메틱을 폴리곤 이더(ETH)로 변환(보다 저렴한 가스비 발생)

체크 포인트 1: 업비트에서는 메틱을 구입할 수 없다. 빗썸과 코인원에서는

바로 가기

바이낸스
사이트

메틱을 구입할 수는 있지만 폴리곤 네트워크를 지원하지 않기 때문에 메타 마스크 지갑 폴리곤 네트워크로 이체를 할 수 없다.

체크 포인트 2: 미국 거래소 바이낸스에서는 원화 입금을 할 수 없기 때문에 한국 거래소 업비트 등에서 리플을 구입한 후 바이낸스로 이체해서 메틱으로 컨버트해야 한다. 리플을 사용하는 이유는 전송 속도가 빠르고 변동성이 적기 때문에 가장 많이 사용한다. 물론 트론TRX을 사용해도 괜찮지만 트론은 메틱으로 바로 컨버트되지 않기 때문에 트론 → USDT → 메틱 과정에서 수수료가 두 번 발생하게 된다.

체크 포인트 3: 이더리움 이체를 기준으로 업비트 이체 수수료는 0.018이더리움으로 한화 약 5만 4,000원이고, 바이낸스 이체 수수료는 0.005이더리움으로 한화 약 1만 5,000원으로 저렴하다(1이더리움=300만 원 기준).

업비트에 리플을 보유하고 있다는 가정에서 폴리곤용 이더리움을 만드는 과정을 시작한다. 바이낸스는 한국인이 가장 많이 이용하는 해외 거래소로 이체 수수료가 저렴한 편이다.

① 바이낸스에 로그인하고 오른쪽 상단 Wallet에 Fiat and Spot를 클릭한다.

② Deposit 버튼을 클릭한다.

③ Crypto Deposit을 선택한다.

④ Coin을 XRP Ripple로 설정한 뒤, Network를 XRP Ripple로 설정하고, 각각의

복사 버튼을 클릭해서 Address와 MEMO를 미리 복사해놓는다.

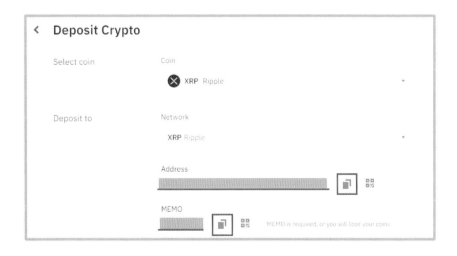

⑤ 업비트에 로그인하고 상단의 입출금에 들어와 검색창에 리플을 검색해서 하단에 나타난 리플을 선택한다. 오른쪽에 출금신청을 선택하고 출금수량을 입력한다. 확인 버튼을 클릭한다.

⑥ 받는사람 주소창과 데스티네이션 태그창에 미리 복사해놓은 Address와 MEMO를 각각 붙여 넣고 약관 동의에 체크한 후 출금신청 버튼을 클릭한다. 이후 수분이 지나면 바이낸스에 리플이 입금된다.

⑦ 바이낸스로 와서 상단의 Trade에 Binance Convert를 클릭한다.

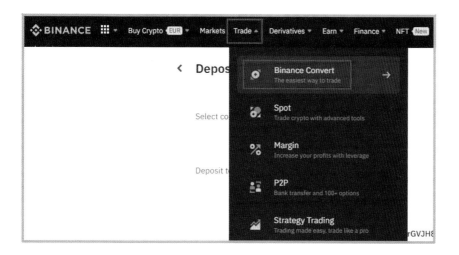

⑧ From을 XRP로 설정하고, To를 MATIC으로 설정한다. From창에 컨버트할 리플 개수를 입력한다. 최소 입력 개수는 3개부터다. 여기서 주의할 점은 메틱을 메타마스크 지갑으로 전송할 때 최소 개수가 10개부터이 기 때문에 컨버트한 메틱의 개수가 10개 이상이어야 한다. 이 점을 감안해서 컨버트할 리플 개수를 입력한다. Convert 버튼을 클릭하면 컨버트가 완료된다.

⑨ 메타마스크 지갑을 실행하고 로그인한 후 Account 부분을 클릭해서 메타마스크 지갑 주소를 미리 복사해놓는다. 이때 상단의 네트워크는 Matic Mainnet으로 해놓아야 한다.

⑩ 바이낸스로 와서 오른쪽 상단 Wallet에 Fiat and Spot를 클릭한다.

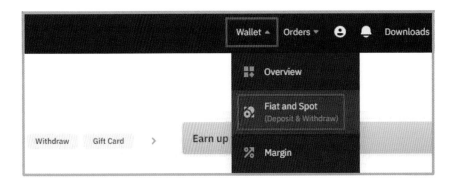

⑪ Withdraw 버튼을 클릭한다.

⑫ Coin을 MATIC Polygon으로 설정하고, Network를 MATIC Polygon으로 설정한 뒤, Address에 미리 복사해놓은 메타마스크 지갑 주소를 붙여 넣는다. Amount에 메타마스크 지갑으로 보낼 MATIC 개수를 입력한다. 최소 입력 개수는 10개다. Withdraw 버튼을 클릭한다. 이후 수분이 지나면 메타마스크 지갑에 MATIC이 입금된다. 다음은 퀵스왑 사이트에서 메타마스크 지갑에 들어온 메틱을 폴리곤용 이더리움으로 바꾸는 작업을 한다.

‹ **Withdraw Crypto**

If you withdraw crypto to a South Korean trading platform, please make sure that the recipient account uses the sa recipient platform may not credit your withdrawal.

Select coin   Coin

              MATIC Polygon

Send to   **Address**   Binance user   New

             Address

             Network

             MATIC Polygon

Withdraw amount   Amount   8,000,000.00 BUSD/8,000,000.00 BUSD   Daily remaining limit

                                                     MAX   MATIC

         ◉ Spot Wallet   ⇄ Transfer

         ○ Funding Wallet   **0 MATIC**

Receive amount

0.1 MATIC network fee included ❶   **Withdraw**

⑬ 퀵스왑 사이트에 들어간다. 오른쪽 상단의 Connect to a wallet을 클릭해서 메타마스크 지갑으로 로그인 한다.

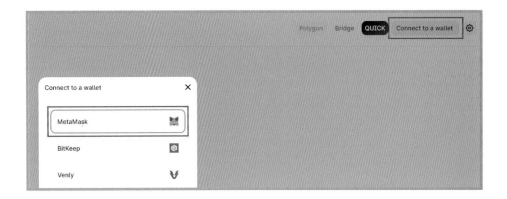

⑭ Select a token을 클릭한다.

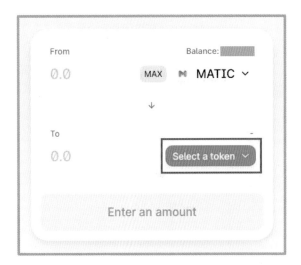

⑮ 검색창에 ETH를 입력하고 하단에 있는 ETH 옆에 있는 플러스 버튼을 클릭한다. 이후 메타마스크 지갑이 실행되면 토큰 추가 버튼을 클릭한다. 메타마스크 지갑에 폴리곤용 이더 토큰을 추가하는 작업이다. 토큰을 추가해놓지 않으면 변환된 이더가 내 지갑에 보이지 않는다.

⑯ 메타마스크 지갑에 이더 토큰 추가를 마쳤으면 검색창 아래 ETH를 클릭한다.

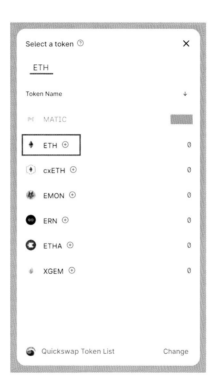

⑰ From 창에 변환하고자 하는 메틱 개수를 입력한다. To 창에
변환될 이더가 몇 개인지 볼 수 있다. Swap 버튼을 클릭한다.

⑱ Confirm Swap 버튼을 클릭한다. 이후 메타마스크 지갑이
실행되고 가스비를 지불하는 과정을 거친다. 이로써 폴리곤용
이더를 만드는 모든 작업은 끝났다. 오픈씨의 폴리곤 기반 NFT
를 이제 폴리곤용 이더로 구입하면 된다.

　　폴리곤을 기반으로 하는 NFT 구입 방법 말고도 폴리곤을 기반으로 NFT를 민팅하는 방법도
잠깐 알고 넘어가자.

① 오픈씨에 메타마스크로 로그인을 하고 오른쪽 상단 프로필 이미지에 마우스를 올리면 아래로 팝업이 열린다. My Collections를 클릭한다.

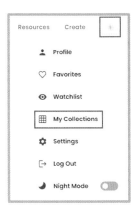

② Create a collection를 클릭한다.

③ 화면 아래로 내려가면 중반부 즈음에 Blockchain에서 체인(네트워크)을 선택할 수 있다. Polygon으로 설정해놓고 콜렉션을 만들어놓으면 본 콜렉션에서는 폴리곤 네트워크를 기반으로 민팅이 된다.

05

이더리움 체인 vs.
폴리곤 체인 vs. 클레이튼 체인

오픈씨에서는 이더리움 체인, 폴리곤 체인, 클레이튼 체인 등으로 NFT
를 민팅하거나 거래할 수 있다. 각각에는 장단점이 존재한다. 하나씩 알아
본다.

오픈씨에서 지원하고 있는 다양한 체인들의 모습

자료: 오픈씨

이더리움 체인 vs. 폴리곤 체인 vs. 클레이튼 체인 비교 표

	거래 활성도	리스팅 가스비	특징
이더리움 체인	상	32,853원	메인 시장
폴리곤 체인	하	0원	신흥 시장
클레이튼 체인	중	8.25원	한국 특화

주: 2022년 7월 10일 가스비 기준

폴리곤 체인의 특성: NFT의 메인 시장은 이더리움 체인이다. 고가의 유명 작품들은 거의 모두가 이더리움 체인에 있다고 봐도 무방하다. 이더리움 체인은 NFT 시장에서 메이저 체인이 되겠다. 그러나 날로 높아지는 가스비와 느린 처리 속도 때문에 신규 NFT를 이더리움으로 발행하기에는 망설여지는 것이 사실이다. 반면 폴리곤 체인은 가스비가 매우 저렴하고 처리 속도 또한 빠르므로 유저들의 관심이 쏠리고 있는 상황이다.

그러나 폴리곤 체인에 장점만 있는 것은 아니다. 폴리곤 체인은 이더리움이나 클레이튼에 비해서 민팅 개수도 적고 거래 건수 또한 적다. 폴리곤 체인 시장이 아직은 크게 활성되지 않은 것이 사실이다. 폴리곤 체인에서 돈보이는 성공작은 아직은 찾아볼 수가 없다. 다만, 이더리움의 높은 가스비에 스트레스를 받은 유저들이 이탈하고 있는 만큼 이제는 폴리곤 체인에서도 유명한 작품들이 데뷔하지 않을까 하는 기대감은 있다. 그런 기대 때문에 폴리곤 개발사에 대한 투자도 연달아 이어지고 있는 상황이다. 현재로서 폴리곤 체인은 작품을 민팅하기보다는 메타버스 플랫폼에서 대량의 재화를 민팅하기 위한, 마치 산업용 체인 같은 느낌이다. 물론 이러한 포지션도 분명한 장점이 있기에 의미는 크다고 생각한다. 더 샌드박스의 예가 그런 것이다.

클레이튼 체인의 특성: 클레이튼 체인은 한국의 카카오 자회사 그라운드X가 개발한 국산 체인이다. 그러한 특징 때문인지 클레이튼 체인은 한국의, 한국에 의한, 한국을 위한 체인이 되겠다. 한국인이 발행하는 NFT 프로젝트라면 거의 모두가 클레이튼 체인을 사용하고 있다. 이더리움에 비하면 가스비가 매우 저렴하기 때문이고 또한 클레이튼으로 민팅을 함에 있어서 한글화가 잘되어 있고 친숙하게 느껴지는 원인도 한몫한다. 그러나 클레이튼 체인은 아직 완전한 탈중앙화가 되지 않았으며 클레이튼 체인에서 NFT를 민팅함에 있어서 오픈씨와는 달리 특정 플랫폼에서는 일일 제한 개수가 있는 등 유독 규제와 조건이 심한 체인이다. 다만, 자유도는 상대적으로 떨어지지만 유저 편의와 접근성은 좋은 편이다. 이런 점에서 클레이튼 체인은 블록체인 암호화의 세계보다 마치 포털 사이트를 보는 듯한 느낌이 있다. 그리고 유독 한국에서만 번성하고 있는 모습도 장점으로만 보이지는 않는다. 그러나 확실한 것은 폴리곤 체인에서 민팅을 하는 것보다 클레이튼 체인에서 민팅을 하는 것이 더 잘 팔린다는 것이다. 물론 자국민을 대상으로 하는 NFT에 해당되는 이야기다.

NFT를 발행한다면 단연 1순위가 이더리움 체인이다. 그러나 NFT를 트랜잭션할 때마다 요구되는 매우 비싼 가스비는 큰 문제다. 한마디로 이더리움 체인으로 리스팅을 하고 싶어도 가스비가 비싸서 못하는 것이다. 느린 처리 속도도 문제다. 작품을 구매하면 내 지갑으로 들어오는 시간이 길게는 10분이 넘게 걸리기도 한다. 21세기에 있을 수 없는 일이다. 그 대안으로 폴리곤 체인이 있지만 사실상 폴리곤 체인의 NFT들은 거래가 미비하다. 이더리움 체인은 비싸서 못하고, 폴리곤 체인은 안 팔려서 못한다. 그래서 클레이튼 체인으로 몰리는 이유가 있다. 클레이튼 체인의 가스비는 몇 원 수준으로 거의 제로에 가깝기 때문에 폴리곤 체인의 대안이 되기도 한다. 대신 클레이튼 체인으로 글로벌 NFT 프로젝트를 하기에는 적합하지 않다. 글로벌 NFT는 이더리움 체인이나 폴리곤 체인으로 민팅해야 한다.

NFT 시장에서 어떤 네트워크 체인이 중심으로 올라올지는 두고 봐야 하겠다. 폴리곤 체인이 이더리움 체인을 역전한다는 예측도 있으나 이더리움 2.0으로 업그레이드 계획이 있는 만큼 가스비와 처리 속도 개선이 기대되는 면도 있기 때문이다.

폴리곤 체인의 미래

폴리곤 체인은 이더리움 체인에 비해 아직 활성되지 않았다는 점을 제외하고는 단점이 거의 없는 네트워크다. 결국에는 사용자 유입이 많아지는 게 우선이다. 사용자가 많아지려면 이슈가 될 만한 NFT 콘텐츠가 폴리곤 체인에서 론칭되어야 가능한 일이다. 한국을 대표하는 메타콩즈 PFP가 클레이튼 체인으로 민팅되면서 클레이튼 시장이 커진 것을 보면 알 수 있다.

Layer-2의 대표 주자인 폴리곤은 스마트컨트랙트를 대표하는 이더리움의 최고 사이드 체인이다. 이더리움의 비싼 가스비와 느린 처리 속도를 빠른 시일 내에 극복하지 못한다면 바로 건너 탈 수 있는 지점이 바로 폴리곤 체인이 되겠다. 폴리곤은 암호화폐 순위에서 10위권을 유지하고 있으며 시가총액이 한화 약 13조 7,016억 원(2022년 11월 기준)에 이른다. 이는 한국전력의 시가총액과 비슷한 수준이다. 처음 폴리곤을 론칭했을 때에 비하면 약 100배에 달하는 성장을 보이고 있다.

폴리곤의 이용 빈도도 눈에 띄게 성장하고 있다. 폴리곤에서 발생하는 총 트랜잭션은 약 34억 건이고 매틱 코인 스테이킹Staking은 20억 개에 이르며 폴리곤 체인 사용으로 절약되는 가스비는 매일 한화 약 1,670억 원에 이르고 있다.

대표적인 메타버스 플랫폼들도 폴리곤 사용에 앞장서고 있다. 예로 디센트럴랜드와 더 샌드박스 등이 있다. 더 샌드박스에서는 랜드와 에셋들을 NFT화시켜서 거래하고 있는데 그 과정에서 가스비 부담을 덜어주고자 폴리곤 체인을 채택했다. 더 샌드박스가 앞으로의 메타버스 플랫폼 중심이 될 것을 예상해본다면 추후 더 커질 폴리곤의 영향력을 짐작해볼 수 있다.

폴리곤은 전 세계인이 가장 많이 사용하는 메타마스크 지갑을 지원하고 세계 최대의 NFT 마켓플레이스인 오픈씨에서 지원된다는 점에서 앞으로의 NFT 활성을 생각해보면 암호화폐 생태계의 중심에 서 있게 될 것으로 예측된다. NFT의 공급과 수요가 늘어나는 만큼 폴리곤에 대한 이용도 점점 많아질 것이기 때문이다. 영향력 있는 NFT가 폴리곤 체인에서 활성되기를 기대해본다. 다만, 이더리움 2.0의 선전도 염두해야 할 것이다. 이더리움 2.0의 성공으로 가스비가 폴리곤이나 클레이 정도로 싸진다면 군이 다른 체인을 사용할 이유가 없기 때문이다.

더 알아보기

스테이킹(Staking)

암호화폐의 일정 양을 블록체인 네트워크에 예치하고 이에 대한 보상으로 암호화폐를 받는 것.

CHAPTER 9

책 속의 Tip
'국산 클레이튼 체인'

01

클레이튼 코인이란?

클레이튼이란, 카카오의 자회사인 그라운드X가 개발한 블록체인 플랫폼으로 지난 2019년 6월 27일 네트워크 메인넷을 출범했다. 클레이튼의 특장점은 이더리움 대비 트랜잭션의 속도를 수백에서 수천 분의 1로 단축했다는 것이다. 이런 클레이튼 네트워크의 기축 코인은 클레이KLAY 코인이고 클레이를 거래할 수 있는 국내 거래소에는 코인원이 있다.

트랜잭션 처리 속도를 개선하고 가스비를 저렴하게 개선한 클레이튼은 오픈씨에서도 지원되는 체인이며 한국에서 진행하는 거의 모든 PFP 프로

클레이튼 로고

자료: 그라운드X

젝트는 클레이튼 체인을 사용하고 있다. 클레이튼을 기반으로 하는 한국의 PFP 프로젝트들은 이른바 '떡상(어떠한 수치 등이 급격하게 오르는 현상)'을 하며 클레이튼의 위상이 높아지는 계기가 된다. 그 이후 '클레이튼=떡상 PFP'라는 공식이 성립되면서 앞으로 발행될 한국 PFP 프로젝트들이 클레이튼에 줄을 잇고 있다.

오픈씨에서 플레이튼 체인으로 발행된 NFT를 거래하기 위해서는 클레이 코인 전용 지갑인 카이카스Kaikas 지갑을 크롬에 미리 설치해야 한다. 클레이튼 기반 민팅 사이트인 크래프트맨쉽Craftsmanship 등에서 민팅을 하고 오픈씨에 카이카스 지갑으로 로그인을 하면 민팅된 NFT를 볼 수 있다. 이후 리스팅하고 판매로 이어진다면 클레이 코인이 카이카스 지갑으로 들어오게 된다. 이렇게 들어온 클레이 코인은 코인원에서 현금화할 수 있다. 오픈씨에서는 클레이튼 기반으로 바로 민팅할 수 있는 기능을 지원하지 않는다. 클레이튼 민팅 사이트를 이용해야 하는데, 크래프트맨쉽과 클럽스Klubs 등이 있다.

02 클레이튼 코인 분석

카카오의 자회사인 그라운드X가 개발한 클레이튼은 타사 대비 비교적 일찍 NFT를 위해 개발된 코인이다. 클레이튼은 고객의 편리한 사용을 위해 아직은 탈중앙 시스템이 아니라고 한다. 오히려 탈중앙의 자유가 이용자의 불편을 초래할 수도 있다는 주장이다. 추후 블록체인 시장이 대중적으로 체감될 정도가 된다면 진정한 탈중앙 플랫폼이 될 것으로 예상되기도 한다.

카카오는 자회사를 통해 클레이튼 개발과 더불어 클레이튼 전용 가상지갑인 카이카스 지갑, NFT 마켓플레이스인 클립드롭스, 모바일 전용 가상지갑 클립Klip을 내놓는다. 이렇게 모든 것을 갖추고 연계시킨 NFT 사업 모델은 카카오가 유일하며 실제로 의미 있는 성과를 보이고 있다. 아마도 국산 NFT 마켓플레이스 중에서는 클립드롭스가 제일 먼저 대중에게 파고 들었다고 보인다. 이렇게 카카오는 일찍부터 NFT 사업을 위해 움직여왔고 안정

바로 가기

클립드롭스

바로 가기

클레이튼
시세 보기

된 서비스를 정착시켰다.

세계 최대의 NFT 마켓플레이스인 오픈씨에서 클레이튼이 지원된다는 것은 클레이튼이 이미 성공했다는 것을 증명해준다. 오픈씨 초기의 클레이튼은 미온적인 사용 빈도를 보여왔지만 몇 개의 클레이튼 프로젝트의 성공으로 이제는 당당하게 인기 플랫폼으로 자리를 잡았다. 다만, 그 사용자의 대부분이 한국인에 국한된다는 점은 아쉬움으로 남는다.

현재로서는 클레이튼이 성장하고 있는 과정이기 때문에 이렇다 할 위험 요소는 없어 보인다. 한국에서 진행되는 PFP 프로젝트 80~90%가 클레이튼을 사용하고 있고 앞으로도 클레이튼으로 NFT를 발행할 프로젝트들이 줄이어 대기하고 있다는 점에서 클레이튼의 미래는 밝다고 할 수 있겠다.

플랫폼의 성공은 다수의 작품이 그 플랫폼을 통해 발행되고 알려지면서 성장하게 된다. 클레이튼 체인에서 연달아 성공하고 있는 한국 PFP 프로젝트들은 지금의 클레이튼을 계속 견인할 것이다. 다만, 기성 작가들에게만 기회가 열려 있는 클립드롭스를 신인 작가들에게도 활짝 열어주기를 희망해본다. 클립드롭스에서는 아무나 NFT를 판매할 수 없다. 누구에게나 열려 있는 마켓플레이스가 아닌 작가 선별 큐레이션 서비스다. 작품의 질은 평균적으로 유지하고 있지만 작품의 다양성 면에서는 아쉬움이 남는다. 국내 플랫폼이나 서비스 등은 해외에 비해 다소 폐쇄적인 경향이 있다. 성공한 페이스북 대비 실패한 싸이월드의 사례에서 본다면 과연 폐쇄적인 규제만이 운영의 답인지 생각해봐야 할 것이다. 반면 오픈씨는 그 이름에 걸맞게 누구에게나 열려 있다.

카이카스 지갑 따라 만들기

다수의 성공작들이 배출된 클레이튼 기반의 NFT로 민팅하기 위해서는 카이카스 지갑이 필요하다. 클레이튼 기반의 거래 대금인 클레이 코인은 카이카스 지갑에서 통용된다. 이런 카이카스 지갑을 웹 브라우저에 설치하는 과정을 알아본다.

① 카이카스 지갑을 설치하기 위한 웹 브라우저는 크롬을 추천한다. 카이카스 지갑을 설치해야 클레이튼을 기반으로 민팅할 수 있고 오픈씨에 로그인할 수 있다. 다음과 같이 크롬 브라우저를 실행하고 검색어에 카이카스를 검색한다. 검색 결과에서 카이카스 확장 프로그램을 클릭한다.

② **[Chrome에 추가]**를 클릭한다.

③ **[확장 프로그램 추가]**를 클릭한다.

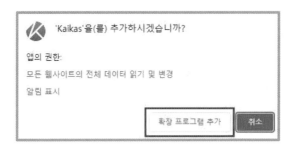

④ 설치가 완료되었다는 안내가 나온다.

⑤ 크롬 브라우저의 오른쪽 상단에 퍼즐모양 아이콘을 클릭하면 아래로 팝업이 열린다. 그중에서 KaiKas를 클릭한다.

⑥ 카이카스 지갑이 실행되고 안내에 따라 비밀번호를 만든다. 비밀번호는 영문 대문자, 소문자를 섞고 기호와 숫자를 섞어서 최대한 복잡하게 만들어야 안전하다. 비밀번호를 모두 입력했으면 **[생성]**을 클릭한다.

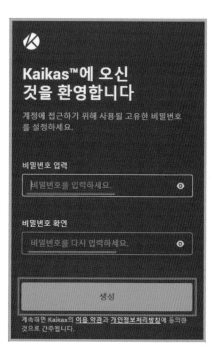

⑦ 상단의 생성탭은 지갑을 처음 만드는 것이고 복구탭은 기존 지갑이 있는 사용자의 경우를 말한다. 우리는 처음 만드는 것이므로 생성탭에서 진행한다. 계정 이름을 입력하고 **[생성]** 버튼을 클릭한다. 계정 이름은 지갑의 이름을 지어주는 것이라고 생각하면 된다. 추후 변경이 가능하다.

⑧ 안전 사용 가이드가 나온다. 시드 구문을 안전하게 보관하라는 내용이다. 시드 구문은 지갑을 다시 설치할 때나 비밀번호를 잃어버렸을 경우 등에 쓰인다. 시드 구문이 외부에 노출되면 지갑 안의 가상자산이 갈취될 수 있으니 매우 주의해야 한다. 그리고 시드 구문을 잃어버린다면 다시는 지갑을 사용할 수 없게 된다. **[다음]**을 클릭한다.

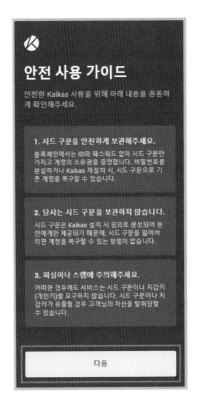

⑨ 상단의 점선 사각형에 있는 단어의 나열이 나에게 부여된 시드 구문이다. 하나씩 확인하며 종이에 적어놓는다. 절대로 분실하면 안 된다. **[예, 안전한 곳에 보관했습니다.]**를 클릭한다.

⑩ 종이에 적어놓은 시드 구문을 상단의 점선 사각형 안에 입력한다. 올바르게 입력됐다면 확인 버튼이 활성된다. **[확인]**을 클릭한다. 시드 구문이 확인되었다는 안내가 나오면 **[KaiKas 시작하기]**를 클릭한다.

⑪ 카이카스 지갑이 잘 설치된 모습이다. 이제 클레이튼 기반으로 민팅할 수 있는 최소한의 준비를 마쳤다.

카이카스 지갑 구조 알아보기

앞서 설명에 따라 카이카스 지갑을 잘 설치했다면 이제 지갑의 구조를 살펴보자.

① 여기를 클릭해서 들어가면 메인넷을 바꿀 수 있다. 메타마스크 지갑과 마찬가지로 여러 가지 메인넷을 여기에서 직접 추가할 수도 있다.

② 계정 정보(지갑 이름)를 바꿀 수 있다. 여기서 지갑 주소를 복사할 수도 있다.

③ 이 부분을 클릭하면 자동으로 지갑 주소가 복사된다.

④ 지갑에서 사용할 토큰을 추가할 수 있다. 클레이KLAY 말고도 카이카스에서 지원되는 여러 가지 토큰들을 추가할 수 있다.

⑤ 이 부분을 클릭하면 클레이튼스코프Klaythscope 웹 창이 열린다. 여기서 나의 트랜잭션 내역을 볼 수 있다.

⑥ 거래소를 거치지 않고 신용카드를 사용해서 클레이튼 코인을 바로 구입할 수 있다.

⑦ 보유하고 있는 토큰을 다른 종류의 토큰으로 교환하는 기능이다.

⑧ 보유하고 있는 토큰을 다른 지갑이나 거래소 등으로 전송하는 기능이다.

⑨ 최근의 트랜잭션 거래 내역이 여기에 기록된다.

클레이튼스코프 화면

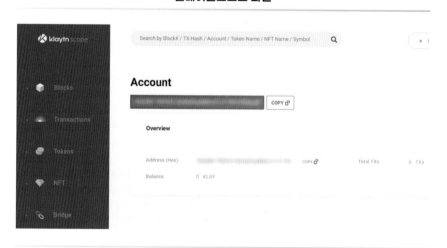

자료: 클레이튼스코프

클레이튼 체인에서 민팅하고 리스팅하기

(1) 민팅하기

오픈씨에서는 클레이튼 기반으로 바로 민팅이 불가하다. 외부 사이트에서 민팅을 한 후 오픈씨에서 리스팅을 해야 한다. 기존에는 크래프터스페이스KrafterSpace에서 민팅을 하는 것이 일반적이었지만 크래프터스페이스가 서비스 종료를 공지하면서 그 대안이 필요해졌다. 크래프터스페이스가 서비스를 종료하게 된 이유와 후속 대처, 그리고 크래프터스페이스를 대신할 몇 가지 방법을 알아본다.

클레이튼 기반으로 민팅을 할 때 자주 이용하던 크래프터스페이스가 아쉬운 소식을 전했다. 그라운드X사가 제공하는 클레이튼 기반 무료 민팅 플랫폼인 크래프터스페이스가 2022년 12월 1일로 서비스를 종료한다는 소식이다. 그라운드X사는 클립 지갑을 통한 NFT 발행의 고도화를 위해 서비스를 종료한다는 입장이다. 고도화를 차치하더라도 많은 사람들이 이용하

크래프터스페이스 서비스 종료 공지 내용

KrafterSpace 서비스 종료 공지 | Product Discontinuation Notice for KrafterSpace

KrafterSpace 서비스가 2022년 12월 1일부로 종료됨을 알려드립니다.

2021년 5월 출시된 KrafterSpace는 누구나 쉽게 무료로 NFT를 발행할 수 있는 서비스를 제공하여 NFT의 매력을 널리 알리고 더 많은 이들의 참여를 이끌어낼 수 있도록 노력해 왔습니다. 많은 분들이 보여주신 관심을 통해 지금까지 다양한 NFT들이 KrafterSpace를 통해 탄생하였고, 이로 인해 더 많은 이들이 손쉽게 NFT를 접할 수 있었습니다.

이제 그라운드엑스는 NFT 발행을 넘어, Klip 지갑을 통해 NFT를 가치있게 활용할 수 있는 서비스 고도화에 집중하고자, 큰 아쉬움을 안고 KrafterSpace의 종료를 결정하게 되었습니다.

소유하신 NFT 발행 정보는 클레이튼 내 기록되어 영구적으로 보관되며, NFT 에셋 미디어 파일의 경우 2년 이상 접근기록이 없을 시, 파일표시 지원이 중단되어 이미지가 더 이상 보이지 않을 수 있는 점 유의하여 주시기 바랍니다. KrafterSpace는 NFT 거래를 통한 수익 창출에 목적을 둔 상업적 서비스가 아니며, NFT 발행 경험을 선사하고 널리 알리는데 목표를 둔 무료 서비스로, 접근기록이 없는 NFT에 대한 영구적인 에셋 미디어 파일 보관을 지원하지 않는 점 양해 부탁드립니다.

고객님의 개인정보는 개인정보방침에 따라 서비스 종료와 동시에 12/8일(목) 삭제될 예정입니다.

다시 한번 그동안 KrafterSpace 서비스를 이용해주신 분들께 감사드리며, 앞으로 Klip을 통해 더 좋은 서비스로 보답하겠습니다.

서비스 종료 관련 문의사항은 12/8까지 고객센터(krafter.space@gmail.com)를 통해 문의주시기 바랍니다.

☐ Don't open this window for a day

Close

자료: 크래프터스페이스

고 있는 국산 민팅 플랫폼이 서비스를 종료한다는 점은 큰 아쉬움으로 남는다. 더구나 크래프터스페이스를 대치할 클립은 아무나 민팅을 할 수 없는 플랫폼이라는 점에서 일반 아티스트들은 소외된 기분마저 든다.

그라운드X사는 이전에 민팅한 NFT는 카이카스 지갑에 안전하게 보관된다는 점과 NFT 미디어 파일에 2년 동안 접근하지 않을 시 파일이 삭제된다는 점을 공지하고 있다. NFT 미디어 파일은 IPFS에 분산 저장 되는데 바로 이것을 삭제한다는 의미로 풀이된다. 그것을 유지하는 데 비용이 발생하기 때문이다.

오픈씨에서는 클레이튼 기반으로 바로 민팅을 할 수 없다는 점에서 크래프터스페이스를 대신할 방법을 찾아야 한다. 그 대안으로 몇 가지가 있다. 그것들의 장단점은 아래와 같다.

크래프트맨쉽: 크래프터스페이스를 대신할 플랫폼으로 꼽히는 일순위는 크래프트맨쉽이다. 그러나 무료였던 크래프터스페이스와는 달리 유료 서비스로 운영된다. 나만의 컬렉션을 개설할 시 1개당 10클레이의 코인이 소모된다. 민팅도 1개당 1클레이의 코인이 소모된다. 다만, 이러한 플랫폼을 거치지 않는다면 개인이 직접 코딩을 통해 민팅을 해야 하고, 만약 그것을 외주로 맡길 경우 더 많은 비용이 지출되기 때문에 결코 비싼 비용은 아니라

클레이트 NFT 발행 플랫폼 '크래프트맨쉽'

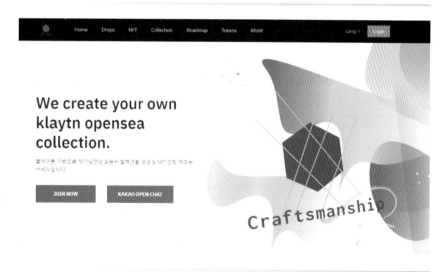

바로 가기

크래프트맨쉽

자료: 크래프트맨쉽

고 하겠다. 크래프트맨쉽은 한글화가 잘 돼 있으므로 오픈씨에서 민팅을 해본 경험자라면 아주 쉽게 민팅을 진행할 수 있다.

클럽스(Klubs): 클럽스는 초창기 클레이튼 기반 PFP 프로젝트인 도지사운드클럽Doge Sound Club이 론칭한 NFT 마켓 플랫폼이다. 클럽스는 크래프트맨쉽과는 달리 무료로 민팅이 가능하다. 물론 가스비는 별도로 소모된다. 클럽스만의 특징으로는 클레이튼 기반으로 민팅을 하지만 거래는 자체 코인인 믹스MIX로 거래된다는 점이다. 이를 위해서 도지사운드클럽은 클레이스왑KlaySwap과의 협업으로 클레이튼을 믹스로 스왑할 수 있다. 또 다른 특

NFT 마켓 플랫폼 '클럽스'

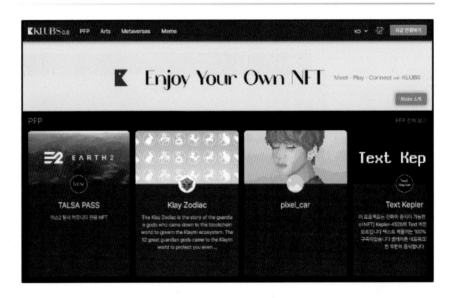

자료: 클럽스

바로 가기

클럽스

징으로는 클럽스 내에서 소통이 가능하다는 점이다. 단지 거래만 오가던 마켓플레이스에서는 그들만의 돈독한 결속을 다질 길이 없었다. 그런 점에서 커뮤니티 기능은 우리가 기다려왔던 기능이라고 하겠다. 클럽스는 또 하나의 국산 NFT 마켓 플랫폼으로 기대되고 있으며, 현재 클럽스 버전 2가 개발 중이다. 물론 한글화가 잘되어 있으므로 무리 없이 누구나 쉽게 민팅하고 판매할 수 있다.

(2) 리스팅하기

클레이튼 체인으로 민팅을 끝냈다고 해서 바로 판매로 이어지지는 않는다. 민팅한 작품을 오픈씨에서 리스팅을 해야 비로소 판매를 할 수 있다. 그렇다면 판매하는 방법에 대해 알아보자.

① 크래프트맨쉽 등에서 민팅을 끝냈다면 오픈씨에 접속한 뒤, 카이카스 지갑으로 로그인을 한다. 오픈씨의 오른쪽 상단에 지갑 모양 아이콘을 클릭하면 아래로 팝업이 열린다. 그중에 KaiKas를 클릭하면 카이카스 지갑으로 로그인을 할 수 있다. 만약, KaiKas가 안 보인다면 하단에 더보기Show more options를 클릭하면 KaiKas가 보인다. 카이카스 지갑이 실행되면 약관 동의에 체크 후 [연결]을 클릭한다.

 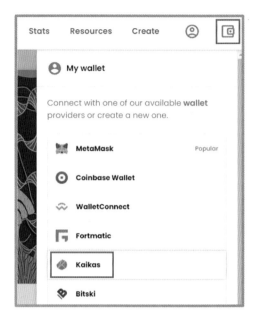

② 로그인이 완료되면 오른쪽 상단의 내 프로필 이미지에 마우스 포인트를 올린다. 아래로 팝업이 열리면 [Profile]을 클릭한다.

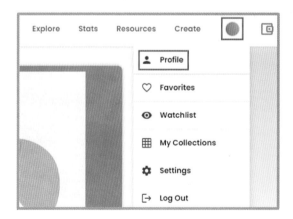

③ Profile에 들어오면 크래프트맨쉽 등에서 민팅한 작품이 들어와 있음을 알 수 있다.

④ 들어와 있는 작품을 클릭해서 작품 상세 페이지에 진입한다. 오른쪽 상단에 **[Sell]**을 클릭하면 카이카스 지갑이 실행되고 가스비 지불을 마치면 리스팅이 완료된다.

클레이튼을 기반으로 판매하고 있는 NFT를 구입하기 위해서는 WKLAY가 필요하고 WKLAY는 클레이KLAY를 변환해서 만든다. 이는 전에 설명한 기존 이더를 폴리곤용 이더로 변환하는 것과 같다.

WKLAY는 클레이와 완전히 동일한 가치를 가진다. 다만, 오픈씨에서는 클레이로 바로 거래가 안 되기 때문에 WKLAY로 변환해야 하는 것이다. 그 변환 방법은 오픈씨에서 기존 이더를 폴리곤용 이더로 전환하는 방식과 유사하지만 메타마스크 지갑이 아닌 카이카스 지갑을 사용한다는 점이 다르고 Bridge to Polygon이 아닌 Wrap를 선택하는 점만 다르다.

💡 TIP!

● 카이카스 지갑으로 로그인된 상태에서 오른쪽 상단의 지갑 모양 아이콘을 클릭하고 하단에
점 세 개를 클릭하면 클레이를 WKLAY로 변환할 수 있다. 이때 폴리곤 이더로 변환과는 다르게
Wrap를 선택해야 한다.

폴리곤 이더로 변환하는 경우(왼쪽) vs. WKLAY로 변환하는 경우(오른쪽)

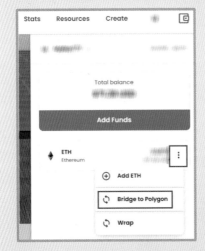
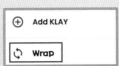

● 클레이튼 기반의 작품을 구입할 때는 클레이를 WKLAY로 변환해서 구입해야 하고, 클레이튼
기반의 작품을 팔아서 내 지갑에 WKLAY가 들어오는 경우에는 다시 WKLAY를 클레이로 변환
해야 거래소에서 현금화가 가능하다.

● WKLAY를 클레이로 변환하는 경우에는 다음과 같이 Unwrap를 클릭해서 변환한다.

클레이튼 체인 대표 NFT 프로젝트

클레이튼은 저렴한 가스비와 빠른 처리 속도 때문에 인기가 많다. 특히 카카오에서 제공하는 블록체인 플랫폼으로 그 친숙함이 있기 때문에 한국 NFT 프로젝트들의 대부분이 클레이튼에서 발행되고 있다. 그 대표적인 NFT들을 알아보자.

DSC(Doge Sound Club) 도지사운드클럽: 도지사운드클럽은 지금의 클레이튼을 있게 해준 클레이튼 기반의 초기 대표작 PFP 프로젝트이다. 2021년 7월 최초 판매가는 9클레이로 당시 한화 약 1만 5,000원 정도였지만 2022년 7월에는 최저가가 420클레이로 한화 약 13만 원에 이른다. 클레이코인을 비롯해 현재의 가상자산 가치가 세계 경제 공황으로 인해 바닥을 치고 있는 점을 감안한다면 그전의 시세는 높았을 것으로 여겨진다.

도지사운드클럽의 주 목적은 거버넌스로 운영되는 홀더들의 사교 모임

도지사운드클럽의 PFP 이미지

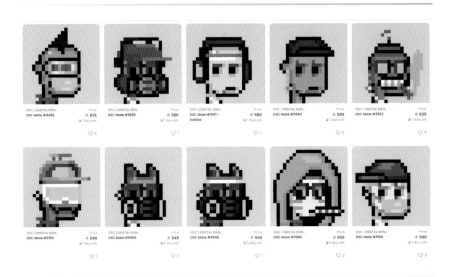

자료: 오픈씨

이다. 특이한 점은 도지사운드클럽 공식 사이트 메뉴 중에 있는 도지사운드(犬소리)라는 경연대회를 약 4주마다 열고 있다는 것이다. 이른바 누가 누가 제일 犬소리를 잘 하나(?) 경연대회가 되겠다. 이는 홀더들에게서 최다 득표를 받은 자에게 우승이 주어진다.

도지사운드클럽의 팀원들은 음악을 좋아하거나 음악에 연관된 일을 해왔던 것으로 보인다. 다른 PFP와는 달리 로우파이Lo-Fi 음악을 유튜브에 업로드하고 있다.

도지사운드클럽 이후 연달아 등장하는 다른 클레이튼 PFP 프로젝트들 때문에 지금은 그 인기가 시들었지만 클레이튼의 미래를 열어준 프로젝트라는 점에서 그 가치가 있다고 하겠다. 다만, 크립토펑크와 유사한 픽셀 비주얼은 아쉬움으로 남는다. 도지사운드클럽은 대기업 LG생활건강과 SK

바로 가기

도지사운드클럽
보기

도지사운드클럽 제10회 犬소리 우승자

자료: 도지사운드클럽

C&C 등과 파트너십을 맺고 있다.

메타콩즈(THE META KONGZ): 메타콩즈는 코딩 아카데미 멋쟁이사자처럼의 대표 이두희 씨가 창시한 클레이튼 PFP 프로젝트이다. 메타콩즈는 혜성같이 등장하며 도지사운드클럽의 아성을 무너뜨렸다. 현재로서는 가장 핫하고 한국을 대표하는 PFP 프로젝트가 되겠다. 메타콩즈는 그 인기와 인지도에 힘입어 우리가 알 만한 대부분의 대기업들과 협업을 하고 있다. 2021년 11월 초기 발행 판매가는 한화 약 22만 원 정도였지만 2022년 7월의 메타콩즈 PFP 한 개당 판매 최저가는 12,988클레이로 한화 약 373만 원에 이른다.

이후 이두희 대표는 클레이튼 체인의 네트워크 불안정과 해킹을 방어하기 위한 옵션의 제약, 글로벌 진출 등을 이유로 클레이튼 체인에서 이더리움 체인으로의 마이그레이션Migration을 단행한다. 이는 홀더들의 거버넌스 투표를 통해 결정되었다. 이더리움 체인으로 진출 후 2022년 7월 최저가는 1.74이더로 한화 약 250만 원에 이른다.

더 알아보기

**마이그레이션
(Migration)**

새로운 운영 체계로
옮겨 감.

바로 가기

메타콩즈
보기

메타콩즈의 PFP 이미지

자료: 오픈씨

메타콩즈는 한국을 대표하는 가장 성공적인 PFP 프로젝트로 이후 다른 PFP 프로젝트들까지도 클레이튼으로 끌어들이는 역할을 하게 된다. '클레이튼=성공'이라는 공식을 암묵적으로 성립시킨 프로젝트이다. 메타콩즈는 명문대 출신의 팀원들이 개발하고 기업들의 투자가 이어졌다는 점에서 그 운영 또한 탄탄하고 지속적일 것이라는 기대를 하고 있다. 이후 '실타래'라는 신규 프로젝트를 출시하며 미래에셋벤처투자와 카카오벤처스로부터 투자를 받으며 최고의 인기와 성공을 달리고 있고 디스코드에서의 운영도 섬세함을 보이고 있다. 이두희 대표는 단연 대한민국 PFP의 정점에 서 있다. 다만, 최근의 내부 다툼과 경영자 도덕성 문제가 도마에 올랐던 것은 아쉬움으로 남는다.

이더리움 체인 마이그레이션 거버넌스 투표 중간 집계

 Duhee Lee @iamdoo2 · 2022. 4. 30.
이더리움으로 체인 이동에 대한 거버넌스 투표가 진행중입니다. 공개된 중간 집계는 다음과 같습니다.

No.1 이더리움 체인으로 마이그레이션한다. **1,547** (99.4%)

No.2 클레이튼 체인에 잔류한다. **9** (0.6%)

○ 14 ⇄ 56 ♡ 193 ⬆

자료: 이두희 대표 트위터

> **더 알아보기**
>
> **MCN**
> (Multi Channel Network)
>
> 인터넷 방송인 업무 대행사.

MTDZ(Meta Toy DragonZ) 메타토이드래곤즈: 메타토이드래곤즈는 유튜브 크리에이터 집단인 MCNMulti Channel Network 샌드박스가 개발한 PFP 프로젝트이다. 2022년 2월에 발행을 하고 2022년 7월 최저가 2,439클레이 한화 70만 원에 이른다. 샌드박스에는 개발자만 약 30명, NFT 관련 업무 인원이 약 50명에 이를 정도로 탄탄한 기반을 갖고 있다.

또한 MCN답게 소속 크리에이터들의 협업이 예정되어 있다. 바로 이 점이 폭발적인 성장이 기대되는 부분이기도 하다. 그리고 가장 기대되는 것은 추후 메타토이드래곤즈가 수집형 RPG 게임으로도 출시될 예정이라는 것이다. 게임 출시에 맞물려 샌드박스에 소속된 게임 리뷰 전문 크리에이터까지 합세한다면 지금의 가격은 저평가되었다고도 할 수 있겠다.

샌드박스에서 출시 예정인 게임은 요즘에 들어 뜨거운 관심을 받고 있는 P2E 게임으로 게임 안에서 통용되는 코인도 함께 발행할 예정이어서 앞으

바로 가기

메타토이드래곤즈
보기

메타토이드래곤즈의 PFP 이미지

자료: 오픈씨

로 기대할 부분이 많다. 메타토이드래곤즈는 미래가 밝은 PFP 프로젝트로 앞으로 메타콩즈와의 경쟁도 기대가 된다.

Sunmiya Club Official 선미야클럽: 선미야클럽은 비교적 최근에 론칭된 연예인 PFP 프로젝트이다. 대성공을 거둔 메타콩즈와의 협업으로 개발과 민팅이 진행되었고 선미야클럽 론칭 첫날 단 1초 만에 완판이 됐다. 2022년 2월 발행, 2022년 7월 최저가는 1,833클레이 한화 53만 원 정도에 이른다. 분명 클레이 코인가는 그전보다 올랐지만 세계적인 가상자산 조정으로 인해 한화 시세는 오히려 떨어지는 결과에 이르렀다.

걸그룹 원더걸스 출신의 선미는 성공적인 솔로 활동으로 트렌디한 팝 가

바로 가기

선미야클럽
보기

수로 거듭났고, 소속사를 어비스컴퍼니로 옮긴 후 가수를 넘어 패션의 아이콘이 되기까지 이른다. 이렇게 성공한 아티스트 선미를 NFT와 결합시켜 프로젝트를 진행한다는 발상은 역시 좋은 결과로 이어졌다. 선미의 개성을 잘 표현하는 일러스트 이미지를 제너레이티브 아트 코딩을 거쳐 1만 개의 PFP로 탄생시킨 것이다. 이 자체만으로도 팬들에게는 기쁜 소식이 아닐 수 없다. 선미야클럽 홀더들에 대한 혜택은 연예인 PFP답게 팬들을 위한 것들로 가득 차 있다. 그 혜택으로는 홀더들을 위한 미니 콘서트, 선미의 신보 발표 시 쇼케이스 초대, 함께 즐기는 송년 파티 등이 되겠다. 연예인 PFP 프로젝트의 성공으로 다른 연예인들의 PFP 민팅도 줄을 이을 것으로 보인다.

선미야클럽의 PFP 이미지

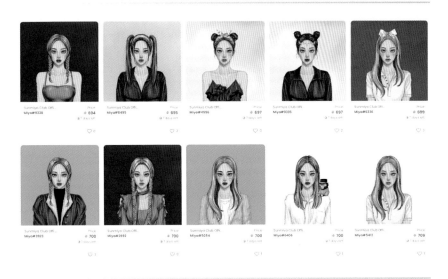

자료: 오픈씨

클레이튼 코인의 미래

07

이렇게 다수의 PFP 성공작을 보유하며 단번에 성공한 클레이튼 체인의 특징 몇 가지를 살펴보자.

- 카카오의 그라운드X가 개발한 국산 플랫폼
- 세계 최대 NFT 마켓플레이스 오픈씨 지원됨
- 빠른 처리 속도, 저렴한 가스비
- 클레이튼을 기반으로 하는 다수의 PFP 프로젝트 성공작
- 클레이튼을 기반으로 하는 다수의 PFP 프로젝트 출시 대기
- '클레이튼 = 성공'이라는 공식 만들어짐

초기 클레이튼의 성장은 아무도 예상을 못했었다. 단지 해외 성공 사례를 따라하는 '한국형 ○○○'이 아닐까 하는 노파심의 시선들이 있었다. 하지만 멋지게도 NFT 시장에 안정적으로 정착하며 큰 성공을 이루어낸다. 잘 만들어진 클레이튼 체인이라는 기반도 있었지만 무엇보다 클레이튼을

성공으로 이끌었던 요인은 다수의 PFP 성공작들 덕분일 것이다. 이러한 분위기 형성으로 앞으로 출시할 PFP 프로젝트들이 클레이튼으로 몰릴 것이 충분히 예상되고 실제로 다수의 프로젝트들이 클레이튼 기반에 출시를 앞두고 있다.

카카오는 클레이튼 체인 및 독자적인 NFT 마켓플레이스를 보유하고 있고 전용 지갑까지 서비스하고 있어서 한국형 NFT 생태계 구축에 가장 앞서 있다고 보면 된다. 결국에 신흥 시장은 승자독식을 하게 돼 있고, 그 경쟁에서 카카오는 한국 내 기선을 뚜렷하게 잡은 모습이다. 큰 이변이 있지 않는 이상 한국의 NFT 시장은 카카오 클레이튼이 큰 영향력으로 지배할 것으로 생각된다. 다만, 불안정한 네트워크와 해킹을 대비한 기술적 옵션이 다양하지 못하다는 점, 그리고 글로벌 NFT로 발행해서 운용하기에는 다소 그 영향력이 크지 않다는 점은 해결해야 할 과제로 여겨진다. 그리고 언젠가는 구현해야 할 완전한 탈중앙화도 중간 걸림돌로 예상된다.

CHAPTER 10

책 속의 Tip
'제너레이티브 아트 PFP'

제너레이티브 아트란?

제너레이티브 아트란, 컴퓨터 알고리즘에 의해 무작위로 생성되는 디지털 작품으로 그 역사는 생각보다 오래됐다. NFT의 등장 이전에도 제너레이티브 아트는 있었다는 이야기다. 그 첫 등장은 1960년대에 응용 컴퓨터 과학 교수인 게오르그 니즈Georg Nees가 〈생성 컴퓨터 그래픽Generative Computergrafik〉이라는 작품을 공개하면서 시작된다. 그 이후부터 제너레이티브 아트라는 용어를 몇몇의 컴퓨터 예술가들이 사용하게 된다.

그러나 당시에는 제너레이티브 아트가 크게 활성되지는 못했고 지금에 들어서야 NFT의 등장 덕분에 큰 주목을 받게 되며 비로소 폭발적인 활성에 이르게 된다. 대표적으로 2017년에 미국 라바랩스Larva Labs가 개발한 크립토펑크가 바로 그것이다. 크립토펑크는 지금의 NFT를 있게 한 역할도 있었지만 제너레이티브 아트를 활성시켰다는 의미로도 매우 큰 가치를 지니고 있다. 혹자는 크립토펑크가 모나리자와 같은 가치를 지닐 것이라고 평가

게오르그 니즈의 작품 <23-Ecke(Polygon of 23 vertices)>

자료: compart

하기도 한다. 크립토펑크의 성공 이후에 그것을 모티브로 하는 수많은 제너레이티브 아트 PFP들이 등장하게 된다.

가장 비싼 크립토펑크 PFP의 한 개 가격은 한화 약 80억 원으로 지금도 꾸준한 관심을 받고 있다. 크립토펑크는 다양한 종족과 표정을 하고 있는 사람 이미지 1만 개의 모음이다. 이후 크립토펑크는 제너레이티브 아트 PFP의 시초가 되며 마치 PFP의 공식처럼 되었다. 그 공식에 따라 PFP는 1만 개를 발행하는 것이 관행처럼 굳어지기에 이른다. 다음에서 제러레이티브

크립토펑크 PFP 이미지들

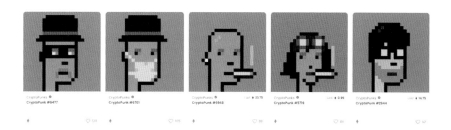

자료: 오픈씨

아트 PFP의 생성 원리를 알아본다. 제너레이티브 아트에 대해 이해를 가장 잘할 수 있는 방법이 그 생성 원리를 파악하는 것이다.

제너레이티브 아트 PFP 생성 원리

NFT 시장의 중심에 놓인 제너레이티브 아트 PFP를 생성하는 원리를 하나씩 알아보자.

옆 페이지의 도표는 제너레이티브 아트 PFP가 만들어지는 과정을 직관적으로 보여준다. 다만, 모든 제너레이티브 아트의 생성 과정이 이와 같지는 않으며 NFT PFP를 만드는 과정에만 해당된다. 제너레이티브 아트 PFP의 생성 원리는 쉽게 말해서 레이어Layer들의 조합이다. 개념도를 보면 배경이 있고, 몸체가 있고, 눈이 있고, 코가 있고, 입이 있다. 이렇게 각각의 부위로 나뉜 레이어 이미지를 여러 개 준비한다. 단, 이미지들의 사이즈는 모두 같아야 한다. 그것들을 프로그래밍 코딩으로 랜덤 조합해서 하나의 완성된 사람 이미지를 여러 개 출력하는 것이 핵심이다.

위와 같은 조합으로 1만 개 이상의 완성된 사람 이미지를 만들기 위해서는 각각의 레이어를 여러 개 준비해야 하는데, 그 예를 살펴보면 '배경

제너레이티브 아트 PFP를 생성하는 레이어 개념도

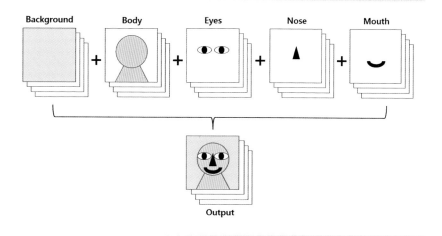

'10개×몸체 10개×눈 10개×코 10개×입 10개'의 수학적 조합만 해도 결과물은 무려 10만 개의 결과물이 만들어지게 되는 것이다. 실제로는 보다 더 다양한 모습의 PFP를 만들기 위해서 레이어 개수가 위의 예보다 더 많이 있으며 이를 조합하는 과정은 프로그래밍 코딩을 거친다.

소스코드 공개 사이트인 깃허브Github에는 이미지 레이어를 조합하기 위한 코드가 공유되어 있다. 다운로드 받아서 누구나 자유롭게 사용이 가능하다. 단, 비주얼 스튜디오 코드Visual Studio Code와 같은 코드 편집기가 필요하다. 물론 비주얼 스튜디오 코드도 무료로 다운받아 사용할 수 있다.

이렇게 PFP 이미지 1만 개를 생성시킨 이후에는 그것들을 NFT로 민팅하는 작업이 남아 있다. 오픈씨에서 NFT로 민팅하는 방법은 위에서도 설명했지만 1만 개의 이미지를 한 번에 한 개씩 1만 번이나 민팅을 한다는 것은 불가능에 가깝다. 이 과정도 역시 프로그래밍으로 이루어진다.

이미지 레이어를 랜덤으로 조합하는 코드의 일부

```
const layerConfigurations = [
  {
    growEditionSizeTo: 100,
    layersOrder: [
      { name: "Head" },
      { name: "Mouth" },
      { name: "Eyes" },
      { name: "Eyeswear" },
      { name: "Headwear" },
    ],
  },
];
```

자료: 깃허브

Image와 Json 메타데이터의 구조

프로그래밍으로 만들어진 1만 개의 PFP 이미지를 민팅하기 전에 NFT의 구조를 먼저 이해하는 과정이 필요하다. PFP 이미지 1만 개를 NFT로 만들기 위해서는 1만 개의 메타데이터Metadata 파일이 필요하다. 아래와 같이 이미지 파일PNG과 메타데이터 파일Json은 1:1로 같이 묶어 하나의 NFT로 민팅된다.

이미지 파일 PNG는 우리가 알고 있는 이미지 그림 파일 그 자체이고 메

더 알아보기

메타데이터
(Metadata)

해당 데이터의 속성 정보를 담고 있는 구조화된 데이터.

이미지 파일 PNG와 메타데이터 파일 Json

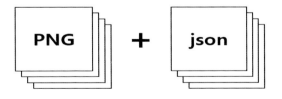

NFT의 Properties예

▶ Properties ⌃

BACKGROUND	CLOTHES	EARRING
New Punk Blue	**Guayabera**	**Silver Hoop**
12% have this trait	2% have this trait	9% have this trait
EYES	FUR	MOUTH
3d	**Dark Brown**	**Dumbfounded**
5% have this trait	14% have this trait	5% have this trait

자료: 오픈씨

타데이터 파일은 그 이미지의 정보를 담고 있는 파일이다. 그 정보에는 이미지 이름, 이미지에 대한 설명, 이미지 파일이 있는 주소IPFS, 외부 URL(홈페이지 등), Properties(속성) 등이 담긴다. 바로 하나의 Json 파일에는 매칭되는 하나의 PNG 이미지 파일의 정보가 코드로 담기게 되는 것이다. 그렇게 담기는 정보 중 Properties는 오픈씨의 NFT 상세 정보 페이지에서 볼 수 있는 위와 같은 속성 정보이다. 보통 어떤 레이어의 조합으로 만들어진 이미지인가를 나타내준다.

쉽게 정리를 하면 우리가 생성해낸 이미지 파일과 그 이미지의 정보를 코드로 담고 있는 메타데이터 파일이 한 쌍으로 묶여 NFT로 발행되는 것이다. 그 이미지의 대표적인 확장자가 PNG이고 메타데이터의 확장자가 Json인 것이다. Json 파일 생성 역시 프로그래밍으로 이루어진다.

오픈씨는 이렇게 복잡하고 어려운 민팅 과정을 누구나 쉽게 할 수 있도

Json 파일에 담긴 메타데이터 코드의 예

```
build > json > {} 1.json > ...
  1  {
  2    "dna": "1befaa4f84b49e60d580976531b4148be72628d9",
  3    "name": "#1",
  4    "description": "This is the description of your NFT project, remember to replace this",
  5    "image": "ipfs://WAS_REPLACED/1.png",
  6    "edition": 1,
  7    "date": 1631901744991,
  8    "attributes": [
  9      {
 10        "trait_type": "Background",
 11        "value": "Black"
 12      },
 13      {
 14        "trait_type": "Eyeball",
 15        "value": "White"
 16      },
 17      {
 18        "trait_type": "Eye color",
 19        "value": "Yellow"
 20      },
 21      {
 22        "trait_type": "Iris",
 23        "value": "Small"
```

자료: Hash lips이 제공하는 소스코드

록 솔루션을 제공해주고 그 수고로 약간의 거래 수수료를 받아가는 것이다. 일반적인 NFT 마켓플레이스는 오픈씨와 같이 민팅 솔루션을 제공하고 있다. 누구나 쉽게 민팅하고 리스팅할 수 있게 하기 위함이다.

일련의 프로그래밍 과정을 통해 1만 개의 PFP 이미지 PNG와 매칭되는 1만 개의 Json 메타데이터 파일을 만들었다면 이더리움 체인이나 폴리곤 체인, 클레이튼 체인 등에 민팅하는 과정이 남아 있다. 이 과정 역시 프로그래밍으로 이루어진다.

IPFS와 스마트컨트랙트

제너레이티브 아트의 생성 원리로 만들어진 1만 개의 이미지와 그와 매칭되게 생성한 1만 개의 메타데이터 파일이 준비됐다면 그 파일들을 저장해놓을 공간이 필요하다. NFT 파일들은 과연 어디에 존재하는 것인지 궁금했을 것이다. 바로 지금 그 설명을 하는 것이다. 이미지와 메타데이터 파일은 IPFS라는 곳에 저장된다. IPFS란 일종의 P2P 저장 방식으로 알려진 토렌트와 비슷한 방법으로 분산 저장되는 것을 말한다. NFT로 민팅할 이미지나 동영상, 오디오 파일, 그리고 메타데이터 파일들을 안전하게 보존하기 위해서 분산 저장형 파일 시스템인 IPFS를 사용하는 것이다.

> • **IPFS**(InterPlanetary File System): 분산형 파일 시스템(=데이터의 탈중앙화)

IPFS란 쉽게 말해서 중앙 저장 장치가 따로 없는 탈중앙형 파일 저장 시스템이다. 블록체인에 가장 잘 어울리는 파일 저장 방식이라고 하겠다. 파일 정보를 비롯해 파일 원본도 매우 중요하기 때문에 그것들의 저장조차도 탈중앙화된 시스템을 사용하는 것이다. 유사한 것의 예로 P2P 토렌트Torrent 가 있다. 토렌트는 중앙에 따로 저장 장치가 없고 개인 간에 각각의 PC가 저장 장치로 활용되며 공유된다. 이렇게 분산해서 파일을 저장하는 이유는 해킹에 강한 블록체인 시스템처럼 데이터 저장도 해킹을 방어하기 위해서 블록체인처럼 저장하는 것이다. 그래야 원본 이미지 파일을 해킹으로부터 보호할 수 있다. 우리가 오픈씨에서 민팅했던 NFT 파일들은 오픈씨에 저장되는 것이 아닌 IPFS에 저장된다. 마찬가지로 메타데이터 파일도 IPFS에

피나타 사이트의 모습

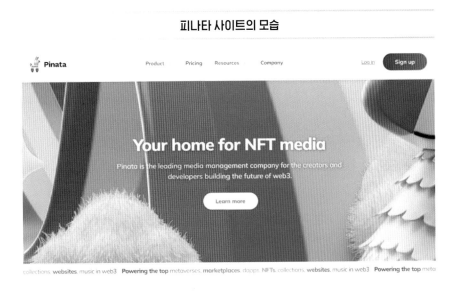

자료: 피나타

저장된다.

대량의 NFT PFP를 발행하기 위해서는 IPFS를 제공하는 서비스가 필요하다. 오픈씨에서는 공식적으로 피나타_{Pinata} 사이트 사용을 장려하고 있다. 피나타는 유료와 무료로 나뉘어 IPFS 서비스를 제공하고 있다. 소량의 PFP를 민팅하기 위해서는 무료로도 가능하지만 1만 개의 PFP를 민팅하기 위해서는 유료로 사용해야 한다. 2022년 7월 기준으로 1만 개 민팅을 위한 피나타 최소 이용 요금은 1년에 한화 약 30만 원 정도가 된다.

이렇게 IPFS에 이미지 파일들과 메타데이터 파일들을 저장한 후에는 스마트컨트랙트라는 과정을 거쳐야 한다. 그래야 비로소 민팅의 과정이 끝난다. 이미지 파일과 메타데이터 파일, 두 파일의 저장소인 IPFS가 어떻게 연동되어 NFT로 탄생하는지 일련의 과정을 설명하고 스마트컨트랙트에 대해 이더리움 체인의 예로 설명한다.

이더리움 체인 스마트컨트랙트의 과정

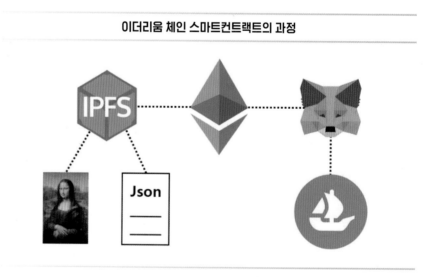

옆의 도표처럼 이미지 파일PNG과 메타데이터 파일Json은 IPFS에 저장된다. 그리고 이더리움 체인 스마트컨트랙트 코딩 사이트인 리믹스Remix에 이미지와 메타데이터 파일들이 저장돼 있는 IPFS 주소 CID를 입력한다. 리믹스에 메타마스크 지갑을 연동하고 일련의 코딩 과정을 마치면 이더리움 체인에 계약을 체결하는 스마트컨트랙트 과정이 끝나며 연동된 메타마스크 지갑으로 NFT가 민팅된다. 그 메타마스크 지갑으로 오픈씨에 로그인을 하면 민팅된 NFT들을 볼 수 있다. 이런 과정으로 대량의 1만 개 PFP 민팅을 할 수 있는 것이다.

앞의 과정들에서 이더리움 체인에 NFT 발행 계약을 체결하게 되는데 이 과정을 스마트컨트랙트라고 한다.

이더리움 체인 스마트컨트랙트 코딩 사이트 리믹스의 모습

자료: https://remix-project.org/

> **스마트컨트랙트(Smart contract):** 계약 조건을 블록체인에 기록하고 조건이 충족되면 계약이 실행되는 방식

제너레이티브 아트 PFP의 생성 원리와 그것을 NFT로 발행하는 일련의 과정을 이론적으로 알아보았다. 지금의 NFT 시장은 초기 시장과는 달리 순수예술 작품 NFT보다 제너레이티브 아트로 만들어지고 있고, 대량의 스마트컨트랙트로 민팅되는 PFP가 NFT 시장 대부분을 장악하고 있다. 이제는 잘 알려진 NFT 아티스트조차도 PFP를 발행하고 있는 실정이다. 사실상 NFT 시장 대부분을 PFP가 가져갔다고 해도 과언이 아니다. 왜 NFT 콜렉터들이 PFP에 열광하고 있는지 뒤에서 알아본다. 그 전에 제너레이티브 아트를 이용한 1만 개의 PFP를 민팅하는 과정을 간략하게 정리하고 넘어간다.

- 1만 개의 PFP를 만들기 위한 각각의 레이어 이미지 준비
- 프로그래밍으로 1만 개의 PFP 이미지와 1만 개의 메타데이터 파일을 생성
- IPFS에 1만 개의 PFP 이미지와 1만 개의 메타데이터 파일을 저장
- 리믹스 사이트에서 스마트컨트랙트 진행

PFP에 열광하는 이유와
성공 조건

PFP의 열광은 최초의 PFP 크립토펑크(2017년)에서 시작된다. 최초라는 프리미엄으로 천문학적인 가격으로 거래되며 그 뒤를 이은 아류와 후속 작들이 많이 출현하였고 NFT 카테고리 중 가장 활발한 거래와 최고의 거래액을 기록하고 있다.

PFP(Profile Picture): SNS 등에 프로필 이미지로 사용할 수 있게 만들어진 NFT 이미지로 대부분 사람이나 동물 등의 형상을 하고 있으며 컴퓨터 알고리즘에 의해 1만 개 정도로 대량 생산된다.

단순하고 엉뚱한 모습으로 인기를 얻었던 PFP는 그 이후 체계화된 조직과 구성으로 운영되기에 이른다. 이른바 로드맵이라는 혜택으로 더욱 구매해야 하는 당위들을 만들고 있다. PFP 홀더들은 마치 백화점 VIP 회원권 같은 특별 우대 혜택을 누리고 그들만의 커뮤니티와 결속을 다진다. PFP를

팝스타 저스틴 비버가 한화 15억 원에 구입한 BAYC PFP #3001

자료: 오픈씨

갖고 있다는 것은 아무나 소속될 수 없는 고가의 회원권 같은 것이다.

PFP의 가장 원초적인 매력은 몇 억에서 수십 억에 이르는 PFP를 구입하고 그것을 나의 SNS 프로필 이미지로 사용하는 것이다. 이것은 아무나 누릴 수 없는 플렉스Flex(돈 자랑을 하다 라는 뜻을 가진 은어)이기 때문이다. 이러한 흐름에 트위터에서는 회원이 소유하고 있는 PFP를 프로필 이미지로 사용할 수 있게 해주는 기능을 제공하고 있다. 인스타그램도 역시 조만간 유사한 서비스를 내놓을 것으로 예상되고 있다. 이제 SNS를 통해서 본격적인 PFP 플렉스를 공식적으로 할 수 있게 된 것이다. 그전에는 단순히 PFP 이미지를 다운받아 프로필로 사용하더라도 그것이 진품인지 알 수 있는 방법이 없었으나 트위터가 진품임을 증명해주는 기능을 도입한 것이다.

플렉스, 그것이 PFP를 구입하는 가장 큰 이유이다. 시세 차익은 덤.

저스틴 비버가 소유자임을 나타내는 Item Activity

자료: 오픈씨

PFP의 열기는 과열된 양상을 보이며 그 인기와 유행 때문에 수준에 미달하는 PFP들도 많다. 차츰 PFP의 거품은 빠지고 옥석만 남을 것으로도 예상되는 바 수많은 PFP 중에 차별화되고 성공하는 PFP가 되기 위한 조건이 무엇인지 하나씩 꼼꼼하게 나열하고 알아보도록 하자.

- 차별화되고 매력적인 사람 또는 동물 캐릭터
- 프로 수준의 미적 완성도
- SNS 프로필 사진에 적합한 대중성
- 다양한 조합의 부위별 레이어
- 프로젝트의 유니크한 세계관
- 아티스트, 프로그래머, 운영 등의 팀 구성
- 자세하고 투명한 정보가 담긴 대표 사이트 구축
- 큰 혜택으로 관심을 끌 만한 로드맵
- 지난 로드맵의 수행 결과물 공개
- 회원 전용 커뮤니티
- 럭셔리한 오프라인 모임 행사와 그 결과물 공개
- 밈(Meme)으로의 유행

- 스캠 여부 조회를 위한 컨트랙트(Contract) 주소 제공
- 대기업, 명품사, 스포츠사, 연예인 등과의 꾸준한 협업
- PFP IP를 활용한 제품 패키지 등 사업화
- P2E 게임, 영화, 애니메이션 등의 사업화

PFP에는 유독 사람과 동물을 형상으로 만들어지는 것들이 많다. SNS 프로필 이미지로 쓰이기 위해서는 사물보다는 의인화된 형상이 적합하기 때문이다. PFP의 레이아웃 구도도 트위터 프로필 이미지(원형 레이아웃)에 적용했을 때 그 위치가 적절하게 맞춰지도록 돼 있다. 실제로 PFP를 제작할 때는 임의의 레이어를 만들어서 원형 마스크로 뚫어 놓고 위치가 잘 맞도록 구도를 구성한다.

PFP는 프로필 이미지로 쓰이는 만큼 혐오감을 주는 이미지는 피해야 하겠다. 누구나 공감하고 거부감 없는 이미지가 적절하다. 나이 제한 없이 전체로 공개되는 프로필 이미지인 만큼 성인물에 해당하는 이미지도 피해야 하겠다. 그리고 PFP의 대유행에 있어 저급한 수준의 마구잡이식 이미지가 많이 올라오고 있는 상황이다. 적어도 미적인 수준이 준 프로 이상의 퀄리티는 돼야 하겠다.

1만 개 정도의 수량을 생성하는 PFP는 그냥 보기에도 각각 다양해 보이는 것이 좋다. 서로 너무 비슷하지 않게 가능한 여러 개의 레이어를 만들어야 한다. 다양한 레이어들이 조합됐을 때만이 각각 차별되는 재미있는 PFP들이 생성된다. 다양한 레이어들은 그 생김새와 컬러, 독특함 등으로 차별돼야 한다.

PFP 프로젝트를 처음 시작할 때 프로젝트 기원의 이유가 있어야 한다.

그 이유와 세계관은 유니크하거나 어떤 분야의 최초라면 더욱 좋다. BAYC의 기원은 가상자산으로 부자가 되어 일상이 지루한 원숭이들이 자신들만의 공간에 비밀 사교클럽을 만들었다는 내용이다. 메타콩즈의 기원은 서커스장에 있는 지루한 고릴라들이 파라다이스에 가기 위해 엔진을 개발한다는 내용이다. 이렇게 PFP는 저마다의 기원과 세계관을 갖고 있다. 예를 들어 이런 세계관도 좋겠다. '어느 날 홍대에 갔더니 빗속에 젖은 버려진 고릴라 인형이 있었다. 그 고릴라 인형을 데려와서 입자 가속기로 1만 개의 원자 고릴라를 만들었다.'

PFP는 혼자의 힘으로 진행할 수 없는 프로젝트이다. 아트를 담당하는 아티스트와 그것을 코딩으로 1만 개를 생성하고 스마트컨트랙트로 NFT화하는 프로그래머, 홈페이지를 구축하고 커뮤니티와 로드맵을 실행하는 운영자 등이 있어야 한다. 이렇게 하나의 팀으로 구성돼야 원활한 진행이 가능하고 추후 프로젝트 확장에도 힘을 받을 수 있다. 물론, 프로젝트를 확장하기 위해서는 외부의 투자 유치도 필요하다.

콜렉터들이 PFP를 구입하기에 앞서서 그들은 반드시 홈페이지에 방문한다. 적어도 메인 홈페이지는 반드시 있어야 하며 그 홈페이지 안에 메뉴별로 다양하게 프로젝트 소개와 팀원 소개, 로드맵 공개와 로드맵 달성 여부, 커뮤니티 페이지 등이 있어야 한다. 그런 내용들로 PFP에 대한 신뢰와 공동의 소속감을 주고 소장 욕구와 추후 시세 차익의 기대감을 심어줘야 한다.

PFP에 있어서 로드맵은 가장 중요한 요소이다. 사실상 PFP 구입 판단의 기준은 로드맵이다. 로드맵은 언제 어느 시기가 되면 PFP 홀더들에게 어떤 혜택을 주겠다 또는 언제 어디서 어떤 행사를 하겠다 등등으로 다양하게 있다. 거창하고 파격적인 로드맵도 좋겠지만 실현 가능성 있는 로드맵으로 현실적인 느낌을 줘야 하겠다. 그리고 지나간 로드맵은 그 수행 결과를 반드시 게시해야 한다. 이것은 신뢰의 기본이다.

홀더들만의 커뮤니티 공간이 있어야 한다. BAYC는 홀더들의 커뮤니티 공간을 The Bathroom이라는 독특한 콘셉트로 명명하고 PFP 홀더들만이 그 공간에 낙서를 할 수 있도록 특권을 주었다. 별것도 아닌 것처럼 보이지만 아무나 할 수 없는 것이라면 나도 해보고 싶어지는 충동이 생기기 마련이다. BAYC의 흥행에 The Bathroom 낙서판도 한몫했다.

BAYC의 The Bathroom 낙서판

자료: BAYC

그 외로 독특하고 럭셔리한 장소에서 홀더들의 오프라인 모임을 진행하거나 스캠 위조 여부를 조회할 수 있는 컨트랙트 주소를 제공하거나 대기업 등 외부와의 많은 협업이 있어야 한다. 사업의 확장과 다각화로 얻어지는 수익을 PFP 홀더들에게 나눠주면서 그들만의 결속을 더욱 다지기도 한다. 그렇기에 회원들은 충성도 높은 지지자가 되어 프로젝트를 응원하고 널리 알리기도 한다.

BAYC 메인 홈페이지의 모습

자료: BAYC

CHAPTER 11

책 속의 Tip
'ERC와 이더리움'

01

ERC란?

ERC에 대해 설명하기 전에 이더리움에 대해 먼저 알아보자. 이더리움은 러시아 출생의 비탈릭 부테린Vitalik Buterin이 2015년 7월에 창시한 블록체인 메인넷이자 여기서 통용되는 기축 코인이다. 비트코인과 더불어 부동의 상위권을 차지하고 있는 이더리움이 비트코인과 다른 점은 비트코인은 보통 대금의 결제 수단으로 쓰임새가 있지만 이더리움은 스마트컨트랙트를 지원하는 기능이 기술적으로 포함돼 있다는 점에서 다르다. 이것은 화폐의 기능만을 갖는 비트코인과는 다르게 이더리움은 화폐의 기능도 갖지만 이더리움의 기술적 특징을 기반으로 NFT 등의 민팅과 거래까지 가능하다는 이야기다. 그래서 NFT를 설명할 때 이더리움은 꼭 빠지지 않고 자주 언급되기 마련이다. 그렇다면 '이런 이더리움의 기술을 바탕으로 NFT를 운용할 때 규약이나 규칙이 있어야 하지 않을까?'라는 생각이 들 것이다. 바로 그 규약이 ERC이다.

코인마켓캡이 제공하는 코인 순위 TOP 10(2022년 11월 4일 기준)

#	이름	가격	1h %	24h %	7d %	시가총액	거래량 (24시간)
☆ 1	Bitcoin BTC	₩29,787,907.05	▲2.16%	▲4.33%	▲2.95%	₩572,214,165,896,796	₩75,139,609,550,969 2,520,978 BTC
☆ 2	Ethereum ETH	₩2,330,100.05	▲2.95%	▲6.74%	▲7.63%	₩285,483,956,432,419	₩24,515,028,931,128 10,508,467 ETH
☆ 3	Tether USDT	₩1,405.98	▼0.14%	▲0.03%	▼0.33%	₩97,504,403,248,801	₩106,277,747,826,988 75,590,795,598 USDT
☆ 4	BNB BNB	₩502,038.15	▲1.70%	▲8.48%	▲21.26%	₩80,537,243,981,819	₩2,732,490,854,847 5,427,753 BNB
☆ 5	USD Coin USDC	₩1,405.86	▼0.13%	▲0.00%	▼0.32%	₩59,458,622,468,591	₩5,137,503,463,778 3,653,595,248 USDC
☆ 6	XRP XRP	₩703.59	▲0.62%	▲9.57%	▲7.19%	₩35,257,680,673,070	₩3,372,587,370,645 4,790,939,404 XRP
☆ 7	Binance USD BUSD	₩1,406.11	▼0.06%	▲0.04%	▼0.26%	₩30,451,986,830,274	₩12,376,270,206,802 8,802,498,150 BUSD
☆ 8	Dogecoin DOGE	₩178.83	▲3.18%	▼3.37%	▲49.18%	₩23,789,472,149,961	₩4,172,913,988,130 23,271,793,702 DOGE
☆ 9	Cardano ADA 구매하기	₩588.33	▲1.47%	▲5.62%	▲6.32%	₩20,285,060,979,957	₩1,053,610,911,433 1,783,324,215 ADA
☆ 10	Solana SOL 구매하기	₩47,432.11	▲2.18%	▲7.11%	▲8.32%	₩17,091,402,576,128	₩1,492,105,822,098 31,348,293 SOL

자료: 코인마켓캡

ERCEtherium Request For Comments란 이더리움 블록체인 네트워크에서 발행되는 토큰의 표준 규약을 뜻한다. 그 규약의 명칭을 ERC-XXXX으로 각각 ERC 뒤에 숫자를 붙여 표기하고 각각의 명칭에 따라 그 규약을 따르게 된다. 이렇게 정해 놓은 개발 규약을 따라야 이더리움 블록체인에 데이터를 안정적으로 저장하고 운용할 수 있다. 그 ERC 규약 중에 가장 대표적으로 ERC-20이 있고 그 외에도 몇 가지가 더 있다. NFT와 관련된 주요한 몇 가지 ERC 규약들을 알아보기로 한다.

ERC-20 / ERC-721 / ERC-1155

ERC-20: ERC-20은 상호교환 가능한 화폐의 개념으로 우리가 흔하게 알고 있는 코인을 거래하기 위한 개념이다. ERC-20 규약은 마치 화폐와 같이 1:1 교환이 가능하게 한다. 이것은 같은 1만 원짜리 화폐를 서로 상호 교환하는 것과 마찬가지의 이치이다. 즉, ERC-20은 상호교환 가능한 가상화폐의 규약을 말한다. 단, NFT는 상호 교환이 불가능하므로 ERC-20은 NFT를 위한 규약이 아니다.

ERC-721: ERC-721은 NFT를 위한 규약으로 NFT 초기때부터 사용되었다. 지금도 대부분의 NFT는 ERC-721 규약을 따르고 있다. ERC-721은 ERC-20과는 달리 상호 교환이 안 되는 단일하고 고유한 자산을 생성하기 위한 규약이다. 바로 NFT를 발행하고 거래하기 위한 스마트컨트랙트 기능이 지원되는 규약이 되겠다. 이는 이더리움의 가장 큰 기술적 특징이다.

ERC-721로 민팅된 NFT

:: **Details**	**ᐱ**
Contract Address	0xbc4c...f13d
Token ID	5218
Token Standard	ERC-721
Chain	Ethereum
Metadata	Frozen
Creator Fee ⓘ	2.5%

자료: 오픈씨

ERC-721 규약을 바탕으로 이미지나 동영상, 오디오 등 디지털 파일을 고유한 ID로 NFT화하는 것이다. ERC-721는 NFT를 대표하는 규약으로 보통의 NFT들은 ERC-721을 바탕으로 만들어졌다고 생각하면 되겠다.

오픈씨에서는 NFT 상세 페이지의 Details에서 어떤 ERC 규약으로 민팅됐는지 정보를 제공하고 있다.

ERC-1155: ERC-1155는 ERC-20과 REC-721의 특성을 모두 가지고 있는 규약이다. ERC-721보다 조금 더 진화한 규약이라고 하겠다. ERC-20과 REC-721의 장점만을 조합해서 만든 다중 토큰이다. ERC-1155를 사용하면 대체 불가능 및 대체 가능, 반 대체 가능의 다양한 조합으로 운용이 가능해져서 ERC-20과 REC-721으로 따로 거래할 필요가 없이 한번에 묶어서 거래가 가능하므로 거래 비용을 절약할 수 있다.

ERC-1155의 개념도

ERC-1155

ERC-20　　ERC-721

기존에는 한 번에 한 사람에게만 한 개의 NFT를 전송 가능했지만 ERC-1155는 여러 명에게 두 개 이상의 NFT를 한번에 보낼 수 있는 기술을 제공한다. ERC-1155는 주로 게임에서 사용하기 위해 개발된 규약으로 엔진코인의 엔진사가 개발하였다. ERC-1155를 게임에 응용하는 예를 들어본다면 상호 교환 가능한 다이아와 고유하고 상호 교환 불가능한 캐릭터를 같이 묶어서 한번에 거래를 할 수 있게 되는 것이다.

ERC-20 vs. ERC-721 vs. ERC-1155

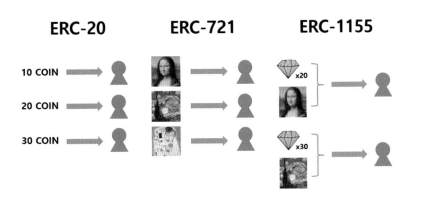

03 하드포크란?

하드포크에 대해 알아보기 전에 이더리움의 현재 문제점에 대해 먼저 짚어보자. 이더리움은 NFT에서 가장 널리 쓰이는 스마트컨트랙트의 대표 메인넷이다. 그러나 그 처리 속도가 지금의 처리량을 감당하기에는 턱없이 느리다. NFT의 인기로 그 처리량은 하루 약 114만 건의 거래가 이루어지고 있는 반면에 이더리움의 처리량은 1초에 약 15~30건 트랜잭션 처리에 머물고 있기 때문이다. 그에 따라 날로 높아지고 있는 가스비도 또한 문제다. NFT를 당장 만들어서 무엇인가를 하고 싶어도 가스비 때문에 망설여지는 경우가 많다. 이더리움은 NFT 발전에 기여한 바도 크지만 그 변화의 속도를 따라가지 못해서 지금은 오히려 걸림돌이 되고 있는 형국이다.

이러리움 측도 이러한 문제를 잘 알고 있으며 이더리움 네트워크를 업데이트하려는 노력을 하고 있다. 이더리움 메인넷 Layer-1을 위협하는 Layer-2 폴리곤 등의 성장도 무섭기 때문이다. 이와 같은 문제와 그 밖의 여러 가지 문제를 해결하기 위해서 이더리움은 하드포크를 단행하는 것이다.

> • 하드포크(hard fork)란, 기존의 블록체인 기능을 개선하기 위한 일종의 업그레이드 작업으로 이때에는 기존에 연결된 체인이 새로운 프로토콜을 가진 체인의 가지로 나뉘게 된다.

이더리움 재단은 지난 2016년 6월 17일 보안의 취약점으로 인해 발생한 360만 개의 이더리움 해킹 사건으로 2016년 7월 20일 하드포크를 단행하면서 새로운 체인으로 나뉘게 된다. 그러나 기존의 체인에 남아 있기를 희망하는 개발자 그룹으로 인해 이더리움 클래식ETC이 생겨나는 계기가 된다. 지금의 이더리움 클래식이 있는 이유가 바로 이런 이유에서이다. 그 이후에도 새로운 기능을 추가하기 위해 2017년 10월 16일 한 번 더 하드포크를 단행한다.

최근에는 가스비의 합리적인 도출 방법 등을 위해 2021년 8월 5일 '런던 하드포크London hard fork'를 단행했다. 그러나 우리가 느끼는 비싼 가스비에 대한 체감은 크게 달라지지 않았다.

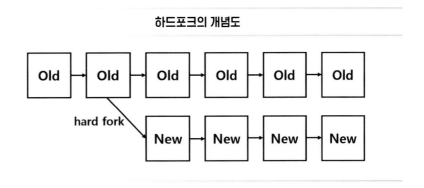

하드포크의 개념도

04 이더리움 2.0

하드포크와는 다르게 이더리움 2.0으로의 업그레이드는 채굴 체제의 전환을 뜻한다. 기존에는 PoW(작업증명) 방식으로 이더리움을 채굴했지만 이더리움 2.0은 PoS(지분증명) 방식으로 이더리움을 채굴하는 것을 말한다.

- **PoW(작업증명):** 그래픽 카드 등의 연산 기능으로 수학적 문제를 풀어 채굴하는 방식
- **PoS(지분증명):** 많은 지분을 소유할수록 쉬운 문제가 주어지는 방식

가상화폐 채굴은 그동안 많은 전력 사용과 그로 인한 공해 물질 배출의 눈초리를 받아왔다. 그런 이유와 그 외 여러 가지 문제들을 개선하기 위한 것이 바로 이더리움 2.0으로의 업그레이드다. 이더리움 2.0으로 과도한 이산화탄소 배출을 줄이고 느린 처리 속도 개선과 높은 가스비까지 해결하기 위함이다. 그러나 이더리움 2.0을 모두가 환영하는 것은 아니다. 기존의 작

업증명 방식으로 채굴하던 채굴자에게는 반발을 일으키는 방식이기 때문이다. 새로운 지분증명 방식 채굴은 이더리움을 더 많이 가지고 있을수록 채굴을 위한 문제가 쉬워지기 때문에 빈익빈 부익부라는 말이 나오며 반발이 생긴 것이다.

반면으로는 이더리움을 많이 가지고 있는 자에게 혜택이 더 있고 처리 속도 개선과 가스비 개선에도 도움이 된다는 점에서 긍정적인 의미가 있다고 하겠다. 이는 가진 사람만 더 잘 되는 자본주의 논리가 냉정하게 적용된 것이기도 한데 모두가 만족할 만한 채굴 방식이 있지 않았을까 하는 아쉬움도 남는다. 그러나 이산화탄소 배출 감소에 도움이 된다는 점은 모두가 반길 일이다.

투자자의 입장에서는 이더리움의 근본적인 문제인 느린 처리 속도와 비싼 가스비를 개선한다는 점에서 이더리움의 활용도가 높아질 것으로 예상되기 때문에 호재로 받아들이는 분위기다. 이더리움의 최대 걸림돌은 느린 처리 속도와 비싼 가스비이기 때문이다. 이더리움은 여전히 스마트컨트랙트의 최강자로 그 자리를 지키고 싶어 한다. 다른 네트워크 체인이나 Layer-2에 그 자리를 내놓을 수 없기 때문이다.

코인과 토큰의 다른 점

비트코인BTC, 이더리움ETH, 리플XRP, 트론TRX, 디센트럴랜드MANA, 더 샌드박스SAND, 위믹스WEMIX, 엔진코인ENJ, 플레이댑PLA 등 수많은 코인과 토큰들이 있다. 이 중에 무엇이 코인이고 무엇이 토큰인지 바로 알 수 있겠는가? 사과, 딸기, 배, 수박, 감, 참외, 귤, 토마토, 대추 이 중에 무엇이 과일이고 무

메인넷 vs. 코인 vs. 토큰

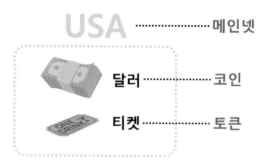

엇이 채소인지 바로 알 수 있겠는가? 우리는 암호화 화폐 모두를 총칭해서 보통 '코인'이라고 부른다. 그리고 사과, 딸기, 수박 등을 총칭해서 과일이라고 부른다. 그러나 엄연히 코인과 토큰은 따로 분류되며, 과일과 채소는 따로 분류된다.

코인Coin이란, 독립된 메인넷 혹은 체인을 가지고 있는 경우 코인이라고 한다. 그 예로 대표적인 비트코인, 이더리움 등이 있다. 이것들은 각각의 고유한 메인넷을 가지고 있다. 즉, 자체적인 블록체인 시스템을 가지고 있는 플랫폼이다.

반면 토큰Token은 독립적인 메인넷이 없으며 기존의 메인넷에 의존되어 통용된다. 대표적으로 이더리움 메인넷에서 통용되는 디센트럴랜드나 더 샌드박스 등이 그것이다. 예를 들어보면 메인넷은 하나의 국가로 볼 수 있다. 코인은 그 국가의 기축통화로 볼 수 있다. 반면 토큰은 기축통화가 아닌 티켓 정도로 볼 수 있다.

알기 쉽게 예를 든다면 국가=메인넷, 기축통화=코인, 티켓=토큰이라고

메인넷 vs. 코인 vs. 토큰

Ethereum ·············· 메인넷

ETH ················ 코인

SAND ··········· 토큰

보면 되겠다. 토큰은 코인과 달리 기술적으로 독립된 블록체인 메인넷이 없다. 단지 이미 구현돼 있는 블록체인 메인넷을 통해서 통용될 뿐이다. 독자적인 메인넷이 없는 위믹스, 더 샌드박스 등이 토큰이 되겠다.

거래소에서 거래되고 있는 가상자산이 코인인지 토큰인지 알고 싶다면 각각의 가상자산 정보에서 제공하는 백서를 살펴보면 된다. 그 백서에서 어떤 메인넷을 사용하고 있다고 소개돼 있다면 토큰인 것이고, 자체 메인넷을 사용하고 있다고 소개돼 있다면 코인인 것이다.

이제 비트코인, 이더리움, 리플, 트론, 디센트럴랜드, 더 샌드박스, 위믹스, 엔진코인, 플레이댑 중에 어떤 것이 코인이고 어떤 것이 토큰인지 알 수 있겠는가?

- **코인:** 비트코인, 이더리움, 리플, 트론
- **토큰:** 디센트럴랜드(이더리움 메인넷), 더 샌드박스(이더리움 메인넷), 위믹스(클레이튼 메인넷), 엔진코인(이더리움 메인넷), 플레이댑(이더리움 메인넷)

PART 4

무궁무진한 NFT의 가능성

CHAPTER 12

NFT의 남은 숙제

NFT 거품인가? 기회인가?

NFT가 거품인지 아닌지 논쟁이 뜨겁다. 결론부터 말하자면, 둘 다 맞는 이야기다. 작품의 가치에 비해 다소 높은 가격으로 책정된 작품들도 있어서 거품으로 느껴지기도 하지만 NFT 기술만큼은 특정 디지털 자산에 고유한 소유권을 부여한다는 점에서 분명히 새로운 기회의 수단인 것이다.

그동안에는 디지털 자산에 마치 등기부 등본처럼 소유권 이력을 담는 절대적 수단이 없었다. 이제는 NFT라는 기술이 등장하면서 그것이 가능하게 된 것이다. 온라인 또는 메타버스의 세계에서 디지털 작품과 게임 아이템 등에 블록체인 기술로 소유권을 증명하는 등기부 등본이 생긴 것이다.

이것은 무형의 자산에 가치를 매길 수 있는 시대가 왔다는 것이며 그 가치는 현금으로 치환 가능하고 응용한다면 NFT 담보 대출까지도 가능해졌다는 이야기다. 여기서 우리는 과열된 작품 투자나 일확천금을 노리는 투기에 주목할 것이 아니라 그 기술의 미래 가치를 파악하고 흐름을 따라가야

모르는 것과 아는 것

NFT 모르면?

NFT 알면?

한다는 것이다. NFT라는 기술은 디지털 자산에 화폐와 같은 가치를 부여할 수 있는 매력적인 기술이다.

신기술의 가치에 대해 잘 모르고 있다면 우리는 거품이라고 말한다. 이것은 먼 미래의 이야기같이 들리기 때문이다. 그러나 그 기술에 대해 원리를 알고 쓰임새까지 파악한다면 결코 거품으로까지 보이지는 않는다. NFT로 얼마를 벌었다기보다는 NFT로 무엇을 어떻게 하면 가치를 만들 수 있다로 접근 방식을 바꾼다면 NFT는 비로소 거품이 아닌 진정한 가치로 보이게 된다. 기술의 가치를 파악하면 거품이 아닌 기회인 것이다.

NFT 기술이 쓰이고 있는 분야별로 현실적인 허와 실을 따져보자. NFT 아트는 그 가치를 측정하기가 어렵고 다소 터무니없는 가격 책정도 있다는 점에서 어느 정도 거품이 있다고 말하는 사람들이 대부분이다. 혹자는 NFT 작품의 질을 측정하는 기관이 필요하다는 이야기를 하고 있기도 하지만 필자는 반대의 입장이다. 예술 작품, 영화, 음악 등 그 가치를 어떻게 객관적으로 평가할 수 있겠는가? 그 가치의 평가는 오로지 대중에게 달려 있

아트 vs. 엔터 vs. 게임

NFT 아트   **NFT 엔터**   **NFT 게임**

다고 생각된다. 대중 스스로의 판단들이 모여 가치가 형성되는 것이 옳은 과정이라고 생각한다. NFT 아트는 시장이 성숙돼가는 과정에서 합리적인 가격으로 조정될 것으로 예상된다. 반면, PFP는 소속감과 커뮤니티, 여러 가지 금전적 혜택과 로드맵이 있으므로 회원권으로의 기능을 어느 정도 하고 있다고 평가된다. PFP의 열풍으로 제너레이티브 아트의 촉진을 가져왔고 예술계에서는 제너레이티브 아트에 다시 한 번 주목하게 되면서 예술 창작 과정의 다양성을 환기시키는 계기가 되었다. 이런 창작 방식은 PFP뿐 아니라 NFT 아트에도 확산하고 있는 추세이다.

　NFT 엔터는 현재 소속 아티스트의 굿즈나 연예인의 초상을 NFT로 발행하는 수준에 머물러 있다. 그에 머물지 않고 다른 방법으로의 진화가 필요해 보인다. NFT 기술을 아티스트 IP에 접목하는 방법에서 좀 더 응용해보는 고도화가 필요하다는 이야기다. 단지 굿즈 NFT가 아닌 아티스트와의 만남에서 선사하는 경험으로의 NFT도 생각해봐야 한다는 것이다. 이는 오프라인 만남도 포함되지만 메타버스와 같은 가상의 공간도 포함된다.

더 나아가 응용해본다면 아티스트와의 만남을 위한 티켓을 NFT화한다면 소유자의 데이터를 분석해서 과학적인 팬덤 관리가 가능해진다. 그 소스로 여러 가지 마케팅에도 적극 활용할 수 있다. 엔터계에서의 NFT 기술 접목을 좀 더 고도화한다면 거품 안의 숨겨진 보석을 찾을 수 있을 것이다.

게임에서의 NFT 활용은 현재 진행형이며 가장 큰 효용성이 있다고 할 수 있겠다. P2E 게임에서 아이템을 NFT화하고 전용 마켓에서 NFT 아이템을 거래하며 획득한 코인을 거래소에서 현금화할 수 있다는 점에서 대부분의 유저들은 게임을 통해 NFT에 대한 첫 경험을 할 것으로 예상된다. 이는 게임에만 머물지 않고 메타버스의 영역까지도 확대될 것이다. 게임계의 NFT는 거품이 아닌 지극히 현실적인 가치를 가진 수단이다.

NFT가 일상으로 들어오는 미래를 상상해보자. NFT 기술 자체의 가치를 생각한다면 분명하게 거품은 아니다. 다만, 그 기술을 일상에서 활용하는 시도가 필요하다. 요즘에 들어서야 많이 사용되고 있는 QR 코드는 1994년 일본의 덴소웨이브가 처음 개발하고 보급하였다. 이미 오래전부터 있어왔던 기술이다. 그러나 당시에는 일반인이 QR 코드를 빈번하게 사용할

QR 코드와 코로나19

자료: 포앱

일이 없었고 유통이나 산업계에서 주로 사용이 돼왔다. 이후 코로나 19가 발병하기 시작한 때부터 개인 신상을 증명하는 수단으로 널리 사용되고 있다. 일상을 살면서 QR 코드를 알 필요도 없고 사용할 이유도 없었지만 이제는 매일 사용하는 기술이 된 것이다.

마찬가지로 NFT에는 개인 신상을 블록체인 기술로 기록할 수 있다. 좀 더 진화한다면 NFT 주민등록증이나 NFT 인감증명서의 탄생도 생각해볼 수 있겠다. 위·변조가 쉬운 지금의 주민등록증이나 인감증명서를 위·변조가 거의 불가능하게 만들 수도 있다. 더 나아가 NFT 이력서까지도 충분히 예상해볼 수 있다.

포앱 사이트의 모습

자료: 포앱

포앱POAP: Proof of Attendance Protocol이라는 앱이 있다. 포앱은 행사의 주최사가 행사 참여 확인증을 NFT 배지로 발행해주는 앱이다. 그렇게 발급받은 배지는 증명서로 활용되며 나의 가상지갑에 기록된다. 이러한 솔루션을 이력서로도 충분히 활용할 수 있다. 학교의 졸업증명서를 NFT로 발행하고 회사의 경력증명서를 NFT로 발행해서 내 가상지갑에 보관한다면 그 자체가 NFT 이력서가 되는 셈이다. 블록체인에 기록되는 증명서이기 때문에 이력서의 위·변조를 방지할 수 있으므로 허위 학력의 남발을 막을 수도 있다.

아래와 같이 포앱은 오픈씨에서도 지원하고 있다. 'NFT가 거품인가? 아닌가?'에 대해서 허황된 투기성 정보에 주목할 것이 아니라 그 기술의 가치에 주목해야 한다는 것을 사례를 들어 설명하였다. 사업을 하는 오너라면 NFT 신기술 안에서 새로운 기회를 찾아보고 개인이라면 투기보다 기술의 가치에 무게를 두고 진실을 보는 눈을 가져야 할 것이다.

오픈씨에서 지원하는 포앱

자료: 오픈씨

NFT 저작권과 소유권

NFT의 저작권에 대해서 논란이 많다. 그 논란에 대해 이야기하기 전에 저작권이 무엇이고 소유권이 무엇인지 분명하게 알고 넘어가자. 저작권이란, 저작자 그 자신이 창작한 저작물에 대해서 갖는 권리를 말하며 창작물을 창작함과 동시에 저작권이 발생된다. 모든 창작물은 저작권의 보호를 받게 된다. 저작권을 가지고 있는 사람은 그 저작물을 상업 용도로도 사용이 가능하다.

위와 같이 저작권이 있는 사람은 그 작품을 상업 용도로 활용할 수 있고 그에 따른 이익을 취할 수도 있다. 다음 페이지 상단에 있는 예는 BAYC PFP를 와인 라벨로 사용한 것으로 BAYC는 특이하게도 PFP 소유자에게 상업 용도로도 사용을 허하고 있다. 다만, 대부분의 NFT가 그렇지는 않으며 BAYC만의 독특한 정책이다.

반면, 소유권은 저작권과 대비된다. NFT를 구입하는 대부분의 홀더는

자료: BAYC

소유권만을 갖게 된다. 소유권이란, 물건을 전면적으로 지배할 수 있는 권리로 작품을 구입하면 소유권이 발생한다. 그렇지만 구입한 작품을 상업적 용도로는 사용을 못하게 돼 있다. 다만, 작품의 전시권은 소유자에게도 있다. 단, 혼자 감상하는 것은 괜찮지만 공공의 전시는 저작권자의 허락을 받아야만 가능하다.

다시 한 번 정리를 하면 저작권은 NFT 창작자이며 최초 민팅한 자에게 있다. 소유권은 NFT를 구입한 자에게 있다. 이것이 NFT 거래에서 암묵적으로 형성된 룰이다. 그러나 명확하게 결정된 것은 아니다. NFT 저작권 문제는 아직 뚜렷하게 정해진 바가 없다. 다만, 원작자에게 저작권이 있고 작품을 구입한 사람은 소유권만을 갖는 것을 보통의 룰로 보고 있다. 이는 고가의 작품을 구입한 컬렉터들에게는 섭섭한 문제로 대두되고 있다. 저작권이 없다면 그 작품을 사용해서 경제적 이익을 취할 수 없기 때문이다. 그래서 간혹 작품 판매자 중에는 판매가를 고가로 설정하고 작품 설명에 저작권까지 양도한다는 문구를 넣는 경우도 있다. 아무런 명시가 없다면 암묵적으로 원작자에게 저작권이 있는 것이며 혹은 원작자 본인에게 저작권이

개인 감상 vs. 공공 전시

자료: 오픈씨

있다고 분명하게 명시하기도 한다.

언론에 나올 만한 초고가의 작품 같은 경우는 권리에 대한 논의를 판매자와 구매자가 개인 메시지를 통해 따로 협의하기도 한다. NFT 저작권에 관련해서는 앞으로의 분쟁을 방지하기 위해 국내에서도 검토를 진행하고 있다.

소유권에 대해서도 NFT 신기술에 적용하기에는 껄끄러운 부분이 있다. 현행에서는 물리적 유체물만의 소유권을 인정하고 있기 때문에 디지털 파일은 인정되지 않는다. 따라서, NFT도 유체물로 보기 어렵다는 게 현행에서의 견해다. NFT 구입은 블록체인에 기록되는 일종의 디지털 영수증 기능만 할 뿐 IPFS에 분산저장돼 있는 디지털 파일은 확연하게 하나의 유체물로 보기에 난해한 부분이 있다는 것이다. 즉, NFT에는 뚜렷한 존재로 특정시킬 디지털 파일이 없고 거래 이력과 속성 정보만 있다는 것이다. 신기술의 시대에 맞게 현행의 논의가 필요해 보인다.

NFT 원작자는 누구일까?

앞에서도 언급했지만 남의 작품을 NFT로 발행하면 유명 작가의 작품이 아닌 이상 원작자가 누구인지 알 길이 없다. 권리 없는 자가 남의 작품을 NFT로 발행하면 법적인 권리 침해가 발생한다. 투자자 입장에서는 해당 NFT가 진품인지, 가품인지 알 수가 없으므로 신중한 투자가 필요하고, 이런 문제를 해결하기 위해서는 마켓플레이스에서 의무적으로 원작자를 검증할 수 있는 시스템 도입이 필요하다. 슈퍼레어와 같은 프리미엄 마켓플레이스에서는 최소한의 검수 과정이 있지만 누구나 민팅과 리스팅이 가능하도록 오픈된 마켓플레이스에서는 그런 시스템이 전무한 상태이다. 작가들 스스로가 자신의 작품을 개인 홈페이지나 SNS에 올려서 포트폴리오화 해놓는 것이 지금의 유일한 방어 전략일 뿐이다.

NFT의 대유행과 늘어나는 거래량으로 PFP 스캠 사기도 급증하고 있다. 그 피해 사례도 쉽게 찾아볼 수 있다. 이제는 오픈씨 등에서 흔하게 접하게

가품과 진품

가짜   **진품**

자료: 오픈씨

되는 NFT가 정말 원작자가 올려놓은 것일까? 하는 의심을 기본으로 하게 되는 지경에 이르렀다. '이런 스캠 사기에 누가 넘어갈까?'라고 생각하겠지만 실제로 피해를 본 사람들의 제보가 커뮤니티에 잇따르고 있다. 스캠 사기에 걸려들면 보상받을 길이 전혀 없다.

오픈씨에서도 이런 문제를 인식하고 있으며 가장 골머리를 앓고 있는 부분이다. 오픈씨에서는 스캠 사기를 거르기 위해 컬렉션을 처음 만들 때부터 입력된 컬렉션 이름과 유사 컬렉션이 있는지 알고리즘으로 비교 분석하기도 한다. 하지만 스캠 사기를 모두 걸러내기에는 분명한 한계가 있다. 현재로서는 원작의 PFP와 구매하고자 하는 PFP를 꼼꼼하게 비교해서 살펴보고 각자가 조심하는 방법밖에 없는 것이 현실이다. 아무리 뛰어난 신기술이라고 하더라도 허점은 반드시 존재하기 마련이다. 위조를 방지하기 위한 장치를 만들어놓더라도 그 장치마저 위조하기 때문이다.

가스비가 너무 비싸요

이더리움 체인을 기준으로 NFT를 발행하고 판매하는 데 있어서 생각보다 많은 가스비가 소모된다. 이는 구입하는 과정에서도 발생하고 지인에게 NFT를 선물하는 과정에서도 발생한다.

> • 1만 원짜리 NFT를 구입하는 데 가스비가 10만 원이 넘기도 한다.

만약 개인이 아닌 기업이 다수의 NFT 상품을 관리하고 판매하려면 막대한 가스비 지출을 치러야 한다. 그리고 NFT 거래를 위해서는 짧으면 수 분, 길면 수십 분까지 걸리기도 한다. 사용자 입장에서 이런 답답한 경험은 서비스 이탈을 가져올 수도 있다. 합리적인 가스비 인하와 네트워크 부하 해결이 시급해 보이지만 현재로서는 이더리움 체인의 단점을 딱히 해결할 방법은 없다.

몇 가지 우회할 수 있는 방법은 이더리움 체인의 서브 체인인 폴리곤 체인을 이용하는 방법이다. 폴리곤은 이더리움 개발 과정에서 영감을 받은 인도인이 개발한 체인으로 리스팅 시 가스비가 제로라는 것이 특장점이다. 그러나 폴리곤 체인 NFT 시장은 그렇게 크지 않으며 거래가 활발한 메인 시장은 아니다. 또 하나의 방법으로는 국산 체인인 클레이튼 체인을 통한 NFT 거래가 있다. 클레이튼은 가스비가 완전히 제로는 아니지만 이더리움에 비하면 매우 소량에 지나지 않는다. 다만, 클레이튼 체인은 글로벌 프로젝트에 적합하지는 않으며 현재로서는 이용자의 다수가 한국인에 머물러 있는 실정이다.

이더리움 체인의 비싼 가스비를 해결하기 위해 현재로서는 다른 체인을 이용하는 방법이 알려진 대안이겠다. 그러나 체인마다 장단점이 있으므로 다른 체인으로 우회하는 방법이 모든 문제를 시원하게 해결해주지는 못한다. 조금 더 기다릴 수 있는 인내심이 있다면 이더리움 2.0을 기다려보는 것도 방법이겠지만 이더리움 2.0이 이러한 문제를 완전히 해결할 수 있을지는 의문이다. 블록체인 암호화폐 세계에서 가스비의 문제는 큰 과제로 남는다. 이더리움 체인으로 PFP 1만 개를 스마트컨트랙트할 때 발생하는 가스비는 무려 한화로 약 4억 원에 이른다. 어마어마한 가스비를 실감할 수 있다.

암호화폐와 공해 물질

암호화폐를 채굴할 때는 전기를 소모하는 기기에 의존해 일련의 복잡한 수학적 문제를 풀어야 한다. 이 과정에서 생각보다 막대한 전기를 사용하게 된다. 그 전기를 생산하기 위해서 화력발전소에서는 많은 양의 화석 연료를 연소하게 된다. 화석연료의 연소는 역시 많은 양의 이산화탄소를 배출하게 된다. 이러한 이유에서 테슬라의 CEO 일론머스크는 자사의 결제 수단으로 '이더리움을 사용하지 않겠다'라고도 발표한다.

기업과 소비자의 윤리의식이 높아지면서 ESG가 중요해졌다. 이것은 암호화폐 영역으로도 이어지며 최근 BTS의 팬덤인 아미가 NFT 굿즈 발행을 반대하기도 했었다. 이는 많은 양의 이산화탄소를 배출한다는 이유에서다.

케임브리지 대안금융센터Cambridge Center for Alternative Finance의 보고에 따르면 1비트코인 채굴에 연 147테라와트시Twh의 전력이 소모되고 이는 스웨덴 전체의 연간 전력 사용량을 넘어서는 양이 된다고 한다. 이것은 말레이시아

더 알아보기

ESG(Environment Social Governance)

친환경, 사회적 책임 경영, 지배구조 개선 등의 경영 철학.

국가 전체가 1년 동안 소비하는 전력과 맞먹는 규모이다. 그리고 147테라와트시는 미국의 모든 가전제품을 1년하고도 6개월 동안 작동시키는 전력량과 맞먹는다. 한국의 기준으로 빗대어 보면 전체 전력 소비량의 4분의 1 전력이 채굴에 사용된다고 보면 된다. 산업용을 제외하고 가정용 전력 소비량으로만 따지면 전 국민이 사용하는 전력량의 두 배를 비트코인 채굴에 쓰고 있는 것과 같다.

이런 전력을 생산하는 데 발생하는 이산화탄소 양은 독일 뮌휀공과대학 Technical University of Munich 논문을 기준으로 연간 채굴에서 약 2,200만 톤에서 2,290만 톤의 이산화탄소가 배출되고 있다고 한다. 승용차 한 대가 1년에 내뿜는 이산화탄소 양이 약 4.7톤이라는 점을 감안한다면 약 480만 대의 승용차가 1년 동안 이산화탄소를 배출하고 있다고 보면 된다.

그렇게 배출된 이산화탄소는 우리 지구를 마치 온실가스로 가득 찬 하우스로 만들게 되어 전체 온도 상승을 가져오게 되고 이는 생태계에 영향을 미쳐 다시 우리에게로 돌아오게 된다. 그렇게 된다면 몇몇의 종은 사라지고, 관련된 자원도 사라지면 그것에 의존하는 인간마저도 사라지게 된다. 우리들의 후대들에게 물려줄 지구는 사람이 살 수 없는 상태가 되는 것이다. 비싼 가스비와 더불어 암호화폐 채굴로 인한 공해 물질 배출도 큰 문제로 남아 있다. 현재로서는 암호화폐의 채굴 방식 변경만이 공해를 줄일 수 있는 가장 빠른 방법이 되겠다.

⑥ NFT의 악용

신기술은 양면의 날을 갖고 있다. 선량한 목적으로 사용되면 좋겠지만 어디에나 기술을 악용하는 사람은 있기 마련이다. NFT를 악용하는 사례 중에 이른바 NFT 박제(죽은 동물을 살아 있는 것처럼 보이게 처리하는 것을 말하지만 온라인 용어로는 굴욕의 순간을 영원히 기록으로 남긴다는 뜻)를 들 수 있겠다. NFT 디지털 파일은 영원히 블록체인에 남겨지고 회자된다. 만약에 불특정의 인물이 악의를 갖고 누군가의 민감한 사생활이나 약점, 굴욕 사진, 성적인 동영상 등을 NFT로 발행하고 유통시킨다면 그것은 영원히 남게 되어 사회적으로 큰 문제가 된다. 문제가 되는 사진이나 영상 등을 삭제해주는 디지털 장의사 같은 서비스도 있지만 그들은 NFT를 기술적으로 삭제할 수 없다. 악용한 NFT를 최초 민팅한 자에게 삭제를 요청하려고 해도 NFT를 민팅한 사람은 인증된 실명이 아니기 때문에 본인 정보를 숨긴다면 찾아낼 방법이 없다. 신기술이 만들어낸 또 하나의 판도라인 셈이다. 파일 또한 블록체인 기술로 분산 저장되어 탈중앙화돼 있기 때문에 중앙화된 파일 저장과는 달리 파일 유통에 대한 책임을 따질 수도 없다. 기술적으로나 법적으로나 NFT 박제를 추적하고 솎아내기에는 상당한 어려움이 따른다.

그리고 사생활 NFT 박제에서 더 나아가 정치나 이념의 무기로까지 쓰인다면 그 파장은 사회적으로나 국가적으로 큰 파장과 분쟁을 가져올 수도 있다. 원작자를 특정하기가 어렵고 그 NFT를 판매해서 돈까지 벌 수 있으므로 경계해야 할 것이다. 이런 일이 있으면 안 되겠지만 아직까지는 막을 길이 없다.

NFT를 발행하고 판매하는 데 있어서 스스로의 높은 도덕성이 요구된다. 그리고 이런 악용 사례를 미연에 방지할 수 있는 관련법 마련도 시급해 보인다. 건전한 NFT 시장을 위해서 모두가 노력해야 하겠다. NFT에 대한 앞으로의 과제를 모두 정리해보면 아래와 같다.

- NFT 아트의 성숙된 가치 측정과 가격 현실화
- NFT 엔터 사업의 고도화
- NFT P2E 게임성 향상과 시스템 견고화
- NFT 기술의 일상화
- NFT 저작권과 소유권 분쟁 해결
- NFT 스캠 방지 알고리즘 구현
- 이더리움 체인의 높은 가스비와 느린 처리 속도 해결
- 암호화폐 채굴에 따른 이산화탄소 배출 저감
- NFT 악용 방지법과 도덕성 요구
- NFT P2E 게임 규제 완화 및 폐지
- 국민 공감대를 이룬 합리적 NFT 과세
- NFT 크리에이터 직업군 국가 지원 육성

CHAPTER 13

NFT 기술의 미래

01 고유성과 희소성

NFT는 단 하나의 고유성을 증명하는 수단이므로 앞으로는 여권, 주민등록증, 운전면허증 등과 같은 것을 NFT로 대치할 수도 있는 가능성이 열려 있다. 이는 더 나아가 콘서트 등의 티켓 하나하나에 고유성을 부여할 수도 있으므로 '○○○가수 ○○○○년 ○○월 ○○일 ○○시 ○열 ○○○번'식으로 콘서트 티켓을 충분히 NFT로 발행할 수도 있다는 것이다. 종이 티켓을 들고 다니며 일일이 검표할 이유가 없다.

고유성의 구체적인 예를 들어보자면 행정적인 측면에서 인감증명서를 NFT로 완전히 대치할 수도 있다. NFT 인감증명서는 종이 인감증명서보다 더 견고한 보안을 지니고 위조와 도용이 거의 불가능하다는 점에서 그 효용성이 높다. 지금의 종이 인감증명서는 위조가 쉽고 그런 사례도 빈번하게 발생하고 있는 실정이다. 그런 면에서 지금의 인감증명서는 구시대의 유물처럼 느껴지기도 한다. 더구나 인감증명서를 사용하고 있는 국가는 한국,

일본, 대만뿐으로 일제 식민지하에 있었던 나라에만 남아 있는 잔재이다. 인감증명서를 요구하는 관행도 당장은 사라지기 어려울 것으로 보여 인감 증명서와 동일한 효력을 가진 본인서명사실확인서라는 대안을 시행하고 있지만 홍보 부족과 익숙하지 않다는 점에서 그 활용은 소수에 지나지 않는다. 일제의 잔재를 청산시켜야 할 정부의 기관들이 인감증명서를 요구하고 있는 모습도 아이러니하다.

NFT는 고유한 희소성을 가지므로 레어Rare(희귀하며 귀중한 것을 의미함)한 상품을 NFT화해서 판매하는 것이 가능하다. 가령 BTS의 음원이 NFT로 넘버링되어 발매됐다고 가정해보자. 그 음원의 가치는 일반 음원 다운로드나 음원 스트리밍 서비스 요금에 비하면 엄청난 수입을 가져다줄 것이다. 게다가 음원 스트리밍 서비스 중간 유통마저 필요 없으므로 거의 고스란히 아티스트의 수입으로 가져갈 수도 있다. 아티스트 입장에서는 매우 반길 일이다. 비록 유명한 팝스타가 아니더라도 팬덤이 어느 정도 형성된 인디 뮤지션이라면 NFT 음원 발매와 판매도 충분히 생각해볼 수 있다. 지금의 인디 뮤지션들은 음원 스트리밍으로 한 달에 벌어들이는 수입이 1만 원에도 훨씬 못 미치는 게 현실이다. NFT 음원 발매로 생계가 가능한 음악 시장이 형성된다면 획일화된 상업 음반에서 벗어나 개성 있고 다양한 음악을 만나볼 수 있는 세상이 열릴 것이다. 지금의 대중 음악은 철저한 자본 논리의 지배하에 있다.

이러한 NFT의 특징 두 가지 고유성과 희소성은 실생활에서 응용될 여지가 얼마든지 열려 있다. 지금의 단계에서는 아직 NFT 기술 응용에 대해 시도조차 안 하고 있는 분위기지만 앞으로는 누구나 아는 QR 코드처럼 일반적으로 사용하는 기술이 될 것이다. 이런 시대가 온다면 더 이상 NFT는 특별하거나 낯선 것이 아니며 NFT라는 용어조차도 잊히게 될 것이다. NFT가 우리 일상에 자연스럽게 스며들게 되는 것이다.

- NFT는 삶에 도움이 되는 선한 기술이다.

02 NFT 티켓

NFT로 공연 티켓을 발행하게 되면 그 티켓의 소유자를 기술적으로 증명하고 특정할 수 있다. 또한 그 티켓을 리셀(되팔기)하더라도 그 이력은 블록체인에 고스란히 기록된다. 즉, 티켓의 소유자 추적이 가능하다는 이야기다. 티켓의 소유자를 기술적으로 분명하게 알 수 있기 때문에 소유자의 정보로 새로운 비즈니스 모델 창출까지 가능하게 된다. 티켓 소유자의 성향에 따른 유사 상품 마케팅과 추후 고객 관리 서비스 등의 많은 비즈니스 기회가 있다.

또한 NFT 티켓 자체가 소장 가치 있는 굿즈가 될 수도 있다. 나의 가상지갑에 영원히 남아 있기 때문이다. 만약에 매우 희소성 있는 공연의 티켓이라면 공연이 종료된 이후의 티켓을 높은 가격에 NFT 시장에서 판매할 수도 있다. 최초의 비틀즈 공연 티켓을 떠올려보자. 그리고 최초의 BTS NFT 티켓을 상상해보자. 이것은 부르는 게 값이 될지 모른다.

NFT 티켓의 예

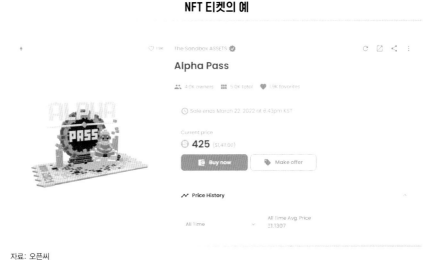

위의 이미지는 오픈씨에서 거래되고 있는 더 샌드박스의 제1회 알파오픈의 티켓인 Alpha Pass이다. 이미 종료된 행사라서 티켓을 가지고 있더라도 아무런 혜택이 없지만 더 샌드박스 최초의 알파오픈 티켓이라는 역사적 가치에서 아직도 거래되고 있다.

본인이 응원하는 아티스트의 공연 티켓을 NFT로 차곡차곡 모아 소장하는 것도 꽤나 의미가 있을 것이다. 과거 우표를 모으던 취미처럼 앞으로는 NFT 티켓이나 NFT 굿즈를 모으는 것도 하나의 취미로 굳어질 수도 있다. 최근 인기를 끌었던 '포켓몬 빵'의 스티커 대신 포켓몬 캐릭터 NFT를 받을 수 있는 URL을 빵 봉지에 넣어 놓는다면 어떨까?

- NFT 기술을 응용한 새로운 비즈니스 모델들이 등장하게 될 것이다. 그것은 제2의 구글이나 페이스북이 될 것이다.

개인 신상의 NFT화

NFT 기술은 고유성을 증명한다는 특성이 있으므로 미래에는 NFT로 개인 신상을 증명하는 일이 많아질 것으로 생각된다. 그 예로 NFT 주민등록증을 예상해볼 수도 있고 더 나아가 회사의 사원증이나 기타 자격 증명까지도 가능하다. 앞서 NFT 인감증명서에 대해 설명을 했으므로 여기서는 NFT 이력서에 대해 알아본다.

NFT 이력서: 앞서 포앱POAP에 대한 설명을 잠깐 했었다. 포앱은 행사의 주최자가 참여자들에게 행사 참여의 증표로 NFT 배지를 발행해주는 앱이다. 여기 포앱에 기능을 좀 더 붙이고 진화시킨다면 지금의 이력서를 대치할 수도 있다. 학교 졸업식에서 고유한 졸업증명 NFT 배지를 발행해서 졸업생들에게 수여하고 특정 직장에 근무 중임을 증명하는 재직증명서를 NFT로 발행하고 퇴사한 직장인이라면 경력증명서를 NFT로 발행할 수도 있다. 그

외 기타 수상 경력이나 자격 증명서 등도 NFT로 발행이 가능하고 그것들을 나의 지갑에 영구 보존할 수 있다. 자격 증명 NFT나 이력 NFT를 효과적으로 관리해주는 플랫폼이 있다면 보기 좋게 디지털 이력서로 묶을 수도 있다. 이는 위·변조나 도용이 거의 불가능하기 때문에 더욱 신뢰 있는 이력서를 만들 수 있게 되는 것이다. 이렇게 된다면 사회적으로도 자주 대두되고 있는 허위 학력 등의 사태는 거의 사라지게 될 것이다.

지금은 종이로 된 각종 증명서가 디지털로 전환되는 시기에 있다고 보인다. 그 전환의 과정에서 NFT 기술을 충분히 사용해볼 수 있다. 이와 관련해서 정부나 민간이 신원 증명 NFT 플랫폼을 운용한다면 그곳에 새로운 사업 모델이 있을 것으로 생각된다. NFT 기술로 위·변조를 방지할 수 있는 미래 기술은 신분 증명에만 국한되지 않고 가짜 양주나 원산지 바꿔치기 등 많은 곳에서도 응용이 가능하다. 신기술로나마 서로를 신뢰하게 된다면 이 또한 우리가 꿈꿔왔던 유토피아에 조금은 다가가게 되는 것이 아닐까 하는 생각이 든다.

- **NFT** 기술의 일상화로 긍정적인 미래를 만들 수 있다.

문서의 NFT화

NFT는 흔히 그림과 같은 이미지나 동영상으로만 생각하지만 중요한 문서나 논문, 책 등도 NFT로 발행이 가능하다. NFT의 고유성과 희소성의 기술적 특징이라는 기반에서 가치 있는 문서를 얼마든지 NFT화 하고 고가로 판매도 가능한 것이다. 이에는 논문, 보고서, 백서, 경제적 가치가 있는 노하우 등 학문적으로나 경제적으로 희소한 가치가 있다면 무엇이든 가능하다.

기존에는 나만의 노하우나 보고서 등을 종이책으로 출판하거나 전자책으로 판매해왔다. 종이책은 그 인세를 많이 받아봐야 12% 남짓이고 전자책은 판매수수료가 20~30%에 이른다. 도서 시장이 침체된 지금은 스타작가가 인세로 몇 억을 벌었다는 소리는 전설로만 남아 있다. 요즘에는 종이책 1만 권을 팔기도 힘들지만 그렇게 팔았다고 하더라도 권당 1만 5,000원을 가정한다면 최고 인세 12%를 받아도 작가가 받아가는 수익이 1,800만 원에 지나지 않는다. 하지만 나만의 특급 노하우를 전자책 NFT로 발행하고 판매한다면 부르는 게 값이고 고스란히 그 수익을 다 가져갈 수 있다. 더구나 판매 대금은 이더리움 등 코인으로 들어오기 때문에 그 코인의 시세까지 올라간다면 큰 수익을 바라볼 수도 있다. NFT화된 도서를 판매할 때는 그 수량을 옵션에서 정할 수 있다. 단 1권만 판매하는 것이 아닌 1,000권 등 설정에 따라 다수의 판매가 가능하다.

오픈씨에서도 NFT화된 도서 판매를 볼 수 있다. 특이했던 사례로 성인 화보집을 NFT로 팔고 있는 것을 목격했다. 건전하다고 볼 수는 없지만 희소성 있는 NFT라는 점에서는 NFT의 특징을 활용했다고 생각된다. 다만, 오픈씨에서 거래를 위해 만들게 되는 메타마스크 생성 과정에는 성인 인증 기능이 없기 때문에 법규의 사각지대라는 점을 반드시 유의해야 하겠다.

NFT를 발행하는 데 있어서 민팅이 가능한 파일 형태는 이미지, 동영상, 오디오, 3D 파일 등만 가능하다고 이야기했다. 문서를 NFT로 판매하기 위해서는 약간의 우회가 필요하다. 민팅 과정에서 대표 이미지에는 책 표지 이미지를 넣고 Unlockable Content 항목에는 문서 PDF 파일을 다운로드하기 위한 URL을 넣어야 한다. Description에는 문서에 대한 설명과 함께 Unlockable Content에 문서 다운로드 URL이 있다는 설명까지 넣어야 한다. Unlockable Content 항목은 NFT 구입자에게만 공개되는 일종의 비밀 메시지 기능이다. 이곳에 파일 다운로드 URL을 넣는다면 이미지나 동영상 같은 파일이 아니더라도 다양한 파일을 판매할 수 있다. 지금의 NFT는 이미지 파일이 주를 이루지만 점차 전자책과 같은 다양한 형태의 파일들이 NFT로 유통될 것으로 여겨진다. 단, Unlockable Content에 기입하는 다운로드 파일은 NFT 파일이 아니다. 전자책 표지로 등록한 이미지가 NFT로 등록된다. 추후 오픈씨 등에서 e-PUB(전자책 기술 표준 파일)이나 PDF 문서 파일 등 다양한 형태의 파일을 지원할 것으로 예상된다. 그때는 정식으로 문서 파일을 NFT화할 수 있다.

- NFT화할 수 있는 파일은 다른 형태로도 확장될 수 있다.

NFT 게임 아이템

NFT 기술이 가장 효용성 있게 적용될 수 있는 분야는 단연 게임 분야이다. 게임 아이템의 NFT화는 미래가 아닌 이미 현재 진행형이다.

게임 아이템을 굳이 NFT화하는 이유는 게임 내에 통용되는 아이템 등 재화의 소유자를 분명하게 하고 거래 이력까지 기록시키며 만약 게임 서비스가 종료된다고 하더라도 NFT화된 아이템은 내 가상지갑에 남아 있기 때문이다. 그리고 상호 협의된 게임에 한해서 보유하고 있는 아이템을 다른 게임에 적용도 가능하다. 한마디로 NFT화된 게임 아이템은 임자가 분명하고 영구 보존된다는 의미가 있다.

게임 아이템을 NFT화시키면 아이템 거래 사기에도 대처할 수 있다. NFT화된 아이템은 블록체인에서 거래되므로 거래 사기를 칠 수 없다. 거래가 망설여지는 고가의 아이템도 안심하고 거래할 수 있게 되는 것이다. 게임 아이템은 주로 게임 내에 마련된 전용 마켓플레이스에서 거래되지만 오폰씨 등 2차 마켓에서도 거래가 가능하다. 이는 NFT화했기 때문에 가능한 일이다.

아직은 NFT 기술이 적용되지 않은 메타버스 플랫폼과 P2E 게임들이 있지만 앞으로는 메타버스와 P2E 게임에 NFT 기술 접목은 필수가 될 것이다. 그렇지 않고서는 메타버스와 P2E 게임에 사용되는 디지털 재화의 소유를 분명하게 할 방법이 없고 그것들의 경제적 가치를 만들고 거래할 수 없기 때문이다. 앞서 이야기한 NFT 크리에이터가 바로 이런 환경을 바탕으로 활동하게 되며 경제적인 수익을 얻게 된다. NFT 크리에이터들은 메타버스와 P2E 게임의 행보에 항상 예의주시하고 대응해야 한다.

메타버스나 게임 등에서 NFT 기술을 접목하고 마켓플레이스를 운용하기 위해서는 자체 메인넷 체인을 구축하거나 자체 코인 또는 토큰을 거래소에 상장시켜야 한다. 더 나아가서는 디지털 재화를 창작하기 위한 전용 툴까지 제공해야 한다. 이런 것들을 단독으로 해낼 수 있는 산업군은 게임계가 거의 유일하다. 이런 이유에서 메타버스나 NFT에서 창출될 경제적 미래 가치는 게임과 관련된 주식이나 코인에 있음이 가장 유력하다고 할 수 있겠다.

- 메타버스 + NFT, P2E 게임 + NFT는 필수이다.
- 메타버스, NFT의 큰 기회는 게임에 있다.

06 NFT 분할 소유

더 알아보기

솔라나(Solana)

초고속의 안정성을 지니고 NFT와 디파이DeFi 등이 지원되는 차세대 메인넷.

프로토콜(Protocol)

컴퓨터 또는 장치 사이에서 데이터를 원활히 주고받기 위해 약속한 규약.

베타 서비스 (Beta Service)

정식 서비스 이전의 미리보기 형식의 서비스.

누구나 갖고 싶어 할 만한 NFT 작품의 가격은 고가에 이른다. 그 고가의 작품을 여러 명이 분할로 소유할 수도 있다. NFT 작품 또한 미술품이므로 기존에 있어왔던 미술품 '조각 투자'처럼 NFT 또한 조각 투자가 가능하다는 것이다. 한 작품에 수십 억씩 하는 NFT를 가령 100만 원씩으로 여러 명이 조각 투자가 가능하다.

NFT를 분할로 소유하기 위한 방법으로는 몇 가지가 있는데 기존 NFT 블록체인 기술에 별도의 분할 토큰을 발행하는 기술을 추가로 적용하거나, DAO(탈중앙화 자율 조직)를 구성해서 공동 소유하거나, 탈중앙이 아닌 중앙화된 기술로 분할 소유가 가능한 마켓플레이스 옵션을 지원하는 방법들이다. NFT 분할 소유나 NFT 담보 대출 등의 시장이 커질 것으로 보아 이런 것들을 기술적으로 지원하기 위해 솔라나Solana 체인에서는 브릿지스플릿Bridgesplit이라는 NFT 분할 프로토콜Protocol을 제공하고 있으며 베타 서비스

⊼ **Bridgesplit**　　　　　　　　　Docs　Twitter　Discord　Blog　Careers

NFTs, meet
DeFi

Earn yield and get liquidity for non-fungible
tokens via lending, indexes, fractionalization,
derivatives and more

[Go To App]

자료: 브릿지스플릿

Beta Service 중에 있다. NFT 분할 소유 기술 분야에서는 솔라나가 가장 앞서 있다고 하겠다.

NFT를 분할 소유하게 할 수 있다면 비교적 저렴한 가격으로 부담 없이 NFT 구입을 할 수 있기 때문에 NFT 시장 활성에 큰 도움이 되고 NFT를 발행하는 아티스트 또한 분할 판매라는 옵션으로 다양한 판매 방법을 확보할 수 있다. NFT 분할 소유는 마치 주식과도 같아서 다소 정체돼 있는 NFT 시장에 유동성을 가져오고 자본 운용의 효율성까지 높일 수 있다. NFT 분할 소유의 수익화는 그 NFT가 매각된다면 소유하고 있는 지분 대비로 수익을 받을 수 있고 분할 소유권 자체를 따로 매매도 가능하다.

그러나 NFT 분할 소유에는 몇 가지 넘어야 할 산이 존재한다. 이미지나 동영상 같은 작품의 NFT라면 별 문제가 없겠지만 만약 NFT 게임 아이템이 분할되어 각각 소유돼 있다면 과연 소유자 중에 누가 그 아이템을 사용

바로 가기

아트투게더

프로리타

테사

소투

미술품 조각 투자 사이트

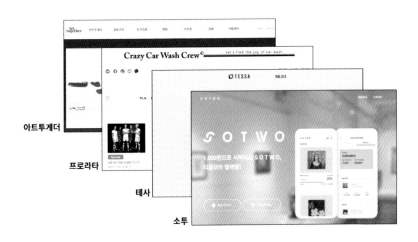

자료: 아트투게더, 프로리타, 테사, 소투

할 수 있겠는가 라는 문제가 발생한다. 그리고 수익 실현을 위해서 분할 소유된 NFT 작품을 매각하려면 매각 결정 여부와 가격 결정 등에 대해 소유자 전체의 동의를 얻어야 비로소 가능하게 되는데 따라서 매각이 생각보다 자유롭지는 못하다는 단점이 있다. 더구나 분할 소유자 중에 어느 한 사람이 메타마스크 지갑 시드 구문을 잃어버려 NFT 작품 매각에 대한 결정에 참여하지 못한다면 그 작품을 영영 매각할 수 없게 될 수도 있다. 이 외에도 많은 변수의 문제들이 있다. NFT 분할 소유와 거래에 대한 기술은 아직은 미완의 단계이다. 그러나 NFT 분할 소유 거래 시장이 열릴 것만은 분명하다.

이외에도 NFT 분할 소유와 거래는 그 방식이 주식과 유사하기 때문에 증권거래법 적용 유무의 판단이 필요하다. 일전에 음악 저작권을 분할 소유해서 수익을 실현하는 뮤직카우 서비스가 증권으로 인정되면서 서비스 구조 변경이 불가피하게 된 사례가 있었다. 이어서 가상자산에 대한 증권성 판단 논의까지 급물살을 타는 계기가 된다. 조각 투자는 소유권을 직접 보유하는 실물 거래가 아닌 각각의 수익 청구권으로 작품을 거래하는 만큼 증권으로 보는 시각이 지배적이다. 관련법이 명확하게 마련된다면 NFT 조각 투자에 대한 시장도 대중화를 맞을 것으로 생각된다. 아직은 오픈씨 등 대표적인 NFT 마켓에서 분할 소유 옵션이 지원되지는 않지만 분명하게 이런 형태는 일반화될 것으로 예상하고 있다. NFT 조각 투자가 가능한 사이트는 아니지만 기존의 미술 작품에 조각 투자를 할 수 있는 몇 개의 국내 사이트들이 존재한다.

- NFT 분할 소유 투자 활성은 NFT 시장의 모맨텀이다.

NFT 담보 대출

NFT는 작품으로의 가치도 있지만 앞으로는 NFT를 이용한 다양한 금융 상품의 등장이 예상된다. NFT 금융 상품은 아직은 걸음마 단계에 있지만 예상해볼 수 있는 것은 NFT 담보 대출, NFT 예치 이자 지급, NFT 대여 수익 등이 있겠다. 여기서 NFT 담보 대출은 이미 활성돼 있는 상태다.

NFT 담보 대출은 가치가 증명된 NFT를 맡기고 암호화폐를 대출받는 것을 말한다. 물론 그 대출금으로 다른 NFT에 대한 투자도 가능하다. 가령 메타버스 내에 소유한 NFT 랜드를 담보로 잡히고 대출을 받아 그 대출금으로 다른 랜드를 구입하고, 그 랜드에서 월세를 받고, 또 대출을 받고, 또 랜드를 구입하고, 또 월세를 놓고… 이런 식으로 메타버스 내에서 합법적인 (?) 땅 투기가 가능하다는 것이다. 현실에서는 규제의 대상이다.

엔에프티파이: NFT 담보 대출을 지원하는 대표적인 플랫폼은 엔에프티

바로 가기

엔에프티파이

크라켄

NFT 담보 대출 사이트

크라켄
(서비스 예정)

자료: 엔에프티파이, 크라켄

파이(NFTfi.com)로 가치가 검증된 NFT로만 담보가 가능하다. 그것들에는 크립토펑크, BAYC, 크립토키티, 더 샌드박스, 디센트럴랜드 등 150개 이상의 검증된 NFT가 있다. 엔에프티파이는 P2P(개인 간 거래) NFT 담보 대출 플랫폼으로 남아프리카에서 탄생했다. 2020년 5월 첫 대출을 시작으로 지난 2021년에는 89만 달러 투자 유치에 성공한다. 엔에프티파이는 채권자와 채무자와의 연결만을 중계하며 대출 상환 기간 내에 상환이 이루어지지 않으면 채권자에게 NFT 담보가 자동으로 귀속된다.

엔에프티파이 외에도 가상자산 거래소인 크라켄Kraken의 CEO 제시 파월Jesse Powell은 지난 2021년 NFT 담보 대출 서비스 진출을 선언하기도 했다.

NFT 담보 대출 외에도 NFT를 예치하고 이자를 받는 금융 상품도 생각해볼 수 있다. 비슷한 가상화폐 금융으로 코인 스테이킹이라는 것이 있다.

바로 가기

모박스

주피커

스타아틀라스

NFT 스테이킹이 가능한 게임들

자료: 모박스, 주피커, 스타아틀라스

그러나 아쉽게도 NFT 작품으로 할 수 있는 스테이킹은 아직 없다. 바이낸스 거래소가 NFT 스테이킹 서비스를 준비하고 있다는 소식 정도가 있다.

찾아보면 NFT 스테이킹을 할 수 있는 곳이 있기는 하다. 그러나 그것은 몇몇의 P2E 게임에서만 NFT 아이템에 한정해서 가능하다. NFT 스테이킹이 가능한 대표적인 게임은 모박스MOBOX, 주피커Zookeeper, 스타아틀라스Star Atlas 정도가 있다.

NFT 스테이킹을 P2E 게임에서 활용하는 방법은 주로 게임의 장르가 농업류의 시뮬레이션 게임이거나 메타버스의 세계로 돼 있고 그 안에서 NFT 아이템을 스테이킹해 수확을 거두는 방식이다. 그 스테이킹을 파밍Farming(농사)이라고 칭한다. 이것은 마치 농작물을 심어 수확을 하듯이 NFT

아이템을 심어 금전적인 수확을 한다고 생각하면 이해가 쉽다.

그리고 NFT 금융과는 거리가 있지만 NFT의 또 다른 수익 모델이라는 점에서 NFT 대여 사업도 생각해볼 수 있다. 이는 메타버스 내에서 랜드를 임대해주는 것과도 비슷하다. 고가의 NFT 작품을 대여해주고 전시 등에서 얻는 수익금의 일부를 받는 것이다. 앞서 이야기한 저작권과 소유권에 대한 전시 권리가 서로 다르므로 저작권을 가진 창작자는 얼마든지 자신의 작품을 대여 전시해서 판매와는 다른 별도의 수익을 얻을 수도 있다. 전시 공간은 메타버스 내에서도 가능하고 오프라인 공간에서도 가능하다.

고해상도의 대형 디스플레이 보급과 프로젝션 매핑 기술의 발달로 오프라인 공간에서 미술 작품들을 흥미롭게 상영 전시할 수 있다. 영상 기기를 활용한 전시에서는 기존의 명화를 재해석해서 프로젝션으로 매핑하는 전시도 있고 처음부터 디지털 아트로 기획된 전시들도 있다. NFT는 주로 디지털 파일로 이루어졌다는 점에서 영상 기기로 작품을 선보이기에 최적의 요소를 갖추었다고 하겠다. 다만, NFT를 소유한 자는 공공의 전시에 있어서 제한이 있기 때문에 원작자와의 별도 협의가 필요하다.

> • NFT는 작품을 넘어 금융으로의 가치도 지니게 될 것이다.

지금의 NFT는 단순히 그림 작품을 주로 만들어진 것이 대부분이다. 조금 더 진화한 형태로는 회원권의 기능을 하는 PFP 정도가 있다. NFT를 알아가고 가치가 형성되고 관심을 보이는 시기가 바로 지금일 것이다. 필자는 NFT가 시작되고 사람들이 관심을 갖게 되는 과정까지 모두를 지켜보았다.

프로젝션 매핑을 이용한 미술 전시의 예

자료: flickr

관심과 가치는 변동성이 있다. 다소 과열된 NFT 열기와 투자가 아닌 투기의 분위기는 점차 현실성을 찾아가며 성숙할 것으로 예상된다. 그렇다면 이후에는 어떤 변화가 있을까? 투기의 NFT가 아니라 실용으로의 NFT가 될 것으로 보고 있다. NFT는 미술품으로만 제한되는 것이 아니다. 메타버스나 게임에서는 기능으로의 NFT를 사용하고 있다. 바로 기능으로의 NFT에 우리는 주목해야 한다. 여기서 사업가들은 새로운 비즈니스의 기회를 찾을 수도 있다. 그리고 일반인들은 그 서비스를 쉽고 간편하게 이용할 수 있게 된다. 반드시 사업가가 아니더라도 NFT에 관심이 많은 개인이라면 메타버스나 게임에 사용되는 디지털 재화를 창작하는 NFT 크리에이터를 해볼 수도 있다. NFT 크리에이터는 개인이 해볼 수 있는 기능으로의 NFT이다.

- NFT로 새로운 비즈니스 기회를 찾자.
- 메타버스의 NFT 크리에이터는 기능으로의 NFT이다.

NFT는 멀지 않은 미래에 메타버스와 연계되어 폭발적인 가치 성장이 기대된다. PC를 다룰 줄 알고 인터넷 환경에서 자랐다면 부(富)의 마지막 기회인 NFT를 놓쳐서는 안 된다. 우리는 부동산, 주식, 코인 등의 대격변 속에 환희와 후회와 미련을 겪어왔다. 부동산이 뜬다고 하면 이미 정보에 빠른 사람들은 수익 실현을 마쳤고 일반 서민들은 실거주 주택을 마련하기 위해 고점에서 대출까지 받아 부동산을 구입하게 된다. 코인이 뜬다고 하면 이미 초기에 들어간 사람들은 고수익을 인증샷으로까지 남기며 이른바 졸업을 했다. 우리는 이런 사람들의 모습을 보며 땅을 치고 후회하기를 반복했다. 여기 남은 마지막 부의 사다리 NFT가 있다. NFT는 그 쓰임새가 분명하기 때문에 단순한 유행이나 거품이 아니다. NFT를 미술 작품에 한정하거나 투기의 대상으로만 볼 것이 아니라 실용으로의 NFT에서 새로운 기회를 찾아야 한다. 내 주변의 낙후된 시스템이나 불편한 점 등을 찾아보자. 그것들을 기술로 개선해보자. 그리고 그것을 플랫폼으로 만들어 서비스해보자. 대박의 기회를 여는 열쇠는 바로 NFT에 있다. 그 열쇠는 지금 당신의 손에 쥐어져 있다. 지금 이 기회를 놓친다면 내일도 오늘과 같은 삶을 살게 될 것이다.

에필로그

당신이 지금 당장 잡아야 하는
NFT라는 기회

지금까지 NFT의 기본 개념과 NFT로 수익화를 실현할 수 있는 몇 가지 방법, 그리고 기술적으로 심화한 몇 가지 팁들과 NFT의 미래에 대해서 알아보았습니다. 본 책을 정독하셨다면 NFT 개념을 확실하게 파악하고 본인에게 맞는 NFT 수익화 포지션을 어느 정도 찾았을 것으로 생각됩니다. NFT 수익화 5가지 방법 중에 어느 것이 더 좋고 나쁘고는 없습니다. 단지 적성과 취향 차이일 뿐입니다. 본인이 직접 콘텐츠를 만들어 수익화하는 방법은 가장 실질적인 방법이지만 창작의 고통과 수고가 따르게 됩니다. 반면 종목이나 코인에 투자하는 방법은 콘텐츠 생산의 고통은 없지만 의도적으로 컨트롤할 수가 없고 시장 분위기와 운에 맡겨야 하는 불확실성이 있습니다. 어느 것을 선택하든지 가장 중요한 점은 '바로 시작을 해야 한다는 것'입니다.

오래전 퇴사를 하고 다양한 사업과 N잡으로 수익을 본 필자에게 지인들은 항상 같은 질문을 합니다. "도대체 어떻게 하면 그렇게 할 수 있어?"라고 묻습니다. 저는 이렇게 답해줍니다. "내가 지금 하고 있는 거 몇 년 전에 너한테 해보라고 얘기해줬던 거야." 그렇습니다. 저는 새로운 사업이나 N잡의 기회가 있다면 지인들에게 얼른 해보라고 이야기를 해주는 편입니다. 그러나 지인들은 그 말을 흘려들을 뿐 관심도 없습니다. 그러다가 전에 이야기 했던 것이 대박이 나고 유행처럼 번지면 그때서야 저에게 묻습니다. "그거 도대체 어떻게 하는 거냐고" 말이죠. 하지만 그때는 이미 늦었습니다. 시장이 형성되려고 할 때, 그리고 시장이 성숙하기 전에 진입해야 고난스러운 경쟁을 피하고 비교적 쉽게 성공할 수 있습니다. 한마디로 정리하면 "지금 당장 해라!"라는 것입니다. 우리는 로또를 사지도 않고 로또가 되기를 바라는 희한한 생각을 하고 삽니다. 로또가 되는 방법은 로또를 사는 것입니다. 참 쉽죠?

요즘에는 지인들이 "NFT 그거 어떻게 하는 거냐?"고 자주 묻습니다. 한마디로 다 얘기해줄 수는 없으니 책을 사서 보라고 말해줍니다. 그러나 지인들은 어느 세월에 책을 보고 있냐고 딱 짚어서 어떻게 하는 건지만 말해 달라고 합니다. 답답할 노릇입니다. NFT 개념을 정확하게 이해하지 못한다면 NFT로 돈을 버는 방법을 이해할 수 없고, 그 기술을 응용할 수도 없으며, 관련 종목과 코인의 가치를 알아낼 방법도 없습니다. 본 책을 집필하면서 그런 지인들을 떠올리며 쉽고 빠르게 이해시키고 핵심만 짚어서 바로 알 수 있도록 해야겠다는 생각을 했습니다. 독자 한 분 한 분 모든 분들을 친근한 주변의 지인들이라고 생각하고 원고를 작성했습니다. 그만큼 쉽고 빠르고 재미있게 책이 읽혔을 것으로 생각됩니다. 이제는 지인들이 NFT 어떻게 하는 거냐고 묻는다면 이 책을 권해줄 수 있어서 기쁘게 생각합니다. 그리고 독자 여러분들이 비로소 NFT에 대해 알게 되고 수익화까지 도전해볼 수 있는 기반이 마련됐다는 생각에 기쁘고 감사하게 생각합니다. 본 책을 곁에 두고 되새겨보며 NFT에 대한 수익화와 응용을 생각해보신다면 생각지도 못했던 밝은 미래를 맞이할 수도 있을 것입니다.

얼마 전 크라우드펀딩에서 NFT에 관한 내용을 담은 전자책으로 1억 넘게 달성한 적이 있습니다. 펀딩을 성공적으로 달성시키며 눈여겨볼 만한 통계를 얻을 수도 있었습니다. NFT 관심도에 대해 성별은 남성 75%, 여성 25%였고 20~30대가 가장 높았으며 10대부터 70대까지 전 연령으로 완만한 관심도를 그리고 있었습니다. NFT를 하려는 이유로는 가장 많았던 것이 '퇴사'였고, 그 뒤로는 노후 대비, 그 뒤로는 특이하게도 자녀에게 알려주기 위해서라는 이유였습니다. NFT 전자책 펀딩을 하면서 느낀 점은 역시 "우리의 소원은 퇴사"라는 것입니다. 지금 N잡의 열풍을 보더라도 퇴사의 열망이 어느 정도 잠재해 있다고 여겨집니다. 이제 평생 직장은 없습니다. 세상은 빠르게 변하고 있고, 영원히 안전한 직장은 없습니다. 평생을 회사에 충성해도 어느 날 갑자기 버려지기도 합니다. 자본 논리에 의해 필요 없으면 버려지기 마련이지만 사람은 기계가 아니기에 씁쓸함을 지울 수는 없습니다. 버려지고 다른 직업을 찾는 것은 늦은 감이 있습니다. 미리미리 대비할 필요가 있습니다. 비록 회사에 속해 있는 몸이지만 나 스스로를 또 하나의 기업이라고 생각하고 자신을 기업화시켜야 합니다. 내가 기획하고, 창작하고, 서비스할 수 있는 체계를 만들어놓아야 합니다. 그런 스킬들을 평소에 다져놓아야 비로소 회사라는 새장을 박차고 나오더라도 자신만의 세계를 만들 수 있습니다. 그 세계를 만들 수 있는 NFT라는 기회는 현재로서 가장 최고의 스테이지라고 생각됩니다. 오로지 내가 만들고 싶은 대로 만들어서 코인을 받고 팔 수 있는 NFT라는 시장은 출퇴근의 스트레스와 직장 상사와의 갈등에서 벗어난 나만의 파라다이스와도 같습니다. 지금 바로 준비하시고 실행으로 옮기세요. 답답한 새장을 박차고 나오세요.

세상은 여전히 아름답습니다. 단지 당신의 상황이 힘들었을 뿐입니다. 이제 NFT라는 기회에서 아름다운 세상을 다시 되찾으세요. 지금까지 이 책과 같이 호흡하고 느끼며 소중한 인연이 되어주신 모든 독자 여러분들의 건강과 행복과 번영을 진심으로 기원합니다. 끝까지 읽어주셔서 감사합니다.

신봉구 올림

특별 부록 NFT 용어집 A to Z

A

Air Drop(에어드롭): 홍보와 이벤트 등을 위해 무료로 NFT를 증정하는 것

Axie Infinity(엑시인피니티): 베트남의 스카이마비스사가 개발한 게임으로 P2E 게임의 성공적인 시초로 알려져 있다. https://axieinfinity.com/

B

BAYC(Bored Ape Yacht Club): '지루한 원숭이들의 요트 클럽'이라는 뜻으로 PFP 프로젝트 중 가장 유명하다. https://boredapeyachtclub.com/#/

Binance(바이낸스): 글로벌 최대 암호화폐 거래소로 전 세계에서 거래량 규모가 가장 크며 다양한 언어를 지원하고 있다. https://www.binance.com/en/trade/BTC_USDT

BTC(비트코인): 정부나 중앙 금융회사의 개입 없이 온라인상에서 개인과 개인이 직접 돈을 주고받을 수 있도록 개발된 암호화 가상 자산으로 컴퓨터 프로그램으로 수학 문제를 풀어 비트코인을 채굴할 수 있으며 거래소에서 거래할 수 있다.

Bithumb(빗썸): 대한민국의 가상화폐 거래소 1세대로 2014년 엑스코인이라는 이름으로 서비스를 시작했고 2015년부터 빗썸으로 변경됐다. https://www.bithumb.com/

Block Chain(블록체인): 분산 컴퓨팅 기술 기반의 데이터 위·변조 방지 기술로 모든 사용자에게 거래 기록을 남기고 서로 비교해 위조를 막는다.

C

CEX(Centralized Exchange): 중앙화 거래소를 뜻하며 그것에는 업비트, 빗썸, 코인원 등이 있다.

Coin(코인): 가상화폐에서 코인은 독자적인 메인넷을 갖고 있는 암호화폐를 말한다. 메인넷의 기축통화를 말한다.

Coinone(코인원): 2014년 설립된 한국의 가상자산 거래소로 2021년 11월 가상자산사업자 신고 수리를 완료해 정식 가상자산 사업자가 되었다. https://coinone.co.kr/

Cold Wallet(콜드 월렛): 오프라인에서 동작하는 가상지갑으로 하드웨어 지갑이다. USB에 보관하며 인터넷에 연결되어 있지 않아 해킹으로부터 비교적 안전하다.

Collectible NFT(컬렉터블 NFT): 수집형 NFT로 주로 PFP나 스포츠 카드 등이 있다.

Crypto(크립토): 암호라는 뜻으로 보통 암호화폐 관련된 것들에 합성어로 쓰인다. 예) Cryptoart(크립토아트), Cryptofunks(크립토펑크)

Cryptoart(크립토아트): 암호화 아트로 주로 NFT 아트를 일컫는다.

Cryptofunks(크립토펑크): 2017년 라바랩스에서 만든 이더리움 기반 NFT 프로젝트이며 PFP의 시초가 된다. https://www.larvalabs.com/cryptopunks

Cryptovoxels(크립토복셀): NFT 작품을 전시하는 대표 유료 가상 갤러리이다. https://www.cryptovoxels.com/

D

DAO(Decentralized Autonomous Organization): 탈중앙화 자율 조직으로 블록체인으로 구성된 공동의 목표를 가진 조직이다.

DApp(Decentralized Application): 탈중앙 어플리케이션으로 블록체인을 기반으로 한 이더리움 등의 바탕에서 스마트컨트랙트로 작동하는 어플리케이션이다. 예) DEX, 메타마스크 지갑 등

Decentraland(디센트럴랜드): 이더리움 블록체인 기반의 가상현실(VR) 메타버스 플랫폼으로 자체 코인 마나(MANA)를 통해 거래된다. https://decentraland.org/

Decentralize(탈중앙화): 중앙집중화를 벗어나 분산된 소규모 단위로 자율적으로 운영되는 것을 말한다.

DeFi(디파이): 탈중앙화 금융의 뜻으로 주로 암호화폐를 담보로 일정 금액을 대출받거나 혹은 다른 담보를 제공하고 암호화폐를 대출받는 방식으로 작동한다.

Degen(디젠): 새로운 디파이(DeFi) 상품에 투자하는 개인

DEX(Decentralize Exchange): 탈중앙화 거래소로 업비트 등과는 다르게 중개자 없이 개인 간 거래를 수행할 수 있는 P2P 시장을 말한다. 대표 DEX로는 유니스왑(https://uniswap.org/) 스시스왑(https://www.sushi.com/) 팬케이크스왑(https://pancakeswap.finance/) 등이 있다.

Discord(디스코드): 음성, 채팅, 화상통화 등을 지원하는 인스턴트 메신저로 주로 온라인 게임을 즐기는 사람들이 많이 이용하는 편이지만 NFT 세계에서는 커뮤니티 공간으로 많이 활용된다. https://discord.com/

DPoS(Delegated Proof of Stake): 코인의 채굴 방식에 사용하는 용어로 위임 지분증명을 뜻한다. 암호화폐 소유자들의 지분에 비례한 투표로 대표자를 선정하고 그 대가로 보상을 받는다. 대표 코인으로 이오스(EOS), 트론(TRX) 등이 있다.

Drop(드롭): NFT나 코인을 마켓에 선보이는 것.

E

ENJ(엔진코인): 이더리움을 기반으로 하는 엔진 지갑을 제공해서 아이템 거래 및 커뮤니티 기능을 지원하는 솔루션사의 발행 자산을 말한다.

ERC(Etherium Request For Comments): 이더리움 블록체인 네트워크에서 발행되는 토큰의 표준 규약을 뜻한다.

ERC-1155: 다중 토큰으로 ERC-20과 ERC-721을 같이 포함할 수 있어서 대체 가능 및 대체 불가능의 조합이 가능한 규약이다.

ERC-20: 화폐 개념으로 상호 교환이 가능한 동등한 가치를 지닌 규약을 말한다.

ERC-721: 콘텐츠 파일 등의 자산을 토큰화하는 규약으로 대부분의 NFT가 여기에 속하며 단일 발행과 거래만 가능하다.

ERC-998: ERC-721 기반 토큰들을 하나의 토큰으로 묶을 수 있는 규약으로 NFT 묶음을 말한다.

ETH(이더리움 코인): 비탈릭 부테린이 개발한 스마트컨트랙트 기능을 가진 블록체인 플랫폼의 기축통화이다.

Etherium 2.0(이더리움 2.0): 이더리움 네트워크의 업그레이드로 PoW(작업증명)에서 PoS(지분증명)으로의 전환을 말한다.

Etherscan(이더스캔): 이더리움 체인의 거래 내역을 볼 수 있는 사이트로 실시간 가스비도 볼 수 있다. https://etherscan.io/

F

Foundation(파운데이션): 초대권의 초대로만 가입할 수 있는 NFT 마켓플레이스로 작품이 팔리면 초대권 3장이 지급된다. https://foundation.app/

Fundamental(펀더멘탈): 한 나라의 경제 상태를 표현하는 기초적인 자료로 성장률, 물가상승률, 실업률, 경상수지 등의 주요 거시경제 지표를 말한다.

G

Gas-Fee(가스피): 트랜잭션을 할 때 네트워크 수수료로 발생하는 것으로 채굴자에게 보상으로 주어진다. '가스비'라고도 한다.

Generative Art(제너레이티브 아트): 컴퓨터 알고리즘으로 생성되는 예술 작품을 말한다.

Genesis Drop(제네시스 드롭): 최초의 드롭을 말한다.

Governance(거버넌스): 공동의 목표를 달성하기 위해 투명하게 의사 결정을 수행할 수 있게 하는 제반 장치를 말한다.

Gwei(기위): 1Gwei = 0.000000001 ETH 이더리움으로 이더리움의 최소 단위를 말한다.

H

Hard Fork(하드포크): 블록체인 프로토콜이 한 시점에서 두 갈래로 나뉘는 것으로 이전 버전에서 보안상 취약점을 발견했거나 기능을 추가하거나 개선을 위해 시행한다.

Hex code(헥스코드): 16진수를 이용해 만든 코드로 주로 가상지갑 주소나 스마트컨트랙트 주소 등에서 볼 수 있다.

Holder(홀더): 특정 암호화폐나 NFT를 지니고 있는 사람들을 말한다.

Hot Wallet(핫 월렛): 소프트웨어 가상지갑으로 대표적으로 메타마스크 지갑, 카이카스 지갑 등이 있다.

I

ICO(Initial Coin Offering): 코인 개발자나 개발사가 신규 코인 상장 전에 투자자들에게 저렴하게 배포해서 코인 상장의 자금을 얻는 방식을 말한다.

IDO(Initial Dex Offering): DEX(탈중앙화 거래소)에서 코인을 공개하는 것으로 개인 지갑으로 코인을 배포한다.

IEO(Initial Exchange Offering): 바이낸스 등 중앙화된 코인 거래소를 통해 코인 상장을 하는 것을 말한다.

IPFS(InterPlanetary File System): 분산형 파일 시스템으로 데이터의 탈중앙화를 위한 웹 프로토콜이다. NFT에서는 콘텐츠 파일과 속성 파일이 IPFS에 저장된다.

J

Json: 프로그래밍에서 객체와 쌍으로 이룬 속성 값을 인간이 읽을 수 있는 텍스트로 표현한 개방형 표준 포맷으로 NFT에서는 콘텐츠 파일과 Json 파일이 함께 쌍으로 이루어진다.

K

Kaikas(카이카스 지갑): 카카오의 자회사 그라운드X가 개발한 국산 코인 클레이튼(Klayth)을 기반으로 하는 가상지갑을 말한다.

Key Currency(기축통화): 국제 간의 결제나 금융거래의 기본이 되는 통화로 대표적으로 미국의 달러가 이에 해당된다. 암호화폐에서는 메인넷 체인의 기축통화가 있다(예: 이더리움 메인넷의 기축통화는 '이더').

KLAY(클레이 코인): 카카오의 자회사 그라운드X가 개발한 국산 코인으로 오픈씨를 지원한다.

Klip Drops(클립 드롭스): 카카오에서 서비스하는 한국의 NFT 마켓플레이스이다.

KLIP(클립): 모바일 카카오에서 지원하는 클레이튼을 기반으로 하는 가상지갑을 말한다.

KnownOrigin(노운오리진): 심사를 통해 작가 활동이 가능한 NFT 마켓플레이스이다. https://knownorigin.io/

KRT(테라 코인): 티몬의 창업자가 만든 국산 코인으로 대표적인 스테이블 코인이다. USD(미달러)와 페깅된 테라 코인은 UST이다.

L

Launchpad(런치패드): 세계 최대 거래소 바이낸스 상장을 담보로 하는 ICO로 바이낸스 코인 BNB를 통해 거래된다.

Listing(리스팅): NFT를 판매 등록하는 것을 말한다.

Lock up(락업): 코인 총 발행량의 일부를 안 풀고 놔두는 것을 말하며 이것을 푸는 것을 락업 해제라고 한다. 이때는 희소성의 희석으로 시세가 떨어지게 된다.

M

Mainnet(메인넷): 블록체인을 운영하는 독립적인 플랫폼으로 암호화폐 거래, 트랜잭션 등을 수행하는 생태계이다.

Makersplace(메이커스플레이스): 심사를 통해 작가 활동이 가능한 NFT 마켓플레이스이다. https://makersplace.com/

MATIC(메틱 코인): 폴리곤(Polygon)의 옛 명칭이다.

Metadata(메타데이터): 속성 정보를 뜻한다. NFT에서는 쌍으로 이루는 콘텐츠 객체의 속성 정보를 Json 파일에 담는다.

Metamask(메타마스크): 개인용 암호화폐 가상지갑

Metaverse(메타버스): 가공과 추상을 의미하는 Meta와 현실 세계를 의미하는 Universe의 합성어로 현실 세계를 그대로 옮겨 놓은 또 하나의 가상 세계를 뜻한다.

Mining(마이닝): 가상화폐 채굴을 뜻한다. 블록을 생성하고 보상을 받는 일을 말한다.

Mintable(민터블): 누구나 NFT 발행이 가능한 NFT 마켓플레이스이다. https://mintable.app/

Minting(민팅): NFT를 발행하는 것을 말한다.

N

NFT Marketplace(마켓플레이스): NFT를 사고파는 곳

NFT(Non-Fungible Token): 대체 불가능 토큰으로 디지털 재화의 소유권을 기록하는 수단이다.

Nifty Gateway(니프티게이트웨이): 심사를 통해 작가 활동이 가능한 NFT 마켓플레이스이다. https://niftygateway.com/

Node(노드): 탈중앙화 블록체인에서 개개인의 참여자를 말한다.

O

OG(Old Gangster): 주로 PFP 회원 중에 오래된 초창기 맴버로 이른바 '고인물'을 뜻하는 비속어다.

onCyber(온사이버): 대표적인 무료 NFT 가상 갤러리이다. https://oncyber.io/

OpenSea(오픈씨): 누구나 NFT 발행이 가능한 NFT 마켓플레이스로 처음 한 번만 가스비가 발생한다. https://opensea.io/

P

P2E(Play to Earn): 게임을 하면서 돈을 벌 수 있는 게임을 말한다.

Pegging(페깅): 유통 시장에서 증권이 발행 가격 아래로 떨어지는 것을 방지하기 위하여 공개 시장에서 증권을 사거나 팔아 발행 시간 동안 새로운 증권 발행 가격을 고정하는 일로 암호화폐 시장에서는 스테이블 코인을 법정화폐와 1:1로 매칭하기 위해 USD(미달러) 등을 페깅한다.

PFP(Profile Picture): Porfile Picture의 약자로 SNS 프로필 이미지 용도로 사용하는 NFT를 말한다. 주로 제너레이티브 아트로 다량 생성되며 공동의 목표를 갖는 커뮤니티와 로드맵을 지닌다.

Pinata(피나타): IPFS에 파일을 업로드하고 관리하는 제한적 무료 솔루션이다. https://www.pinata.cloud/

PLA(플레이댑 코인): 모바일 게임을 퍼블리싱하여 개인 간 아이템 거래를 지원하는 마켓플레이스를 제공하는 등 블록체인 게임 생태계를 목표로 하는 한국 플랫폼 자산 증명 솔루션이다.

PNG: 이미지 파일의 한 종류로 투명 컬러값을 가지고 있다는 점에서 레이어를 무작위로 겹쳐 생성하는 제너레이티브 아트에 통상적으로 쓰이는 파일 형식이다.

Polygon(폴리곤): 인도에서 개발된 이더리움 체인의 Layer-2 사이드 체인으로 이더리움 체인을 대신해서 가장 널리 쓰이고 있다. NFT 리스팅 시 가스비가 없다는 장점으로 폴리곤 체인을 많이 사용한다.

PoS(Proof of Stake): 코인의 채굴 방식에 사용하는 용어로 지분증명을 뜻한다. 수학적 암호를 풀지 않고 보유하고 있는 가상화폐 지분이 많을수록 많은 보상을 받는 방식이다. 대표 코인으로 에이다(ADA), 네오(NEO) 등이 있다.

PoW(Proof of Work): 코인의 채굴 방식에 사용하는 용어로 작업증명을 뜻한다. 그래픽 카드 채굴기를 통해 수학적 암호를 풀면 암호화폐 보상을 주는 채굴 방식을 말한다. 대표 코인으로 비트코인(BTC), 이더리움(ETH) 등이 있다. 많은 이산화탄소 배출 때문에 문제가 있는 방식이다.

Protocol(프로토콜): 컴퓨터 또는 장치 사이에서 데이터를 원활히 주고받기 위하여 약속한 규약을 말한다.

R

Rarible(라리블): 누구나 NFT 발행이 가능한 NFT 마켓플레이스이다. https://rarible.com/

Remix(리믹스): 이더리움 스마트컨트랙트를 하기 위한 코딩 사이트를 말한다. https://remix.ethereum.org/

Road Map(로드맵): 코인이나 NFT 등의 백서에 표기하며 주로 PFP에서 장기적인 계획을 공표해 놓은 것이다.

Rug Pull(러그풀): 가상자산 개발자나 개발사의 투자 사기로 개발 자금을 모은 후 자금을 가지고 사라지는 행위를 말한다.

S

Scam(스캠): 암호화폐 업계에서 거짓된 내용으로 현혹시켜 투자금이나 코인을 갈취하는 행위를 말한다.

Showtime(쇼타임): 대표적인 NFT 아트 쇼케이스 사이트이다. https://showtime.io/

Smart contract(스마트컨트랙트): 계약 조건을 블록체인에 기록하고 조건이 충족됐을 경우 자동으로 계약이 실행되게 하는 프로그램을 말한다.

SOL(솔라나 코인): 기존의 느린 처리 속도와 높은 가스비의 문제를 해결한 메인넷 체인 프로젝트이다.

Stablecoin(스테이블 코인): 가격 변동성을 최소화하도록 설계된 암호화폐로 대표적으로 USDT, USDC, UST 코인 등이 있다.

Staking(스테이킹): 암호화폐의 일정 양을 블록체인 네트워크에 예치하고 이에 대한 보상으로 암호화폐를 받는 것을 말한다.

SuperRare(슈퍼레어): 심사를 통해 작가 활동이 가능한 NFT 마켓 플레이스이다. https://superrare.com/

Swap(스왑): 탈중앙화 환경에서의 환전을 뜻한다.

T

The Sandbox(더 샌드박스): 애니모카 브랜즈에서 인수한 게임사가 개발한 메타버스 게임 플랫폼이다. https://www.sandbox.game/kr/

Ticker(티커): 증권 거래소에서 인식하기 위한 주식 이름의 약어를 말한다.

Token(토큰): 자체 메인넷 없이 DApp에서 활용되는 것을 말한다.

Transaction(트랜잭션): 블록체인 네트워크에서 발생하는 이벤트 처리의 최소 단위를 말한다.

Transfer(트랜스퍼): 컴퓨터 용어로 전송한다는 뜻을 갖고 있으며 NFT에서는 특정인에게 NFT를 전송하는 의미를 갖는다.

U

Upbit(업비트): 두나무에 의해 2017년 10월 출시한 대한민국 거래 규모 1위의 중앙화 가상자산 거래소이다. https://upbit.com/

V

Visual Studio Code(비주얼 스튜디오 코드): 마이크로소프트가 MS 윈도우, macOS, 리눅스용으로 개발한 소스 코드 편집기로 제너레이티브 아트 PFP를 대량 생성하는 데 쓰인다.

W

Web 3.0(웹 3.0): 웹 1.0은 단지 정보를 제공하고 읽기만 가능했다면, 웹 2.0은 서로 소통할 수 있는 SNS가 대표적이다. 웹 3.0은 공통된 목표를 위해 탈중앙화로 모두가 권리를 갖고 참여할 수 있는 형태를 말한다. 웹 3.0은 아직 명확하게 정의되지 않았다.

WETH: ETH는 이더리움 그 자체를 말하고 WETH(Wrapped ETH)는 Layer-2 사이드 체인에서 사용하는 이더를 말한다.

White Paper(백서): 코인을 ICO할 때 코인의 취지나 현황, 로드맵 등을 담은 문서를 발간하는 것을 말한다.

Whitelist(화이트리스트): NFT나 코인을 처음 발행하는 시점에 사전 등록 등을 통해 혜택을 받는 사람들의 목록을 말한다.

X

XRP(리플 코인): 글로벌 송금을 위한 블록체인 프로토콜 겸 디지털 자산으로 주로 원화를 사용할 수 없는 바이낸스에서 거래를 하기 위해 많이 사용된다.